KB200489

가끔 미술관에 가면 '내게 설명을 해 줄 사람이 있으면 좋으련만' 하는 생각이 든다. 그런 생각을 하면서 주변을 둘러보면 전문가처럼 그림을 구석구석 관찰하는 사람이 있는가 하면 연신 하품을 하며 휴대폰만 들여다보는 사람이 있다. 이 책은 이 두 부류의 사람들을 모두 매료시킬 수 있다. 러스 램지는 우리 손을 잡고 화가들과 그 작품들이 전시된 미술관을 안내하면서 하나님, 인류, 삶의 의미에 관한 뭔가를 일깨워 준다. 전문가에게도 따분하지 않고 초보자에게는 부담스럽지 않은 책이다. 예술을 사랑하는 사람들은 여기서 복음으로 가는 새로운 길을 발견하게 될 것이다. 복음을 사랑하는 사람들은 예술에 대한 사랑을 새롭게 발견하게 될 것이다. 보통 책은 해낼 수 없는 이 일을 이 책이 해냈다.
러셀 무어 — 〈크리스채너티 투데이〉(*Christianity Today*) 공공신학프로젝트 책임자

권력을 잡으려 혈안이 된 이들로 분열되고, 더러운 정치를 하는 이들로 캄캄해지고, 자신의 영향력으로 분열을 일으키는 이들로 혼탁해진 이 시대에 예술가들이 우리를 회복시켜 줄 수 있을지 모른다. 이 책에서 소개하는 예술가들, 선하고 참되고 아름다운 것에 평생을 바친 이 예술가들은 우리도 그렇게 할 수 있고, 또 해야 한다는 사실을 일깨워 준다.
캐런 스왈로우 프라이어 — 《소설 읽는 신자에게 생기는 일》 저자

진리는 어느 파벌만의 것이 아니다. 선은 외롭고 아프고 버림당한 사람들을 통해 찾아온다. 도덕적으로 저물어 가는 교회의 한복판에서 아름다움이야말로 마지막 증언이다. 러스 램지의 이 신작이 대단한 점은 이런 사실을 깊이 이해하고 있다는 것이다.
레이프 엥거 — 《강 같은 평화》 저자

러스 램지는 과거의 위대한 화가들이 보고 그린 경이들을 우리도 보도록 도와준다. 이 책은 뜻밖의 것들로 가득하다. 이 책은 단순히 아름다움을 위한 아름다움을 제시하지 않는다. 물론 우리는 수 세기에 걸쳐 이루어진 아름다움의 영광스러운 여행에 끌리지만 말이다. 이 책은 단순히 화가의 기술과 성과에 관한 책도 아니다. 물론 그가 소개하는 모든 화가는 그림의 기술에 통달했다고 말할 만하지만 말이다. 이 책은 단순히 인류의 창조성이 빛난 5세기 동안의 역사를 개괄적으로 살피는 책도 아니다. 물론 이 안의 이야기들은 예술 감상에 서툰 초보자들에게 좋은 출발점이 되어 주기는 하지만 말이다. 이 책

의 가장 큰 장점은 아홉 명의 예술가들에 관한 이야기가 하나로 어우러져 세상과 인류를 우리 창조주 하나님의 눈으로 보게 도와준다는 것이다.

마크 메이넬 — 랭엄 프리칭(Langham Preaching) 유럽및카리브해 디렉터

수년 전 묵상과 쉼을 위해 조용한 곳으로 들어갈 준비를 하면서 러스 램지에게 감상할 예술 작품을 추천해 달라고 부탁했다. 친절하게도 그는 이 책의 앞부분을 보내 주었다. 그의 추천 덕분에 렘브란트의 〈갈릴리 바다의 폭풍〉을 수시로 감상했다. 이 장면에 대한 렘브란트의 묘사와 "우리가 죽게 되었는데 돌보지 않으실 겁니까?"라는 제자들의 질문이 내 마음을 울렸다. 램지는 내가 그 그림과 그 이면의 성경 이야기를 이해할 수 있도록 친절하게 인도해 주었다. 그의 가이드는 꼭 필요한 순간에 내 인생에 큰 위로가 되었다. 이 책이 당신에게도 그런 경험을 선사하리라 믿는다.

숀 스머커 — *The Weight of Memory*(기억의 무게) 저자

어릴 적 그림과 성경을 만나면서 내 인생의 궤적이 정해졌다. 그리고 그리스도를 만나면서 창조주와의 사랑이 시작되었다. 러스 램지는 예술과 신앙을 탐구하기 위해 무던히 애써 왔다. 이제 그는 우리가 나아갈 길을 찾도록 도와준다. 예술 활동은 때로는 자신의 상상력과 재능에만 의지해야 하는 외로운 경험이다. 《렘브란트는 바람 속에 있다》는 예술 표현 안에서, 평안과 아름다움을 찾기 위해 우리가 균형을 잡아야 하는 줄타기를 보여 준다. 살다 보면 여러 상황으로 인해 균형을 유지하기 어려울 때가 많다. 이 책은 우리보다 앞서간 예술가들의 본보기와 삶을 통해 우리가 나아갈 길을 찾도록 도와준다.

지미 아베크 — 시각 예술가 겸 뮤지션

미술사 박사들만 미술을 즐기고 이해한다고 착각하기 쉽다. 러스 램지는 이미지들의 신비에 감동을 받는 것이 얼마나 단순하고 신성한 일인지를 일깨워 준다.

존 헨드릭스 — *The Faithful Spy*(충성스러운 정탐꾼) 저자, 일러스트레이터

음악을 깊이 사랑하고 역사 또한 깊이 공부하는 러스 램지는 이 책에서 독자들에게 세상에 존재하지 않는 미술관을 관람시켜 주는 멋진 도슨트 역할을 자처한다. 전 세계에서 엄선한 작품들을 통해 그는 오직 미술을 진정으로 사랑하는 사람만 할 수 있는 경험을 우리에게 선사한다. 이 책을 통해 독자들은 미술을 새롭게 경험하고 이 유명한 작품들이 어떻게 하나님께 영광이 되는지를 이해할 수 있다.
네드 버스타드 — 스퀘어 할로 북스(Square Halo Books) 크리에이티브 디렉터

러스 램지는 우리의 시간을 최상으로 사용하기 위한 또 하나의 길로 우리를 안내한다. 바로 예술과 아름다움에 참여하는 것이다.
마크 마지오리 — 아메리칸웨스트(American West) 수상 화가

러스 램지는 아홉 명의 예술가들과 그들의 걸작을 철저히 파헤쳐 그들이 재능뿐 아니라 고난을 통해 어떻게 아름다움을 창출했는지를 보여 준다. 아름다움이 우리를 아름다움을 창조하신 하나님께로 이끈다는 사실을 새삼 느끼게 되었다. 어서 이 책을 다른 사람들과 나누고 싶다!
데비 테일러 — 시각 예술가

예술과 창조 행위는 반드시 필요하다. 이것이 없었다면 지금의 우리는 없을 것이다. 아름다움을 보면 삶에 활력이 생긴다. 적극적으로 살지 않으면 우리 자신과 주변 세상에 대해 무감각해진다. 러스 램지는 무감각에 빠지기 쉬운 우리의 무의식을 예술이라는 생생하고 감각적인 힘으로 뒤흔들어 우리를 하나님께로 이끈다.
웨인 브레진카 — 화가, 일러스트레이터

Rembrandt Is in the Wind
Copyright © 2022 by Russ Ramsey
Originally published in English by HarperCollins Christian Publishing, Inc.,
Nashville, TN, U.S.A.
All rights reserved.

This Korean translation edition © 2022 by Duranno Ministry, Seoul, Republic of
Korea
Published by arrangement with HarperCollins Christian Publishing, Inc.
through rMaeng2, Seoul, Republic of Korea

이 한국어판의 저작권은 알맹2를 통하여 HarperCollins Christian Publishing, Inc.와 독점 계약한
두란노서원에 있습니다.
신 저작권법에 의하여 한국 내에서 보호받는 저작물이므로 무단 전재와 무단 복제를 금합니다.

렘브란트는 바람 속에 있다

지은이 | 러스 램지
옮긴이 | 정성묵
초판 발행 | 2022. 9. 28
등록번호 | 제1988-000080호
등록된 곳 | 서울특별시 용산구 서빙고로65길 38
발행처 | 사단법인 두란노서원
영업부 | 2078-3333 FAX | 080-749-3705
출판부 | 2078-3332

책값은 뒤표지에 있습니다.
ISBN 978-89-531-4298-5 03230

독자의 의견을 기다립니다.
tpress@duranno.com www.duranno.com

두란노서원은 바울 사도가 3차 전도 여행 때 에베소에서 성령 받은 제자들을 따로 세워 하나님의 말씀으로 양육
하던 장소입니다. 사도행전 19장 8-20절의 정신에 따라 첫째 목회자를 돕는 사역과 평신도를 훈련시키는 사역,
둘째 세계선교TIM와 문서선교단행본·잡지 사역, 셋째 예수문화 및 경배와 찬양 사역, 그리고 가정·상담 사역 등을 감
당하고 있습니다. 1980년 12월 22일에 창립된 두란노서원은 주님 오실 때까지 이 사역들을 계속할 것입니다.

인생의 구원과 위로에 이르는 또 하나의 길

렘브란트는
바람 속에 있다

Rembrandt Is in the Wind

러스 램지 지음 ｜ 정성묵 옮김

두란노

내게 미술을 가르쳐 준
케이시 퍼거슨,
스티브 베이어 · 낸시 베이어 부부에게
이 책을 바친다.

◇◇◇◇◇◇◇◇◇◇◇◇◇◇◇◇◇◇◇◇◇◇

CONTENTS

삶이라는 예술과
예술가 하나님
읽기

버크넬대학교Bucknell University 1학년 시절, 테일러 교수님에게 문학 수업을 들었다. 교수님은 우리에게 매주 짧은 이야기 하나를 읽고 금요일마다 일기장에 짧은 에세이를 써 오게 했다. 두 문화권에서 자란 나는 영어 글쓰기, 아니 글쓰기 자체에 서툴렀다. 매주 목요일, 나는 테일러 교수님 방에 들러서 내 글이 금요일에 제출할 만한지 확인했다. 그때마다 교수님은 잘못된 부분을 조목 조목 지적하면서도 놀랍게도 계속해서 글을 쓰라고 격려해 주었다. 결국 3학년 때 나는 교수님의 글쓰기 수업을 수강했다.

그 숙제를 할 당시 한번은 일기장에 "왜 예술을 하는가?"라는 질문을 쓰고 고민했다. 내 고민에 대해 테일러 교수님은 특유의 설득력 있는 글로 답해 주었다. "이건 가장 중요한 질문 중 하나지. 나아가, 예술과 글쓰기를 통해 더 깊은 질문을 던져 보길 바라네. 그 질문은 바로 '왜 사는가?'라네."

그때부터 나는 예술, 글쓰기, 강연을 통해 이 심오한 질문과 씨름해 왔다. "왜 사는가?"

예술과 우리의 삶은 깊이 연결되어 있다. 그리스도인들은 이 질문을 한층 더 확장해서 "왜 믿는가?"라고 물어야 한다. 이것은 우리가 인생이라고 부르는 일기를 쓰면서 우리 마음 깊은 곳을 향해 던져야 할 궁극적인 질문이다. "왜 믿는가?"는 "왜 사는가?"와 "왜 예술을 하는가?"란 질문의 중심에 있는 질문이다.

예술에 관해 목사가 쓴 이 책은 이 고단한 시대에 불필요한 사치처럼 보인다. 유명한 걸작과 유명하지 않은 걸작에 관한 그의 글이 탁월한 미술사학자의 해설서만큼이나 예리하다고 해도 말이다. 대부분의 그리스도인은 예술에 관한 논의를 죽어 가는 세상에 복음을 선포하는 주된 일보다 덜 중요한 일로 여길 것이다. 우리는 복음을 위해 예술을 그저 수단으로 '사용'하기를 원한다. 교회에서 예술은 기껏해야 주변적인 것이다. 예술은 믿음이라는 핵심에 더하면 좋고 없어도 크게 아쉬울 것 없는 액세서리 정도로 취급받는다.

하지만 성령의 열매로 충만해야 할 우리의 마음이 두려움, 시기, 악적인 육의 열매로 가득하다면? 이런 문제에 대해 이 책은 예술의 가치를 드러낸다. 저자가 아름다움을 추구한 결과물로 이 책이 탄생했다. 이 책은 교회의 담을 넘어 미지의 세계를 보기 위해 계속해서 여행하고 있는 한 목사의 보고서다. 미술관에서 도슨트의 안내로 한 번에 하나씩 진정으로 그림을 보는 법을 배우다 보면 우리 안의 어두움이 숨겨져 있지 않고 그림 속 인물의 표정이라는 빛 가운데 드러나 있다는 사실을 발견하게 된다.

이 책을 통해 사랑받는 예술가들의 삶과 그들의 작품 아래 서면standing under (understanding 즉 '이해'의 진정한 의미) 우리는 치유를 얻게 된다. 그는 이 책의 부록에서 렘브란트를 발견한 일에 관해 다음과 같이 말한다.

나는 렘브란트의 동료들이 그의 생전에도 그를 거장으로 여겼다는 사실을 발견했다. 또한 나는 그가 복음을 사랑한 사람이었음을 발견했다. 그 발견은 내게 네덜란드 르네상스라는 새로운 장르로 가는 문을 열어 주었다. 나는 반 고흐와 렘브란트의 작품들을 찾기 시작했다. 오래지 않아 렘브란트는 내게 카라바조와 베르메르를 소개해 주었고, 반 고흐는 고갱, 쇠라, 세잔을 소개해 주었다.

이런 발견은 먼저 '보는 법'을 가르쳐 준 사람 없이는 이루어지지 않는다. 그는 이렇게 말한다. "고등학교 시절, 감사하게도 나는 예술을 사랑하는 미술 선생님을 만났다. 선생님은 우리도 예술을 사랑하게 되기를 원했다. 그래서 우리에게 위대한 예술 작품들뿐 아니라, 더 중요하게는 그 작품들을 만든 사람들을 소개해 주었다."

러스 램지 목사의 열정과 솔직함 덕분에 수준 높은 예술을 보다 쉽게 감상할 수 있게 되었다. 덕분에 이 예술이 우리의 평범한 삶과 연결된다. 이렇듯 예술은 우리의 삶과 연결되고, 삶은 예술의 일부가 될 수 있다. 사실, 삶은 하나님이 지으신 위대한 예술 작품이다.

"이것이 아름다움이 반드시 필요한 이유다." 램지 목사는 독자들을 반 고흐에서 렘브란트에게로 이끌어 가면서 이렇게 말한다. 또한 그는 헨리 오사와 타너와 릴리아스 트로터 같은 잘 알려지지 않은 이름들에도 깊은 관심을 쏟는다. 그리스도를 따라가는 것은 눈앞에 있는 단편들을 보고 "백합이 어떻게 자라는가 생각하여" 보는 것이다.[1] 특히 릴리아스 트로터 같은 이들의 눈을 통해 이것들을 볼 수 있다. 그녀는 선교사의 눈으로 자신의 예술뿐만 아니라 삶이라는 예술 속에서 아름다운 것들을 응시했다. 그로 인해 그는 날아다니는 벌을 보면서도 놀라운 통찰을 얻을 수 있었다. "벌은 그저 여기저기 꽃을 만지기 위해 블랙베리 꽃 위를 맴돌고 있었다. 그런데 녀석은 만지는 곳마다 무의식적으로 생명을 남기고 있었다."

우리는 저마다 글을 쓰고, 그림을 그리고, 춤을 추기 위해 전력을 기울인다. 열정을 품은 일에 집중할 때 작은 노력도 뜻밖의 큰 계시로 이어질 수 있다. 또한 우리는 복음을 전하고 그리스도의 제자로서 소명에 따라 살기 위해 전력을 기울인다. 벌처럼 우리 역시 "만지는 곳마다" 생명을 남기는 일을 하고 있다. 이 책은 다음 세대에게 주는 선물이다.

"사람들을 사랑하는 것보다 진정으로 더 예술적인 것은 없다." 빈센트 반 고흐는 그렇게 말했다.[2] 램지 목사는 사람들을 진정으로 사랑해 왔다. 우리 영혼을 먹이는 이 걸작들과 함께하는 그의 여행에 관한 기록을 읽게 되어서 너무도 기쁘다. 이 책은 선생, 부모, 목사,

나아가 수많은 사람들의 눈에 보이지 않는 무수한 영향들이 우리의 삶을 하나님의 걸작으로 변화시킨다는 사실을 보게 해 준다.[3]

"왜 사는가?" 우리는 예술을 통해 이런 심오한 질문을 탐구한다. 이 책은 예술을 통해 이 땅에서 새로운 창조 세계를 경험할 수 있다는 사실을 보여 준다. 진짜 인생을 살기 위해서는 "마음의 눈"[4]으로 보는 법을 배워야 한다. 어두운 현실이라는 베일 너머 화가들이 그린 밝은 세상을 볼 줄 알아야 한다.

마코토 후지무라
예술운동가, 《컬처 케어》 저자

빈센트 반 고흐
⟨귀에 붕대를 감은 자화상 Self-Portrait with Bandaged Ear⟩

1889년, 캔버스에 유채, 60 × 49 cm
코톨드 미술관 Courtauld Gallery, 런던

CHAPTER 1

아름다움을 보고
사랑하는 법을
배우라

선, 진리, 아름다움을 추구하는 것이 중요한 이유

*

알아볼 줄 아는 두 눈만 있다면
아름다움은 이미 주변에 넘쳐 난다네.
하지만 나는 어디를 가나
두리번거리기만 하고 있네.
리치 멀린스

헨리 나우웬은 《탕자의 귀향*The Return of the Prodigal Son*》이라는 책
에서 이렇게 말했다. "우리의 망가짐에는 오직 그 망가짐을 둘러싼
긍휼에서 오는 아름다움밖에 없다."[1] 우리의 상처는 그 자체로는 전
혀 아름답지 않다. 하지만 그 상처의 치유 이면의 이야기는 아름답
다. 그런데 치유가 필요한 상처를 숨기고서 어떻게 치유에 관한 이
야기를 얻고 전할 수 있겠는가. 이 책은 아름다움에 관한 책이다.
그래서 이 책에는 망가짐에 관한 이야기가 가득하다.

자화상을 그려 본 적이 있다면 이런 사실을 발견했을지도 모르겠다. 그것은 오직 진실만 통한다는 것이다. 고등학교 미술 시간에 자화상을 그린 적이 있다. 나는 거울과 종이를 번갈아 보면서 눈에 보이는 대로 내 모습을 그렸다. 다만 약간의 수정을 했다. 눈은 좀 더 밝게 하고 콧대를 조금 깎았다. 광대뼈를 좀 더 선명하게 해서 아기 얼굴 같은 티를 좀 지웠다. 내 허영심은 나와 전혀 닮지 않은 누군가의 자화상을 탄생시켰고, 점수는 B-였다.

빈센트 반 고흐¹⁸⁵³⁻¹⁸⁹⁰는 40점 이상 되는 자화상을 그렸다. 개중에 어떤 자화상은 전혀 사실적이지 않다. 예를 들어, 일본 예술에 심취했을 때 그는 독특하게 깎은 머리에 아시아인 승려의 눈을 가진 사람으로 자신을 그렸다. 하지만 어떤 자화상은 지독할 정도로 솔직하다. 바로 〈귀에 붕대를 감은 자화상^{Self-Portrait with Bandaged Ear}〉이다. 1889년 1월에 그린 그림이다. 그해는 그가 〈별이 빛나는 밤^{The Starry Night}〉을 그린 해이기도 하고 복부에 총상을 입어 사망하기 전해이기도 하다.[2]

고흐에 관한 미술 외적인 이야기들까지 관심이 있는 사람이라면 그가 고통받는 영혼이었다는 것을 알 것이다. 우울증과 편집증에 시달리던 고흐는 살던 동네에서 소란을 피우곤 했다. 그 정도가 얼마나 심했던지 1889년 3월, 그러니까 〈귀에 붕대를 감은 자화상〉을 완성한 지 두 달 뒤, 그가 사는 프랑스의 작은 마을 아를에서 마을 주민 30명이 '빨강 머리 미치광이'를 해결해 달라고 경찰서에 민원을 넣었다. 이에 경찰은 고흐가 임대해서 살던 집에서 그를 쫓

아냈다. 그 집은 바로 훗날 그의 작품 〈침실The Bedroom〉로 유명해진 노란 집이었다.³

퇴거 통보 후 고흐는 제 발로 정신병원에 들어갔다. 생 레미의 생 폴 정신병원이다. 당시에는 대부분의 심리적인 질환을 모두 '미친 것'이라 불렀다. 심각한 우울증, 양극성 정동장애, 편집증, 심지어 심각한 간질도 모두 '미친 것'의 범주로 들어갔다. '빨강 머리 미치광이'는 스스로 생 폴 정신병원에 들어가 1889년 5월에서 1890년 5월까지 1년 동안 그곳에 머물렀다.

고흐는 정신병원 환자로 입원한 굴욕적인 시간에 무엇을 했을까? 바로, 그림을 그렸다. 그의 가장 유명한 작품인 〈별이 빛나는 밤〉과 〈삼나무가 있는 밀밭Wheat Field with Cypresses〉이 이곳에서 탄생했다. 그는 병원에 머무는 동안 그곳의 정원, 땅, 복도를 그렸다. 또한 병원 담 너머 보이는 밭을 그리고, 가끔 밖에 나가서 산책을 하던 올리브나무 숲을 그렸다. 간호사들과 다른 환자들의 초상화도 그렸다. 자신이 좋아하던 다른 미술가들의 작품을 재해석해서 자신만의 스타일로 다시 그리기도 했다. 자화상도 그렸다. 고흐 인생에서 이 시기에 수많은 아름다움이 탄생했으며, 굴욕과 대중의 거부가 그 과정을 촉진시켰다.

망가진 사실을 감추느라 바쁘다면

고흐는 왜 스스로 정신병원에 들어갔을까? 왜 이웃들은 그를 미치광이로 여겨 그를 마을에서 내보내 줄 것을 요청했을까? 많은 요인이 있었지만 가장 큰 사건은 그가 노란 집에서 쫓겨나기 몇 주전에 일어났다. 그의 룸메이트인 인상파 화가 폴 고갱은 그와 사이가 틀어져 이미 떠난 상태였다. 얼마 뒤 고흐는 자신의 귓불을 칼로잘라 라셀이라는 동네 매춘부에게 가져갔다. 라셀은 고흐가 밑바닥계층에서 사귄 친구 중 한 명이었던 것으로 보인다. 고흐는 라셀에게 피가 흥건한 뭉치를 건네며 말했다. "가져가요. 요긴할 거요."[4]

이 기이한 소동에 관한 소문은 삽시간에 마을 전역에 파다하게 퍼졌다. 이튿날 아침 경찰은 피범벅이 된 채로 자신의 침대에서 잠들어 있는 고흐를 발견했다. 경찰은 그를 병원으로 데려갔고, 그는 그곳에서 머무는 동안 자신이 피운 소동의 대가를 따져 보기 시작했다. 그의 룸메이트인 동료 화가는 떠났고, 고흐는 이에 책임을 느꼈다. 그의 귀는 더는 손을 쓸 수 없게 영구적으로 망가졌고, 온동네 사람이 그 이유를 알았다.

더 안타까운 건 이 사건이 일어날 당시가 미술계에서 그의 명성이 이제 막 높아지기 시작한 시점이라는 사실이다. 그는 오랜 무명 생활 끝에 꽃을 피우기 직전이었다. 살던 집에서의 퇴거 조치와 정신병원 입원으로 이어진 그의 공개적인 기행은 그의 화가로서의 업적과 공든 탑을 순식간에 무너뜨렸다.

정신병원 입원 시절, 고흐는 140점 이상의 그림을 완성했다. 평균적으로 사흘에 한 점을 그린 셈이다. 그중 적어도 두 점은 그의 붕대 감은 귀를 보여 주는 자화상이다. 그는 자신의 굴욕적인 사건을 부인하거나 숨기지 않고 오히려 가장 수치스러운 순간을 자신의 그림에 담아냈다.

창피한 부분, 망가진 부분을 숨기려고 하면 솔직한 자화상을 그리기 힘들다. 우리는 아름다워 보이고 싶어 한다. 그렇게 하면 구속救贖이 필요하다는 걸 숨기게 된다. 구속을 위해 그리스도께 맡겨야 할 것을 감추게 된다. 그러나 그리스도로 구속받은 모든 것은 아름다워진다.

고흐의 〈귀에 붕대를 감은 자화상〉은 우리를 반성하게 한다. 우리는 자기 안에 옳지 못한 것이 많다는 사실을 얼마나 잘 인정하는가? 나는 사무실에 〈귀에 붕대를 감은 자화상〉을 걸어 놓았다. 그 그림을 볼 때마다 내가 자화상을 부정직하게 그리고 있지는 않은지 돌아본다. '사실은 도움이 필요한 상황인데도 괜찮은 척하고 있나? 내가 망가져 있다는 사실을 남들에게 숨기고 있나?' 내 상처들을 싸맬 붕대가 필요하다. 나는 정신병원이 필요하다. 이 사실을 솔직하게 드러내지 않으면 어떻게 다른 사람들이 내 안의 그리스도를 볼 수 있겠는가? 나아가, 그들이 나를 통해 어떤 모습의 그리스도를 보게 될 것인가?

고흐의 이야기는 달콤한 아이러니로 끝난다. 고흐가 자신의 영적·관계적 빈곤 상태를 담아낸 〈귀에 붕대를 감은 자화상〉은 지금 수백만 달러의 가치를 지닌다. 붕대 감은 귀를 통해 '수치의 순간, 도움이 필요한 순간'을 드러낸 이 그림은 값을 매길 수 없는 보물이 되었다. 이것이 하나님이 그분의 백성을 바라보시는 시각이다. 우리가 약함을 훤히 드러내고 있음에도 불구하고 하나님께 우리는 상상할 수 없는 가치를 지닌 존재들이다. 우리는 바로 이런 시각으로 다른 사람들을 보아야 한다. 그리고 다른 사람들도 우리를 이런 시각으로 볼 수 있도록 우리 자신을 열어 보이며, 서로를 망가졌지만 헤아릴 수 없는 가치를 지닌 존재로 보아야 한다.

이 책에서 우리는 주요 미술가 아홉 명, 그리고 그들과 연관된 많은 미술가들의 삶을 탐구할 것이다. 그들은 값을 따질 수 없는 아름다운 작품을 세상에 선물로 남겼지만 그들의 인생 이야기는 뜻밖의 망가진 구석으로 가득하다. 몇몇 인생 이야기에서는 폭력과 부패도 볼 수 있다. 매들렌 렝글은 하나님이 가장 자격 없어보이는 사람들을 통해 영광을 드러내실 때가 많다는 점을 지적한다.[5] 성경을 봐도 마찬가지다. 망가짐 속에 아름다움이 있다. 이 책은 바로 이 점을 보여 주고자 한다. 왜냐하면 아름다움은 중요하기 때문이다.

성경이 말하는 인간의 기본 욕구

"인류가 다른 형태의 생명체들과 결정적으로 구별되는 점은 무엇인가?"

소크라테스와 플라톤에서 아우구스티누스를 거쳐 토머스 아퀴나스, 마이스터 에크하르트, 임마누엘 칸트까지 철학자들과 신학자들은 오랫동안 이 질문과 씨름해 왔다. 오랜 씨름 끝에 다른 모든 피조물의 능력을 초월하는 세 가지 특성이 규명되었다. '초월성transcendantals'으로 알려진 이 특성은 바로 선goodness, 진리truth, 아름다움beauty을 향한 욕구다.

성경은 이 세 가지 초월성을 하나님을 아는 데 필수인 기본 인간 욕구로 여긴다.[6] 왜일까? 이것이 하나님의 본성을 정의하는 세 가지 특성이기 때문이다. 선과 악은 더럽혀지지 않은 거룩함의 실재를 가리킨다. 정직과 거짓은 절대 진리의 존재를 가리킨다. 아름다움과 기괴함은 영광이라는 것이 존재한다고 우리의 영혼을 향해 속삭인다. 선, 진리, 아름다움은 이 세 가지 모두로 정의되는 하나님이 인간을 위해 정해 주신 것이다.

철학자 피터 크리프트는 이렇게 말했다. "이것들이 우리가 영원히 질리지 않는 유일한 세 가지다. 이것들은 하나님의 세 가지 속성이기 때문이다. 따라서 이것들은 하나님의 모든 창조물의 속성이기도 하다. 이것들은 바로 세 가지 초월성 혹은 모든 현실의 절대적으로 보편적인 특성이다."[7]

창조 세계의 모든 것은 어떤 식으로든 이 세 가지 특성에 참여한다. 그리고 선, 진리, 아름다움을 향한 욕구는 모든 인간이 공유하는 것이므로 우리는 본질적으로 공동체적인 존재다. 아무도 홀로 존재하도록 설계되지 않았다. 혼자서는 그 누구도 온전히 자신을 이룰 수 없다. 사실, 선과 진리와 아름다움의 추구는 모든 공동체의 건강을 이루는 기초다.

이것은 단순히 철학적 입장이 아니다. 이것은 성경적 입장이다. 성경에서 인류에 관해 가장 먼저 알려 주는 사실은 무엇인가? 창세기 1-2장에서 다섯 가지 간단한 진술을 발견할 수 있다.

선。 창세기 1장을 보면 하나님은 인간을 창조하시고서 매우 보기 좋다고 선포하셨다.[8] 선은 태초부터 인간 설계의 기초적인 부분이었다. 창조될 때부터 우리 안에 내재된 선에 따라 사는 것은 인격과 행동 모두를 아우르는 문제다. 다시 말해 우리는 선해지고 선한 행동을 하도록 부름받았다.

진리。 인간은 '내재적인 동시에 행동하는' 선을 품도록 창조되었을 뿐 아니라, 하나님께 순종하도록 지음받았다. 다시 말해, 우리는 하나님의 진리에 따라 살도록 창조되었다. 이 진리는 악한 것과 선한 것을 분명히 구분하는 절대 진리다.[9]

진리의 중요성을 생각해 보라. 무엇이 인류 타락을 가져왔는가? 바로, 기만이다. 성경은 뱀이 여자와 남자를 속였고, 이어서 그들이 하나님과 스스로에게 거짓말을 했다고 말한다.[10] 그렇게 진리를 거부한 결과 인류는 말할 수 없이 고통을 겪게 되었다. 그 뒤로 우리는 선한 것과 참된 것에 대한 의식을 회복하기를 갈망해 왔다. 창조된 세계의 틀 안에서 이 욕구는 오직 인간에게서만 볼 수 있는 현상이다. 인간은 선과 진리에 의식적으로 관심을 갖는 유일한 피조물이다.

아름다움。 아름다움은 정신과 감각에 즐거움을 선사하고 고취시킨다. 인간은 다양한 차원에서 아름다움에 참여한다. 창세기 1장과 2장은 인간이 하나님의 형상을 따라 창조되었다고 말한다. 이는 우리가 창의적인 존재로 창조되었다는 뜻이다.[11] 새와 짐승들의 이름을 짓는 행위에서 이런 창의성을 볼 수 있다. 이것은 하나님이 아담에게 주셨던 일이다.[12] 이것이 전통적인 의미에서의 창조처럼 보이지는 않지만 저자 마리아 포포바는 이렇게 말한다. "뭔가의 이름을 짓는 일은 이름을 가진 다른 모든 것과 구분된 것으로서 그것의 존재를 인정하는 것이다. 그것에 자율의 존엄성을 부여하는 동시에 그것이 이름을 붙일 수 있는 나머지 세상과 동등하다고 인정해 주는 것이다. 그것을 낯선 것에서 익숙한 것으로 바꾸는 것이다. 이런 익숙함은 곧 공감의 근원이다."[13] 창의성은 아름다움으로 가는 통로다. 이름 짓기라는 창의적인 일은 존엄성을 부여하고 진실을 말하는 일이다.

일。 창세기를 보면 일이라는 행위 자체에 창조성이 깃들어 있다. 아담의 창조적인 일은 세상을 아름답게 만드는 일이었다. 그는 '가장 오래된 직업'을 갖고 있었다. 바로 조경 혹은 원예이다. 아담은 단순히 에덴동산에서 살기만 한 것이 아니라 그곳에서 일을 했다.[14] 인간에게 주어진 창조의 사명은 에덴을 돌보고 '아름답게 만드는' 우리 첫 조상의 사명에서 비롯한다. 모든 인간 안에는 그 타오르는 창조의 불씨가 여전히 남아 있다. 뭔가를 아름답게 만들 때면 우리는 인간에게 주어진 그 옛 본능을 발휘하고 있는 것이다. 비록 타락 때문에 부패하긴 했어도 에덴동산을 돌보고 아름답게 하려는 본능은 여전히 우리 안에 남아 있다.

공동체。 성경을 보면 사람이 혼자 있는 것이 좋지 않다는 사실을 알 수 있다.[15] 하나님이 하와를 창조하신 것은 단순히 아담에게 아내를 주기 위함이 아니었다. 하나님은 아담에게 공동체를 주셨다. 그리하여 아담과 하와는 함께 다른 것들을 '창조'했다. 그런 면에서 그들은 J. R. R. 톨킨이 말한 "하위 창조자들sub-creators"이었다.[16] 인간은 창조하도록 창조되었고, 우리는 공동체의 유익을 위해 공동체 안에서 바로 그 일을 해야 한다.

아름다움, 왜 중요한가

창세기는 공동체 건설을 돕는 '선과 진리와 아름다움의 연합체'로 인간의 기원을 기술한다. 하지만 우리는 선, 진리, 아름다움에 동등한 무게를 부여하지 못할 때가 많다. C. S. 루이스는 이 문제를 다음과 같이 설명했다.

우리 정신의 두 반구는 서로 극심하게 상반된다. 한쪽에는 시와 신화(아름다움)의 다도해가 있고, 다른 쪽에는 그럴듯하나 얕은 '합리주의'(선과 진리)가 있다. 나는 사랑했던 거의 모든 것을 가

상의 것으로 여겼다. 진짜라고 믿었던 거의 모든 것이 잔인하고 무의미하다고 생각했다.[17]

이런 문제에 공감이 가는가? 선과 진리는 경험적이고 측정 가능한 것 그리고 '잔인하고 무의미한' 것으로 축소될 수 있고, 아름다움이라는 "다도해"는 전혀 다른 차원의 것처럼 보일 수 있다. 선과 진리는 진지하게 여겨야 할 것처럼 보이는 반면, 아름다움은 단순한 장난이나 취미 정도로 취급될 수 있다. 심지어 효율적인 일과 중요한 일을 방해하는 요소로 여겨지기도 한다. 아름다움은 기차가 정시에 도착하든 말든 별로 신경을 쓰지 않으니까 말이다.

내 경험상 서구 그리스도인들은 선과 진리를 매우 열심히 추구하는 반면, 아름다움은 1, 2위와 격차가 매우 큰 3위로 남아 있다. 하지만 아름다움을 무시하는 것은 곧 하나님의 주된 속성 하나를 무시하는 것이다. 그렇다면 우리는 왜 아름다움을 무시하는 걸까?

여러 이유 가운데 하나는, 우리가 원한다면 선과 진리의 형태들을 혼자서도 추구할 수 있기 때문이다. 우리는 이 두 개념을 불충분하지만 관리 가능한 수준으로 축소할 수 있다. 선과 진리를 개인적 행실과 지적 자산 차원에서만 실천할 수 있다. 특정한 삶의 규칙들을 정해 지적 문제들에만 정신과 관심을 집중할 수 있다. 그렇게 행동 차원으로 축소된 선과 지식 습득 차원으로 축소된 진리에 몰두할 수 있다. 물론 그 과정에서 우리는 율법주의자가 될 수밖에 없다. 선과 진리를 감당할 수 있는 수준으로 최소화해야 한다. 하지만 그렇게 하면 혼자서도 선이나 진리와 유사한 뭔가를 추구할 수 있다. 사람들은 늘 이렇게 한다.

이것이 아름다움이 반드시 필요한 이유다. 아름다움을 추구하려면 다른 사람들의 유익을 위해 선과 진리를 적용해야 한다. 아름다움은 우리가 선과 진리를 갖고 하는 것이다. 아름다움은 선의 추구가 개인적인 도덕적 행동의 차원을 넘어 다른 사람들을 위해 그들에게 의도적으로 선을 베풀려는 노력까지 나아가게 만든다. 아름다움은 진리의 추구가 단순히 지식의 축적을 넘어 다른 사람들을 돌보기 위해 진리를 선포하고 적용하는 차원까지 나아가게 만든다. 아름다움은 우리를 공동체 안으로 더 깊이 이끌어 간다. 우리는 아름다움의 경험을 사람들과 나누기를 원한다. 가까이 있는 누군가에게 "들려요? 보이나요? 정말 아름답지 않나요?"라고 말하면서.

아름다움은 하나님의 손이 휘두르는 능력이다. 아브라함을 생각해 보라. 하나님은 아브라함이 위대한 나라, 위대한 공동체의 조상이 될 것이라고 약속하실 때, 아브라함을 사막의 밤하늘 아래로 데려가서서 별을 세어 보라고 말씀하셨다. 그러면서 아브라함의 후손이 그 별처럼 셀 수 없이 많아질 것이라 하셨다. 하나님은 아브라함이 후손에 관한 언약의 약속을 영광의 개념과 연결시키기를 원하셨다.[18]

사막의 밤하늘을 본 적이 있는가? 너무도 황홀하다. 하늘이 수평선 이 끝에서 저 끝까지 펼쳐져 있다. 영광, 신비, 하나님의 메아리가 우리 눈앞에서 펼쳐진다. 하지만 우리는 그것을 볼 수 있을 뿐 만지지는 못한다. 태초로부터 이런 광경은 세상 모든 사람의 마음 속에 더 많은 경험을 향한 갈망을 불러일으켰다. 이 아름다움, 그리고 이 아름다움이 일으키는 갈망은 실로 강력하다. 그리고 그 갈망은 하나님을 알려는 갈망을 얻기 위해 꼭 필요하다.

우리는 아름다움에 의도적으로, 또 주기적으로 참여할 신학적 책임이 있다. 그 이유는 세 가지다. 첫째, 하나님이 본질적으로 아름다운 분이다. 출애굽기는 하나님을 보려는 모세의 갈망이 아름다움을 보려는 갈망이었다고 말한다.[19] 다윗왕도 시편 27편에서 같은 갈망을 표현했다.

> 내가 여호와께 바라는 한 가지 일 그것을 구하리니 곧 내가 내 평생에 여호와의 집에 살면서 여호와의 아름다움을 바라보며 그의 성전에서 사모하는 그것이라.[20]

모세와 다윗은 단순히 아름다움을 보는 것을 원하지 않았다. 그들은 하나님을 보고 싶어 했다. 그들은 하나님보다 더 아름다운 것은 없다는 사실을 알았다.

둘째, 하나님의 창조물이 본질적으로 아름답다. 우리 주변에는 온통 아름다움이 가득하며, 그 모든 아름다움은 하나님의 영광을 가리킨다.[21] 하나님은 창조를 멈추고 쉬시면서 그분이 지으신 세상이 "심히 좋았더라"라고 말씀하셨다.[22] 이 좋음, 이 선은 세상 기준이 아니라 하나님 기준에 따른 것이다. 그리고 하나님의 인자

하심 덕분에 인류의 타락에도 불구하고 창조물의 아름다움은 없어지지 않았다. 아름다움은 여전하다. 우리가 보기만 하면 아름다움을 볼 수 있다. 그리고 그렇게 본 아름다움은 우리에게 아름다움을 지으신 창조주에 관해 가르쳐 준다.

셋째, 하나님의 백성은 영원토록 아름답게 단장할 것이다. 그리스도 안에 있는 이들은 언젠가 "남편을 위하여 단장한" "신부"가 될 것이다.[23] 시편 149편은 이 아름다움을 "구원으로" 장식된 영광으로 묘사한다.[24] 이 구절은 우리에게서 찬양을 이끌어 내기 위해 쓰였다. 우리는 의도적으로, 또 주기적으로 아름다움에 참여해야 한다. 이 아름다움이 우리가 영원토록 입고 살아야 할 옷이기 때문이다.

아름다움이 하는 일

지금까지 아름다움에 의도적으로, 또 주기적으로 참여해야 하는 기초적이고도 신학적인 이유들을 살펴보았다. 그런데 아름다움은 실제로 무엇을 하는가? 아름다움은 우리의 공동체를 위해 무엇을 해 주는가? 아름다움을 순전히 실용적 측면에서만 보는 것은 본질을 놓치는 것이다. 아름다움에 의도적으로, 또 주기적으로 참여할 때 따르는 실질적인 유익이 있다.

첫째, 아름다움은 끌리게 만드는 힘이 있다. 아내를 처음 본 순간이 지금도 생생하다. 나는 아내의 아름다움에 반했다. 내 눈이 의심스러워 다시 한 번 쳐다보아야 했다. 이 끌림에서 시작해 나는 아름다운 외모 이면의 내면을 발견하게 되었고, 이후 아내와 28년을 함께했다. 그중 26년은 부부로서 삶을 함께하며 네 자녀를 낳았고 한 아이를 입양했다. 이제 이 아이들은 세상에 나아가 만나는 사람 및 곳곳에 선과 진리의 아름다움을 불어넣고 있다. 이 모든 일이 내가 아내의 아름다움에 끌린 데서 시작되었다.

인간은 아름다움에 끌릴 뿐 아니라, 순수하게 아름다움 자체를 즐기기 위해 특정한 행동을 하는 유일한 피조물이다. 우리는 바다 위로 떠오르는 태양을 보기 위해 차로 몇 시간을 달려간다. 비용을 지불해 가며 미술관과 극장, 공연장에 가기도 하고, 밤하늘의 달과 별을 관찰하기도 한다. 우리는 얼음장 같은 물에 발을 담그고, 그 발이 만들어 낸 파문 속에 담긴 산 정상의 모습을 감상한다. 별다른 이유 없이 그저 마음속에서 일어나는 감동 때문에 아름다운 뭔가를 보려 발걸음을 멈추는 피조물은 오직 인간밖에 없다. 이런 행동을 할 때 우리는 하나님의 영광을 보기를 갈망한 모세나 다윗과 다르지 않다.

나아가, 우리는 아름다움을 사용하여 다른 사람들을 선과 진리로 이끌 수 있다. 그리스도인들에게 아름다움은 그리스도의 지상대명령을 수행하기 위해 중요한 부분이다.[25] 예수님의 죽음과 부활 이야기, 그리고 그 의미를 증언할 때 아름다움이 매우 중요하다. 아름다움이 빠진 진리는 충분하지 않다. 아름다움이 빠진 선도 마찬가지다. 선과 진리는 아름다움을 동반해야 한다. 아름다움 없는 선과 진리는 무미건조하며, 선과 진리는 무미건조해서는 안 된다. 선과 진리는 아름다워야 한다. 끌림이 있어야 한다.

둘째, 아름다움은 우리가 어느 부분에서 잘못되었는지를 보여 준다. 일레인 스캐리는 《아름다움과 정의로움에 관하여_On Beauty and Being Just_》라는 책에서 아름다움이 예기치 않게 우리 앞에 나타나는 경우가 많다는 개념을 탐구한다. 그 순간 우리가 평생 평범하게 여기던 뭔가가 갑자기 변한다. 스캐리는 이렇게 말한다. "우리가 아름답게 여기지 않던 뭔가가 갑자기 우리의 품속에서 더없이 아름다워진다."[26] 픽사 영화 〈라따뚜이_Ratatouille_〉는 이 현상을 잘 보여 준다. 고약한 음식 비평가 안톤 이고는 주인공 레미의 요리를 투덜거리며 한 입 베어 문다. 그 순간 그는 그 요리의 소박한 아름다움에 사로잡힌다. 그리고 갑자기 행복했던 어린 시절로 순간 이동한다. 이 요리의 아름다움에서 그는 자신이 어른으로서 선택했던 음울하고 심각한 삶이 실수였다는 사실을 깨닫는다. 그는 자아를 보호한다는 이유로 기쁨을 포기한 삶을 살아왔다.

아름다움은 편견에 따라 사람, 장소, 사물을 바라보던 우리의 오류를 드러낸다. 우리는 직접 경험해 보지 않고서 특정한 집단이나 나라가 마음에 들지 않는다고 판단을 내리곤 한다. 머릿속에서 그 사람이나 장소에 대한 선입견을 형성하고서 그 인상에 따라 그 사람이나 장소를 싫어한다. 그러다가 편견을 가지고 바라보던 그 사람과 마주 앉아 식사를 할 기회가 생길 수 있다. 혹은 가 보지도 않았으면서 별로라고 속단했던 지역을 실제로 여행하게 될 수도 있다. 그러다 아름다움을 마주하게 되면 마음의 변화가 일어난다. 그제야 우리가 품었던 인상이 한참 잘못되었다는 것을 깨닫는다.

어떻게 아름다움은 이런 효과를 낼 수 있는가? 아름다움은 편견에 구체성을 가져온다. 스캐리는 이렇게 말한다. "아름다움은 언제나 구체적인 것 속에 자리한다. 구체적인 것들이 없으면 그것을 볼 가능성이 줄어든다."[27] 아름다움은 그릇된 막연한 인상을 구체적인 사실과 비교함으로써 바로잡는다. 아름다움에 참여할수록 우리의 마음이 아름다움을 예상하도록 훈련된다. 나중에는 어디를 가나 아름다움을 보는 지경에 이른다.

셋째, 아름다움은 창의성을 자극한다. 아름다움에 참여하면 즐거운 것을 보는 눈이 예리해지고 상상력이 자라난다. 예술가들은 다른 예술가들에게서 영감을 얻는다. 그것은 아름다움이 단순히 우리를 경이감에 젖게만 만들지 않기 때문이다. 아름다움은 우리 스스로도 아름다운 것들을 창조하게 만든다. 스캐리의 말을 들어 보자. "아름다움은 자신의 사본을 만들어 낸다. 아름다움은 우리가 그것을 그리거나 사진을 찍거나 다른 사람들에게 묘사하게 한다."[28] 작곡가들은 폴 사이먼의 콘서트를 보고 패배감에 빠져 돌아가지 않는다. 그들은 스스로 곡을 쓰려는 열정에 불타서 돌아간다. 시인들은 빌리 콜린스의 시 낭송을 직접 들으면서 시 짓기를 포기하지 않는다. 오히려 그 자리에서 프로그램 차례표 뒷면에 떠오르는 아이디어를 적기 시작한다.

하지만 여기서 우리는 단순한 영감을 말하는 것이 아니다. 순간의 깨달음 같은 것만 말하는 것이 아니다. 아름다움은 기본적인 원리들을 가르침으로써 우리 안의 창의력을 깨운다. 예술에 참여하면 작곡, 설계, 색, 원근화법 등에 관해 배우게 된다. 창조적인 본능을 갈고 다듬게 된다. 점점 더 나아진다. 창조할 때 우리는 창조주의 형상을 드러낸다. 이것이 창조의 순환이다. 즉 아름다움은 창의력을 깨우고, 창의력은 더 많은 아름다움으로 가는 문을 연다.

넷째, 아름다움은 하나님에 대한 믿음을 일으킨다. 믿음은 하나님에게서 오는 선물이지만 하나님은 수단을 적극적으로 활용하는 분이시다. 하나님은 아름다운 것을 사용하여 우리의 마음을 움직이신다. 블레즈 파스칼은 이렇게 말했다. "모든 인간은 거의 대부분 증거가 아니라 끌리는 것을 통해 믿음에 이른다."[29] 이는 사람들이 그랜드캐니언 노스 림에 설 때 벌어지는 현상이다. 그곳에서 사람들은 영문도 모른 채 예배의 충동을 느낀다. 하나님은 아름다움을 사용해 우리의 마음을 움직이고 따뜻하게 만드신다.

창조 세계는 아름다움을 순수하게 즐기시는 창조주를 증거한다.[30] 예수님의 삶을 생각해 보라. 마태복음은 예수님이 십자가에 달리시기 불과 며칠 전 그분을 찾아와 매우 값비싼 향유를 그분께 부은 한 여인에 관한 이야기를 전한다. 제자들은 여느 사람들처럼 반응했다. 즉 주로 향유 가격에 신경을 썼다. 향유의 향기가 방 안을 가득 채운 것은 낭비처럼 보였다. 제자들은 인상을 찌푸렸다. 그토록 비싼 향유가 자신들에게 있다면 그 값어치에 맞게 쓸 것이라고 생각했다. 그런 속마음을 입 밖으로 내비치기는 민망할 수 있다. 하지만 그들은 여인의 낭비를 도저히 보고만 있을 수가 없었다. 그래서 어려운 사람들을 위하는 척하면서 분노를 표출했다. "무슨 의도로 이것을 허비하느냐 이것을 비싼 값에 팔아 가난한 자들에게 줄 수 있었겠도다."[31]

이것이 기능과 경제에 초점을 맞춘 세상의 시각이다. 세상은 향유를 상품으로 본다. 하지만 예수님께 이것은 전혀 낭비가 아니었다. 향유의 향기는 예수님의 옷과 머리칼에 스며들면서 그곳에 모인 모든 사람의 감각을 깨웠다. 그때 예수님은 이렇게 말씀하셨다. "그가 내게 좋은(아름다운) 일을 하였느니라."[32] 여인은 자신의 귀중한 물건에서 최대의 가치를 뽑아내고 있었다. 예수님께 이 "허비"는 아름다운 것이었다.

세상에는 아름다운 것이 수없이 많다. 하지만 그 모든 것이 꼭 실용적이지는 않다. 하나님이 그것들을 아름답게 만드신 것은 우리의 마음을 사로잡아 실용주의 경제의 잠에서 깨우시기 위해서다. 이것이 아름다움의 핵심적인 기능이다. 하나님이 지으신 세상을 향한 우리의 오감을 깨우고, 나아가 하나님에 대한 감각을 깨우는 것, 바로 이것이 예술가가 공동체에 주는 아름다움이라는 선물이다.

예술가 아홉 명의 이야기 속으로

이 책은 서양미술사 중 약 500년을 아우르는 미술가 아홉 명의 이야기를 따라간다. '이야기'는 진리를 위한 트로이 목마다. 이야기는 우리 마음 문을 통해 몰래 진리를 들여보낸다. 그렇게 되면 우리는 단순한 선포로서 찾아오면 거부할 것이 분명한 것들에 귀를 열게 된다. 예수님도 주로 이야기를 통해 가르침을 펼치셨다. 그분의 이야기는 유대인이 사마리아인에게 공감하고, 부자가 가난한 자들에 관심을 갖고, 종교적인 사람이 사회의 소외 계층에 연민을 품게 했다.

앞으로 이어지는 내용은 일부는 미술사이고, 일부는 성경 연구이며, 일부는 철학이고, 일부는 인간 경험에 대한 분석이다. 하지만 이 모두는 이야기다. 나는 이탈리아 르네상스에서 현재에 이르기까지 서양미술사의 궤적을 느낄 수 있도록 각 내용을 연대 순으로 배치했다. 지면만 허락한다면 포함시키고 싶은 내용이 훨씬 더 많다. 이 책에서 소개한 미술가 중에는 유명한 이도 있고 그리 유명하지 않은 이도 있다. 어떤 이는 신실한 믿음의 삶을 살았고, 어떤 이는 하나님을 고집스레 거부했던 것처럼 보인다. 그와 상관없이 그들 모두는 이 땅에서 산다는 것의 어려움을 보여 주며, 그리스도 안에서만 가능한 구속의 아름다움을 가리킨다.

미켈란젤로는 영광을 향한 우리의 갈망을 강조한다. 카라바조는 복음의 진리를 초월적인 아름다움으로 그려 내는 동시에 철저히 부패한 인간이라는 수수께끼를 던진다. 렘브란트는 미국 역사상 가장 큰 미술품 도둑이 연루된 여행 속으로 우리를 데려가, 우리가 세상의 망가짐을 느끼고 있는지, 그것에 대해 우리가 무엇을 할 수 있는지를 묻는다.

베르메르는 홀로 뭔가를 창조하는 사람은 아무도 없으며 우리 모두가 다른 사람들의 기술적인 혁신에 기댄다는 점을 일깨워 준다. 바지유는 한 걸음 더 나아가, 우리에게는 다른 사람들의 기술적인 혁신만이 아니라, 공동체를 위해 그들 자체가 필요하다고 덧붙인다. 또한 그는 후한 삶이 다른 사람들에게 막대한 유익을 더해 준다는 사실을 보여 준다.

반 고흐는 잡힐 듯 잡히지 않는 아름다움을 추구하기 위해 자신을 비우는 모습을 보여 준다. 그렇게까지 해서 영광을 추구하는 모습은 보는 이들의 가슴을 아프게 만든다. 1800년대 말에 활동했던 헨리 오사와 타너는 인종 차별, 소외받는 자들의 인권을 높이기 위한 자신의 역할, 그 여정에 따르는 복잡한 선택에 관한 문제를 제기했다. 에드워드 호퍼는 인간의 외로움과 고립의 문제를 탐구하면서 재능과 명성은 인간의 마음이 가장 갈망하는 것을 줄 수 없다는 사실을 상기시킨다. 릴리아스 트로터는 선한 뭔가를 위해 정욕을 내려놓는 것이 무엇을 의미하는지를 알려 준다. 그녀는 정욕보다 더 큰 소명을 좇아 희생적인 순종을 할 때 따르는 기쁨과 슬픔을 몸소 보여 주었다.

여기 나온 모든 이야기가 다 다르다. 어떤 이야기는 화려한 승리로 끝나고, 어떤 이야기는 절망으로 추락한다. 하지만 이 모든 이야기는 영광을 향한 인간의 갈망, 그리고 영광을 추구할 수 있는 인간의 능력에 관한 중요한 질문들을 던진다. 그리고 이 모든 이야기는 아름다움을 보고 사랑하라고 가르친다. 당신이 이 책을 읽으면서 아름다움을 보고 사랑하게 되기를 바란다.

아우구스티누스는 《고백록*Confessions*》에서 이렇게 말했다. "그토록 오래된 동시에 그토록 새로운 아름다움이여, 나는 너를 사랑하는 법을 늦게나마 배웠다! 너는 내 안에 있었고, 나는 나 자신 밖의 세상 속에 있었다."[33]

아름다움을 보도록 우리의 눈을 훈련시키기에 너무 늦은 때란 없다. 지금 당신이 있는 공간을 둘러보면 분명 아름다움을 찾을 수 있을 것이다. 아직 아름다움을 사랑하는 법을 배우지 못했다면 늦었지만 지금이라도 배우라. 아름다움을 추구하는 습관을 기르라. 왜냐하면 애니 딜라드의 말처럼 "아름다움과 은혜는 우리가 느끼든 못 느끼든 상관없이 이루어진다. 최소한 우리는 그것이 이루어지는 현장에 있기 위해 노력할 수 있다."[34]

아름다움은 에덴동산의 유물이다. 선한 것의 잔존물이다. 아름다움은 더 깊은 영역에서 온다. 아름다움은 댐의 균열에서 새어나오는 물처럼 우리 삶에 스며든다. 그 댐 반대편에 있는 것이 우리를 경이감과 경외감에 젖도록 만든다. 그곳에 영광이 있다. 그리고 우리는 그 영광을 위해 창조되었다.

미켈란젤로 부오나로티
〈다비드 David〉

1501-1504년, 대리석, 17 x 6-1/2 피트 (약 518 × 198 cm)
피렌체 아카데미아 미술관 Gallery of the Academy of Florence, 피렌체
사진 TravelFlow / Getty Images

Michelangelo Buonarroti

CHAPTER 2

미켈란젤로,
쇠해 가는 세상에서
온전함을 주구한다는 것

◇◇◇◇◇◇◇◇◇◇◇◇◇◇◇◇◇◇◇◇◇◇◇◇◇◇

영광을 향한 인간의 갈망

*

의심할 여지없이 이 상^{figure}은

고대와 현대의 다른 모든 상을 무색하게 만든다. ⋯⋯

분명, 미켈란젤로의 〈다비드^{David}〉를 본 사람은

살아 있는 조각가나 죽은 조각가나 상관없이

그 어떤 조각가의 다른 작품도 볼 필요가 없다.

조르조 바사리

이탈리아 피렌체 대성당 뒷마당 한쪽에는 거대한 돌덩이 하나가 수십 년 동안 덩그러니 놓여 있었다. 성당 관리인들과 지역 주민들은 이 돌에 '거인'이라는 별명을 붙였다. 이 돌은 카라라 지역 바로 위 아푸안 알프스의 판티스크리티 채석장에서 가져온 것이었다.

아푸안 알프스에는 약 650개의 채석장이 있으며, 그중 약 절반에서는 지금도 여전히 돌을 채굴하고 있다. 카라라의 채석장들은 다른 모든 곳을 합친 것보다도 더 많은 대리석을 채석하고 있으

며, 이 대리석들은 세계 곳곳으로 퍼져 건물과 기념비로 새롭게 탄생했다. 대표적인 예로 로마의 판테온, 런던의 마블 아치, 노르웨이의 오슬로 오페라 하우스가 있다. 노르망디 미군 국립묘지에 가득한, 십자가와 다윗 별들의 바다도 빼놓을 수 없다. 카라라의 대리석을 처음 대중화시킨 건 고대 로마였다. 당시 로마에서는 이 특별한 돌로 이루어진 기둥과 조각상과 거리를 흔히 접할 수 있었다. 이 돌은 고대인들의 작품들을 소환하려고 했던 이탈리아 르네상스 조각가들에게 선택받은 재료였다.

대리석은 변성암이다. 이 돌은 석회암, 석영, 산화철, 흑연 같은 무기물이 오랜 시간 동안 극도의 압력과 높은 온도에 노출될 때 형성된다. 석회암 속의 방해석은 결정체가 되고, 이 단단한 결정체들의 덩어리들로 구성된 밀도 높은 암석이 형성된다. 대리석의 색깔 차이는 재결정되기 전에 석회암에 함유된 무기물 차이에서 비롯한다. 특히 하얀 대리석은 높은 순도로 인해 귀하게 여겨진다.

건축 자재의 구조적 강도는 인장^{tensile} 강도, 압축^{compressive} 강도, 전단^{shear} 강도로 측정된다. 물체의 인장 강도는 잡아 찢는 힘을 이겨 내는 정도를 의미한다. 줄다리기를 하는 두 팀을 상상해 보라. 밧줄은 둘로 찢어지지 않도록 높은 인장 강도가 필요하다. 압축 강도는 정반대다. 압축 강도가 강한 물체는 내부로 향하는 힘을 견뎌 낼 수 있다. 압축 강도는 그 물체를 찌그러뜨리기 위해 필요한 압력으로 측정된다. 이삿짐용 전문 박스는 높은 압축 강도가 필요하다. 그래야 트럭 위에 높이 쌓아도 찌그러지지 않아서 그 안의 물건들이 망가지지 않는다. 전단 강도는 좀 더 복합적이다. 전단 강도는 자르는 힘, 즉 반대쪽에서 누르는 정렬되지 않은 두 힘을 이겨내는 능력이다. 반으로 찢어지는 종이를 생각해 보라. 한 손으로는 종이의 절반을 위로 올리고 다른 손으로 절반을 아래로 내리면 종이는 찢어진다. 그것은 종이의 전단 강도가 나무 같은 것보다 약하기 때문이다. 이것이 가위를 전단기shear라고도 부르는 이유다. 가위의 두 날은 각기 물체의 인접한 부분에 다른 방향으로 작용해서 물체를 둘로 쪼갠다.

대리석은 높은 압축 강도를 지니고 있지만 인장 강도와 전단 강도는 낮다. 대리석은 결정 구조로 인해 산이 누르는 강도까지도 이겨 낼 만하다. 하지만 망치와 정으로 때리면 깨지기 쉽다.

물체 강도의 형태들

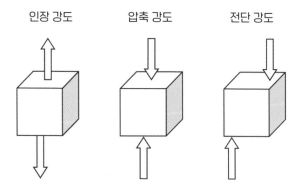

피렌체 대성당 뒷마당 한쪽에 놓여 있던 그 대리석은 12톤이나 나가는 거대한 돌이었다. 그토록 거대한 돌을 어떻게 그곳까지 가져왔는지 실로 놀라운 일이었다.

사연 많은 '거인' 이야기

1463년, 두오모라고도 알려진 피렌체 대성당은 아고스티노 디 두치오라는 이탈리아 조각가에게 성당 바깥쪽 부벽을 장식할 열두 구약 인물 중 한 명의 조각을 의뢰했다. 이탈리아 르네상스의 대가 도나텔로가 이미 1410년에 여호수아 테라코타terra-cotta(구우면 단단해지고 치밀해지는 점토의 성질을 이용한 표현 기법-편집자)로 이 일련의 작업을 시작한 상태였다. 다음 인물은 다윗이었고, 아고스티노가 계약을 따냈다.

원석을 선정해 본 경험이 전혀 없었던 아고스티노는 판티스크리티로 직접 찾아가 5.5미터 길이에 10,000킬로그램이 넘는 돌을 잘라 줄 채석공들을 고용했다. 거대한 돌덩어리는 애초의 계약과 달랐다. 계약대로라면 네 개의 돌을 사용하고 나중에 그것들을 한 덩어리로 합쳐도 되었다.[1] 하지만 아고스티노는 한 덩어리의 거대한 돌로 작업하기로 선택했다. 그는 이동 시 무게를 줄이기 위해 거기서 나중에 깎아 낼 부분 중 일부를 깎아 냈고, 다리가 될 부분 사이에 구멍을 뚫었다. 그러고 나서 육지와 바다를 거쳐 이 돌을 피렌체로 가져갈 소부대의 인부들을 고용했다.

이 거인은 카라라 지역에서 먼저 리구리아해의 서해안을 거쳐 피사로 운반되었다. 거기서 아르노강을 따라 올라가 피렌체에 이

**판티스크리티 채석장에서 피렌체까지
'거인'의 여정**

Designed by Brad Davis

르렀다. 이 돌이 산에서 피렌체까지 오는 데 거의 2년이 걸렸다.[2] 1466년, 말과 인부들이 마침내 이 돌을 성당 안뜰로 갖고 들어가자 구경꾼들이 모여들었다. 그들 중 누구도 그때껏 그렇게 큰 대리석 덩어리를 본 적이 없었다. 이 거대한 돌이 높다란 산에서 '인간의 창의적 재주와 끈기'의 중심지인 그곳까지 내려온 것은 실로 엄청난 사건이었다. 사람들은 아고스티노가 이룬 성과에 경탄했다.

그렇다. 사람들은 놀라움을 금치 못했다. 대리석을 잘 아는 장인들이 아고스티노의 돌을 자세히 훑어보기 전까지는. 〈뉴욕 타임스New York Times〉 기사에서 샘 앤더슨은 그 돌에 관해 다음과 같이 말했다.

> 도시의 장인들은 그 돌을 살피고서 경악했다. 그 돌은 잘못 고른 것일 뿐 아니라 잘못 다듬어진 것이었다. 아고스티노는 관례대로 채석장에서 돌의 '초벌작업'을 했다. 즉 최종 조각상에 필요한 부분만 남기고 나머지를 대충 깎아 냈다. 하지만 그것이 이전의 실수를 더 악화시켰다. 원래도 이상할 정도로 좁았던 돌이 더 좁아지고 말았다. 게다가 아고스티노는 그 중앙에 엉뚱한 구멍을 뚫어 놓았다. 이 돌이 그럴듯한 인간 형체를 갖추기는 힘들어 보였다. 적지 않은 이들이 돌을 망쳤다고, 도시의 투자금을 이미 잃었다고 생각했다.
>
> 아고스티노는 해고되었고, 돌은 버려졌다. 돌은 한쪽에 방치된 채 비와 우박을 맞고 새들에 의해 더럽혀지고 있었다.[3]

그 돌은 피렌체 주민들에게 놀라운 성과와 아직 이루어지지 않은 잠재력을 함께 보여 주는 상징물이었다. 그 돌은 또 다른 조각가인 안토니오 로셀리노가 프로젝트를 맡은 1476년까지 10년간 한자리에서 잠자고 있었다. 그는 잠시 그 돌로 작업을 했지만 얼마 가지 못해 역시 해임되었다. 이후 26년간 거인은 비바람과 햇빛에 노출된 채 방치되어 점점 망가졌다.

하지만 엄청난 돌의 크기와 거기에 쏟아부은 투자 때문에 피렌체 사람들은 여전히 그것을 도시의 자산이라 여겼다. 1500년, 성당 관리인들은 쓰러진 거인을 다시 일으켜 세우고 그 거인에서 다윗을 조각해 낼 적절한 장인을 다시 한번 찾아보기로 했다. 1501년, 몇 년 전 스물넷의 나이에 자신의 〈피에타Pietà〉를 로마에 선물하면서 명성을 얻기 시작했던 스물여섯 살의 젊은 조각가가 도시의 관리들을 찾아갔다. 그는 자신이 태어나기 10년도 더 전에 아고스티노가 시작한 조각을 자신이 이어받아 완성하겠다고 관리들을 설득했다.

그리하여 이 프로젝트의 계약은 마침내 미켈란젤로 디 로도비코 부오나로티 시모니에게로 넘어갔다.

조각가 미켈란젤로

미켈란젤로는 1475년 3월 6일 피렌체 바로 동쪽에 있는 작은 마을 카프레제에서 태어났다. 그의 아버지는 은행과 정부에서 일했다. 그가 아주 어렸을 적에 어머니가 병에 걸리면서 아버지는 그를 유모의 집으로 보냈다. 유모의 남편은 아레쪼에 있는 그들 집안에서 운영하는 채석장에서 돌을 자르는 일을 했다. 그렇게 소년 미켈란젤로는 대리석 주변에서 자랐다.

미켈란젤로는 어린 시절을 소중히 여기며 이렇게 말했다. "내 안에 좋은 것이 있다면 그것은 아레쪼의 …… 창의적인 분위기 속에서 태어났다. 나는 유모의 젖과 함께 정과 망치를 다루는 기술을 받았다."[4]

역사가 엘리트라고 기억하는 많은 예술가들이 그렇듯 미켈란젤로도 공부에는 별로 관심이 없었다. 주로 창작에만 몰두했던 그는 교회에서 한번 슬쩍 보기만 한 그림들을 기억해서 똑같이 그려 냈고, 다른 예술가들과도 어울리고자 했다. 아들의 창작 열정을 알아본 아버지는 그가 열세 살에 피렌체 화가 기를란다요의 문하생으로 들어가는 것을 허락했다. 거기서 미켈란젤로는 나중에 시스티나 성당의 천장과 벽을 작업할 때 사용한 프레스코 기법을 배웠다.

1489년, 미켈란젤로는 열네 살의 나이에 피렌체 통치자 로렌초 데 메디치의 정원에서 고전주의 시대 조각을 공부하기 시작했다. 그는 재능과 지위 덕분에 피렌체의 엘리트들과 교류할 수 있었고, 그로 인해 당대 최고의 조각가들에게서 배울 기회를 얻을 수 있었다. 그는 이런 이점을 적극적으로 활용했다.

미켈란젤로는 조각을 예술의 최고봉으로 여겼다. 반면, 그림은 싫어했다. 특히 유화를 혐오해서 "여자들이나 …… 게으름뱅이들에게나 적합한" 것이라고까지 했다.[5] 미켈란젤로에게 그림은 거의 가치가 없었다. 풍경화는 "막연하고 기만적인 스케치, 아이들과 무식한 자들을 위한 게임"에 불과했다.[6] 초상화는 "게으른 호기심과 오감의 불완전한 환상에 대한 아첨"일 뿐이었다.[7] 미켈란젤로는 한 친구에게 보낸 편지에서 이렇게 말했다. "그림이 조각을 닮을수록 더 좋다. …… 조각은 그림을 밝혀 주는 횃불이다. 이 둘의 차이는 해와 달만큼의 차이다."[8]

길이가 41.2미터, 폭이 13.2미터나 되는 20미터 높이의 시스티나 성당 천장에 300명이 넘는 인물의 그림을 그린 미켈란젤로가 아닌가! 그런 사람이 정말로 그림을 그토록 경멸했을까? 이해하기 힘들지만 그랬던 것 같다. 그는 시스티나 성당의 그림 작업을 놓고 이렇게 말했다. "이것은 내 천직이 아니다. 나는 아무 의미 없이 시간을 낭비하고 있다. 하나님, 나를 도와주소서!"[9]

우리가 오늘날 그림에 대한 미켈란젤로의 경멸을 아는 것은 그가 그 사실을 거리낌 없이 표현했기 때문이다. 심지어 그는 다른 화가들을 모욕하기도 했다. 예를 들어, 그는 그림을 고귀한 예술로 여겼던 동시대 선배인 레오나르도 다빈치를 꽤 노골적으로 공격했다. "그림이 조각보다 더 고귀하다고 쓴 사람이 그런 생각으로 다른 것들도 한다면 내 여종이 그것들을 더 잘할 것이다."[10]

미켈란젤로는 도발을 즐겼던 것으로 보인다. 열일곱 살 때 그는 한 학생의 작품에 경멸적인 발언을 했다. 몹시 화가 난 그 학생은 미켈란젤로의 코를 가격했고, 그 사건으로 미켈란젤로는 평생 코가 손상된 상태로 살아야 했다.[11] 미켈란젤로가 반격하지 않았을 리가 없다. 그는 고집이 세고 성미가 급했기 때문이다. 그는 자주 싸움에 휘말렸다. 하지만 그런 성향이 예술적 집중력을 기르는 데도 도움이 되었다. 전기 작가 질 네레는 이렇게 말했다. "미켈란젤로는 자신이 어릴 적부터 노년기까지 평생 (강한) 열정에 휩싸여 살았다는 점을 조금도 숨기지 않았다."[12] 특히 그는 아름다움을 향한 열정을 항상 품고 있었다. 그는 아름다움에 매료되어 있었다. 그리고 강한 열정이 거의 그렇듯, 아름다움을 향한 그의 갈망은 나중에는 고통의 원인이 된다. 아무리 노력해도 그 갈망이 완벽하게 채워지지 않자 그의 영혼은 타락하기 시작했다.

미켈란젤로는 이렇게 썼다. "내가 사랑에 빠졌던 아름다움의 영원한 광채가 어느 날 내 마음속으로 다시 밀려와 나를 끝없이 괴롭힐 불길을 일으킬 줄 젊은 시절에 알았다면 기꺼이 내 눈의 불을 껐을 것이다!"[13] 이 말이 좀 심하게 들릴지 모르지만 여기에는 그만의 복잡한 속사정이 있었다. 일부에서는 그의 글, 예술, 개인적인 삶에 관한 기록을 바탕으로 미켈란젤로가 동성애자였다고 보는 역사가도 있다.[14] 그러나 또한 역사가들은 그가 하나님에 대해 개인적인 의무감을 지녔다는 점을 확신한다. 그는 원하는 모든 욕구를 채울 수 있었고, 실제로 그렇게 했다. 하지만 동시에 신앙으로 인해 구주께서 자신의 영혼을 굳게 부여잡고 있다고 믿었고, 그분의 사랑과 법을 따르기 위해 애썼다. 젊은 시절 미켈란젤로는 신앙과 육체적인 추구를 둘 다 쥐고 놓지 못했다. 이것이 그에게는 크나큰 고통이었고, 그 고통은 그의 작품에서도 그대로 드러났다.

예술가로서 미켈란젤로는 필적할 수 없는 재능을 지니고 있었다. 재능과 노력으로 연마한 기술 덕분에 원하는 것은 거의 다 만들어 낼 수 있었다. 그가 평생에 걸쳐 내놓은 작품들은 신성한 동시에 세속적이고, 여성적인 동시에 남성적이며, 아름다운 동시에 폭력적인 작품들이었다. 그의 작품들에는 신성과 세속 사이에서 영광을 갈망하는 동시에 만족할 줄 모르는 욕구 때문에 타락으로 치닫는 인간들이 있었다.

미켈란젤로의 창작 표현의 중심에는 '인간의 형태'가 있었다. 그는 인간의 몸, 특히 남성의 몸에 매료되어 있었다. 그의 작품에서 사람들을 묘사한 것을 보면, 세속적인 동시에 신성하고 강한 동시에 약하고 남성적인 동시에 여성적인 아름다움을 그려 내려는 노력을 볼 수 있다. 그의 작품 속 인물들은 대개 남성이었고, 상당수가 누드로 묘사되었다. 그리고 거의 모두가 육체적으로 완벽한 형태를 지녔다. 심지어 그의 작품에서는 여성도 남성과 같은 근육을 지니고 있다. 네레는 이렇게 썼다. "다른 곳에서처럼 성당 제단 위 천장을 그릴 때 창조주의 손에서 나온 인간의 몸은 미켈란젤로의 주된 표현 수단이었다. 그의 작품에서 표현된 인간의 아름다움은 하나님의 아름다움을 반영하고 있다. 그 아름다움을 묵상하는 영혼은 하나님께로 향할 수밖에 없다."[15]

미켈란젤로의 예술적 취향은 신념의 문제였다. 그의 작품들에서는 풍경을 비롯한 그 어떤 소재보다도 인간이 중요했다. 그림, 에칭, 소묘를 비롯한 그 어떤 기법보다도 조각이 중요했다. 실수했을 때 추가해서 수정할 수 있는 점토와 청동을 비롯한 그 어떤 재료보다도 실수를 용납하지 않는 한 덩어리의 대리석이 중요했다. 그런 상황에서 두오모의 뜰 한쪽을 약 40년간 차지하고 있던 거인이 있었다. 거기서 미켈란젤로의 세 가지 취향이 하나로 만난 것이다. 한 덩어리의 돌을 깎아 만든 인간 형태의 조각.

오랫동안 완성되지 못한 재료 앞에 드디어 위대한 장인이 섰다. 자부심과 근성을 지닌 인물, 아름다움을 보고 창조하려는 끝없는 갈망에 시달리는 인물, 세속과 신앙 사이를 오락가락하는 인물, 돌에서 자신이 원하는 것은 무엇이든 끄집어낼 수 있는 인물. 미켈란젤로는 모순 그 자체였다. 영적으로 복잡하고, 보기 드문 천부적인 재능과 불굴의 노력을 겸비한 인물이었다. 이런 특성으로 인해 젊은 조각가는 이 거인에게서 다윗을 끌어낼 수 있었다.

목동 다윗

다윗은 구약에서 가장 유명한 인물일 것이다. 모든 사람이 다윗의 이야기를 최소한 어느 정도는 안다. 따라서 다윗이 두오모를 장식할 열두 인물 중에서도 초기에 제작되기 시작된 것은 전혀 이상한 일이 아니다. 또한 미켈란젤로가 목동이자 왕이었던 다윗에게 끌린 것도 전혀 이상하지 않다. 간음을 저지른 자인 동시에 하나님의 마음에 맞는 인물이라는 복잡성은 세속과 신성 사이에서 오락가락했던 미켈란젤로의 모습과 비슷한 면이 있었다.

다윗에 관한 성경 이야기에서 흥미로운 사실 중 하나는 그의 아름다운 외모가 자주 언급되고 있다는 점이다. 성경에서 처음 다윗이 등장할 때 세 가지 사실이 언급된다. 일단, 그는 이새의 막내 아들이었다. 목동이었다. 그리고 "그의 빛이 붉고 눈이 빼어나고 얼굴이 아름다웠다."[16] 몇 구절 뒤에서 다윗이 사울의 신하로 들어간 뒤 사울은 자신의 괴로운 영혼을 달래 줄 사람이 없는지 물었다. 그러자 신하 중 한 명이 이렇게 대답했다. "내가 베들레헴 사람 이새의 아들을 본즉 수금을 탈 줄 알고 용기와 무용과 구변이 있는 준수한 자라 여호와께서 그와 함께 계시더이다."[17] 또 다윗이 골리앗에게 맞서는 장면을 보라. "그 블레셋 사람이 둘러보다가 다윗을 보고 업신여기니 이는 그가 젊고 붉고 용모가 아름다움이라."[18] 세 번다 다윗의 아름다움이 언급되고 있다.

성경은 사라, 라헬, 요셉, 사울, 에스더 등 다른 사람들의 아름다움에도 주목한다.[19] 하지만 다윗만큼 아름다운 외모가 자주 그리고 자세히 언급되는 성경 인물도 없다.

육체적인 아름다움이 다윗의 유일한 매력은 아니었다. 우리가 그에 관해 아는 다른 사실들을 생각해 보라. 그는 들판에서 목동으로 일하면서 그의 가축을 해치려는 사자와 곰과 용감하게 싸워 맹수들을 죽였다. 그는 때로 그를 공격하는 적들에게 자비를 베풀었다. 그는 시편을 썼다. 그는 고백과 회개의 본을 보여 주었다. 그는 건축 사업을 관장했다. 그가 통치하던 시대는 대대로 이스라엘의 태평성대로 여겨졌다. 사람들은 다윗보다 더 다윗 같은 인물이 나타나면 그가 바로 메시아일 것이라고 생각했다. 여성들은 다윗을 흠모했고 남성들은 다윗처럼 되기를 원했다. 다윗은 뛰어난 시인이요, 신학자이며, 연주자, 전사, 사랑꾼, 건축가, 전술가였다. 이런 타고난 능력과 육체적 아름다움 외에도 성경은 다윗이 하나님의 마음에 맞는 사람이었다고 말한다.[20] 모두가 이런 그를 부러워했던 것도 무리가 아니다.

그는 무명이었던 젊은 시절에도 위대함의 모든 자질을 갖추고 있었다. 다윗과 골리앗의 싸움에 관한 성경 이야기를 보라.[21] 다윗이 전혀 알려진 사람이 아니던 시절이었다. 그의 형들은 전쟁터에 나갔다. 이스라엘의 사울왕과 그의 군대는 유다 산간지대의 엘라 골짜기에 주둔해 있었다. 골짜기 건너편에 자리한 블레셋 군대는 창과 방패를 세게 부딪쳐 소리를 내며 사울의 군대를 도발했다.

매일 힘이 세고 몸집이 거대한 블레셋 전사가 아무나 나와서 일대일로 붙자며 골짜기 건너편을 향해 고함을 질렀다. 키가 거의 3미터에 육박한 가드 사람 골리앗이었다. 그는 머리부터 발끝까지 청동 갑옷을 걸치고 있었다. 그 사슬 갑옷은 햇빛 아래서 마치 뱀의 비늘처럼 반짝거렸다. 등에는 장창을 메고, 손에는 투창을 들었다. 또 다른 손에는 거대한 검이 들려 있었다. 철로 된 무기로 무장하고 돌처럼 뚫을 수 없는 갑옷을 걸친 그 거인은 하나의 거대한 산과도 같았다.

골리앗은 매일같이 소리쳤다. "왜 나와서 싸우지 않느냐? 일대 일로 승부를 결정하자! 너희 중에 최고를 내보내라! 이긴 자가 다 차지하는 거다!"[22]

사울을 비롯한 국가 지도자들은 골리앗의 도발에 속이 뒤집혔다. 자신들의 진영에서 맞서 싸울 전사가 한 명도 나오지 않는다는 사실이 너무도 답답했다. 골리앗은 완벽한 전사였다. 도무지 상대할 만한 사람이 없었다.

어느 날 다윗은 전쟁터로 나간 형들에게 줄 물품을 갖고 그 골짜기로 향했다. 그의 아버지는 그의 손에 생필품 꾸러미를 들려 형들에게 보냈다. 그가 전장에 도착했을 때 형들을 비롯한 병사들이 매일같이 벌어지는 굴욕의 현장으로 가고 있었다. 다윗은 그들을 따라가 번쩍거리는 갑옷을 입고 태양 아래로 나온 거인을 보았다. 골리앗은 조롱을 재개했다. "누가 나를 상대하겠느냐? 아무도 없느냐? 겁쟁이 녀석들!"

다윗은 병사들이 두려움에 뒷걸음질하는 모습을 보았다. 하나같이 싸울 마음이 없어 보이는 모습에 다윗은 화가 났다. 그들은 그냥 군대가 아니었다. 출애굽한 이들의 후예였다. 가나안과 에돔, 모압을 패배시켰던 민족이었다. 애굽은 그들 앞에서 수장되었고, 여리고도 그들 앞에서 무너져 내렸다. 그들은 하나님께 선택된 민족이었다. 그런 그들이 어찌 단 한 사람의 조롱에 겁을 먹고 뒷걸음질하는가!

다윗은 병사들에게 말했다. "이자가 누구라고 감히 살아 계신 하나님의 군대에 도전합니까?"[23] 큰형 엘리압은 다윗의 말을 듣고 꾸짖었다. "너는 왜 여기 있느냐? 가축들은 누가 돌보고 있느냐? 전쟁이나 구경하려고 몰래 이곳에 와서 농땡이를 피우고 있구나." 다른 형들도 한마디씩 거들었지만 다윗은 기죽지 않고 곧장 왕을 찾아가 말했다. "계속해서 이런 굴욕을 당하실 겁니까? 제가 가서 저 거인과 싸우겠습니다."

사울왕은 회의적인 표정으로 고개를 내저었다. "너는 저자를 당할 수 없다. 너는 한낱 소년에 불과하고, 저자는 우리가 여태까지 본 가장 무시무시한 전사다." 이에 다윗은 이렇게 말했다. "이런 상황을 다룰 줄 압니다. 양 떼를 칠 때 한번은 사자가 와서 한 마리를 채갔지요. 그때 저는 녀석을 쫓아가서 때려 치고 그 입에서 어린 양을 구해 냈습니다. 녀석이 공격해 올 때 녀석의 털을 잡고 때리고 칼로 죽였습니다. 골짜기 건너편에 있는 저 거인도 그 사자처럼 될 것입니다. 저놈은 살아 계신 하나님의 군대를 모욕했습니다. 하나님이 저놈을 제게 주실 겁니다."[24]

사울은 소년의 말이 진심이라는 것을 알았다. 달리 뾰족한 수가 없었기에 사울은 끝내 허락했다. "좋다. 가라. 하나님이 너와 함께하시기를 빈다." 사울은 자신의 가장 좋은 투구와 무기를 꺼내 주고 다윗에게 자신의 갑옷을 입혔다. 그러고 나서 다윗에게 자신에게 있는 최고의 검을 건넸다. 다윗은 갑옷 무게에 짓눌린 채 검을 잡고 말했다. "이 전투 장비는 저와 맞지 않습니다. 저는 이걸로 싸우지 않을 겁니다." 다윗은 왕이 준 갑옷과 검을 내려놓고 자신의 막대기와 물매(무릿매)를 잡았다. 그는 엘라 시내에서 가져온 다섯 개의 매끈한 조약돌을 주머니에 넣고서 골리앗을 향해 걸어갔다.

골리앗은 잠시 소년 다윗을 응시하다가 껄껄 웃었다. "제정신이냐? 정말로 그런 막대기와 돌로 나를 쫓아낼 수 있다고 생각하느냐? 내가 개냐? 정 원한다면 와라! 하지만 이건 알아라. 나한테 덤빈다면 너의 시체를 새와 자칼에게 먹이로 줄 것이다!"[25]

다윗은 이렇게 대답했다. "너는 칼과 창과 단창으로 내게 오지만 나는 네가 모욕하는 하나님의 이름으로 나아간다. 오늘이 가기 전에 그 하나님이 너를 내 손에 넘기실 것이다. 나는 너를 쳐서 네 목을 벨 것이다. 너와 너의 군대가 모조리 죽을 것이다. 너희의 모든 시체를 새와 자칼에게 줄 것이다. 그렇게 되면 거인의 검이나 창 따위는 필요로 하지 않는 이스라엘의 하나님이 계신 줄 온 세상이 알게 될 것이다. 이 전쟁은 그분께 속했다!"[26]

다윗은 서서 골리앗이 자신을 향해 달려오는 것을 지켜보았다. 그리고……

일단 이 장면에서 멈추자.

독보적인 〈다비드〉 상

바로 이 순간이 미켈란젤로가 담아낸 장면이다. 다가오는 적을 응시하는 다윗. 그의 자세, 그의 손, 그의 물매, 그의 벌거벗음, 그의 눈은 바로 이 이야기를 담고 있다. 물매와 돌은 다윗이 바라보는 골리앗이 곧 죽을 운명임을 암시한다. 다윗의 눈은 강한 확신에 차 있다.

전통적으로 다윗에 대한 예술적 묘사는 골리앗을 죽인 뒤의 의기양양한 모습을 그린 것들이다. 베로키오, 벨라노, 도나텔로 같은 이전의 다른 이탈리아 예술가들은 잘린 골리앗의 머리를 들고 서 있는 다윗을 보여 주었다. 상황은 종료되었다. 승리는 이루어졌다. 교훈은 전달되었다.

하지만 미켈란젤로는 달랐다. 처음으로 그는 우리에게 전투 전의 다윗을 보여 주기로 선택했다. 질 네레는 미켈란젤로가 "승자로서의 전통적인 다윗의 이미지를 버리고, 그 자리에 힘fortezza과 분노ira를 결합한 심벌을 만들어 냈다고 평가한다."[27]

단단한 대리석이 마치 사람의 살결처럼 부드러워 보인다. 미켈란젤로의 〈다비드〉는 벌거벗고 있어 취약해 보이지만, 동시에 5미터가 넘는 크기로 위압감을 준다. 그는 긴장하고 분노해 있다. 언제라도 움직일 준비가 되어 있다. 미켈란젤로는 집중력이 최고조에 달한 다윗을 표현했다. 전사 다윗은 정신을 바짝 차린 동시에 차분함을 보이고 있다. 만반의 준비를 갖추고 있지만 참을성을 발휘하고 있다. 대담무쌍하고 자신감이 넘친다.

그는 움직임을 담은 자세로 서 있다. 막 무게 중심을 옮기거나 한 걸음을 내딛은 것처럼 보인다. 이것은 '콘트라포스토contrapposto'

라고 알려진 고전적인 자세다. 인물이 한쪽 다리에 몸무게를 모두 싣고 다른 다리는 앞으로 향한 채 서 있는 것이다. 또한 고개를 왼쪽으로 돌리고, 왼팔로 물매를 짊어졌으나 엉덩이와 어깨를 반대 각도를 향하게 하여 몸통이 약간 S 곡선을 그리고 있다. 이 자세는 생명력을 더욱 실감나게 전달한다.

미술가들은 시야를 더욱 생생하게 전달하기 위해 과장 기법을 자주 사용한다. 그들은 보이지 않는 것을 함축하기 위해 보이는 것을 증폭시킨다. 마크 마지오리는 구름을 극적이고 과장된 형태로 그림으로써 이 기법을 사용한다. 이 구름은 실제로 현장에서 보는 사람들이 느낄 법한 하늘의 광활함을 화폭 안에서 느끼게 해 준다. 마지오리는 그림 속 인물들이 실제로 느낄 경이감을 우리에게 전해 주고 싶었다.

비슷한 과장 기법으로 미켈란젤로의 〈다비드〉 상은 누드로, 무방비 상태로 서 있다. 이것은 성경에는 기록되지 않은 상황이지만, 다윗이 보이지 않는 적의 위험에 얼마나 노출되었는지를 보여 주기 위해 이런 식으로 묘사한 것이다. 소년 다윗은 벌거벗었지만 전혀 약하지 않다. 결연한 표정의 얼굴과 손에 들린 무기는 힘뿐 아니라 승리가 자신의 것이라는 확신을 보여 준다. 이것은 혈과 육을 상대로 한 싸움이 아니었다.

〈다비드〉 상의 오른손은 물매를 잡고 있고 왼손은 주머니를 잡고 있다. 물매는 골리앗이 볼 수 없도록 뒤로 숨겨져 있다. 이는 다윗의 승리가 강한 힘이 아니라 영리함의 결과라는 점을 강조한다. 그의 접근법은 정교하고 세련되었다. 말콤 글래드웰은《다윗과 골리앗*David and Goliath*》이란 책에서는 이스라엘 군대가 상황을 잘못 읽은 것처럼 우리가 이야기를 잘못 읽는 경우가 많다고 말한다.[28] 우리는 골리앗의 엄청난 크기와 다윗의 작은 키를 보고서 다윗에게 전혀 가능성이 없다고 속단한다. 글래드웰은 두 사람이 선택한 무기를 봐야 한다고 말한다. 무기를 보면 싸움을 시작하기도 전에 결과가 정해져 있다는 사실을 알 수 있다. 골리앗은 전혀 승산이 없었다. 골리앗의 검, 창, 단창, 근육은 모두 근접전을 위한 것이다. 반면, 다윗의 물매는 장거리용 무기다. 실력이 뛰어난 물매꾼은 검, 창, 단창을 가진 적의 사정권 안에 들어가지 않고도 적을 무너뜨릴 수 있다. 게다가 다윗은 하나님이 직접 돌의 궤적을 인도하실 줄로 믿었다.

물론 다윗은 확신에 차 있었다. 그는 골리앗이 자신을 건드리지도 못할 줄 알았다. 그는 하나님이 불경한 조롱을 퍼붓는 골리앗을 자신의 손에 붙이실 줄 알았다. 자신이 과감히 나서 돌을 던지기만 하면 하나님이 그 돌을 표적에 꽂히게 하실 줄 확신했다. 그리고 실제로 그런 일이 벌어졌다. 이야기는 완벽하다. 완벽한 적, 완벽한 소년, 치명적인 돌의 완벽한 투척, 완벽한 결말. 미켈란젤로는 이 완벽한 이야기를 완벽한 영웅의 완벽한 조각상으로 탄생시켰다.

미켈란젤로는 비공개 작업을 원했다. 하지만 엄청난 크기 때문에 돌을 작업장 안으로 들일 수 없었다. 그래서 인부들을 통해 돌을 세운 뒤 그 주변으로 지붕 없는 작업장을 세웠다. 미켈란젤로는 작업장에 들어가면 나오지 않은 채 며칠 내내 작업에 몰두했다. 먼저 그는 돌의 특성, 홈, 조직, 강도부터 철저히 조사했다. 그런 다음, 밀랍 모형을 만든 뒤 〈다비드〉가 탄생할 때까지 2년 내내 거인을 깎아 냈다.

　　나중에 약간 손질할 부분을 제외하고 일단 조각상이 거의 완성되자 도시는 〈다비드〉 조각상을 작업장에서 800미터쯤 떨어진 시뇨리아 광장으로 옮기기로 했다. 역사가들은 이 사건을 기록하면서 무척 고되고 어려운 작업이었다고 평했다.[29] 조각상이 워낙 컸기 때문에 인부들은 거인을 빼내기 위해 두오모 안마당의 아치 통로를 해체해야 했다. 도시 전체가 그 과정을 지켜보았다. 조르조 바사리는 "강한 목재 틀"[30]과 조각상에 매단 줄들이 어떠했는지를 묘사했다. 기름을 바른 통나무 위로 조각상을 실은 수레가 천천히 굴러갔다. 조각상을 겨우 800미터 떨어진 목적지까지 옮기는 데 무려 나흘의 시간과 40명의 인부가 필요했다. 밤에는 문화 예술 파괴자들이 조각상에 돌을 던져 망치려 했기에 보초 서는 사람도 필요했다. 근처에 살던 식물학자 루카 란두치는 이 거창한 이동 작전에 관한 기록을 남겼다. "5월 14일, 한밤중이었다. 거인이 작업장에서 나왔다. 심지어 아치 통로를 해체해야 했을 정도로 거대했다. 40명이 거대한 나무 수레를 밀었다. 줄에 묶인 〈다비드〉가 서 있는 수레는 통나무 위를 미끄러져 이동했다."[31]

　　목적지에 도착해서 보니 조각상을 두오모의 부벽 옆으로 세울 방법이 없었다. 게다가 그렇게 멀리 세워 놓으면 사람들이 조각상의 경이와 완벽함을 제대로 느낄 수 없었다. 그래서 〈다비드〉를 시민 정부가 있는 시뇨리아 광장 밖의 피렌체 공공 광장 받침대 위에 놓기로 결정했다. 그곳에서 전투태세를 마친 젊은 목동의 시선은 로마라는 골리앗을 향하게 되었다. 〈다비드〉를 받침대 위로 끌어올리는 데만 거의 한 달이 소요되었다.

미켈란젤로는 마무리 작업을 계속했다. 그해 여름, 물매에 금박을 입혔고, 금박을 입힌 화환을 목에 씌웠다. 그러나 그 뒤로 날씨와 시간은 금박을 씻어 버리며 화환을 망가뜨렸다.

받침대 위로 5미터가 넘는 미켈란젤로의 〈다비드〉 조각상은 시민들에게 스스로를 방어하려는 피렌체의 의지를 보여 주는 자유의 상징물이 되었다. 〈다비드〉는 1873년까지 시뇨리아 광장 앞을 지켰다. 그러다 그해에 풍우로 인한 더 이상의 손상을 막기 위해 피렌체 아카데미아 미술관Gallery of the Academy of Florence으로 옮겨졌다. 그리고 지금까지도 그곳에 서 있다. 거의 완벽한 모습으로.

우리는 받은 것으로 일해야 한다

이 땅에서는 아무도 완벽하지 않다. 우리는 한계들로 가득한 세상 속에서 살고 있다. 우리 모두는 한계에 부딪히며, 누구나 한계를 지니고 있다. 당신이 나와 같다면 한계가 없기를 바랄 것이다. 한계를 받아들이는 것은 쉽지 않은 일이다. 하지만 한계는 엄연한 현실이며 하나님의 설계의 일부다. 심지어 우리의 첫 조상 아담도 혼자만 있을 때 주변을 돌아보며 이렇게 말했다. "도움이 필요하다. 다른 사람이 필요하다."

하와는 아담의 한계를 해결해 주지 못했다. 하나님은 아담을 잠재운 뒤에 그의 안에 부족한 것을 채워 넣지 않으셨다. 대신, 아담에게서 뭔가를 꺼내 함께 살아갈 배우자를 지으셨다. 도움이 되지만 별개인 존재를 만드셨다. 하와라는 선물은 세상이 서로 돕는 곳이어야 한다는 사실을 보여 준다. 우리는 자신만 도와서는 안 된다. 서로 도움을 주고받으며 살아야 한다.

때로 우리는 도움을 받기 위해 새로운 방향에 적응해야 한다. 우리보다 앞서 혹은 나란히 걷는 사람들은 우리와 다른 특성을 지니고 있다. 따라서 우리가 움직이고 일하는 리듬을 바꾸어야 한다. 그들은 우리보다 빠르거나 신중할 수 있다. 우리는 추상적인 것을 좋아하는 반면 그들은 주로 구체적인 사고를 할 수 있다. 그들은 우리의 경직된 계획에 변화를, 우리의 애매모호한 비전에 구조를, 우리의 꿈에 경제적 현실을 더해 줄 수 있다. 때로 우리는 누군가가 행하던 작업을 이어받는다. 그 작업을 완수하는 일이 우리에게 주어질 수 있다. 때로는 우리가 시작한 일을 다른 사람이 이어받아 더욱 발전시킬 수 있다.

하나님의 이러한 설계에서 볼 수 있는 아름다움 중 하나는 우리가 자신의 한계로 인해 다른 사람의 도움을 받을 때 우리 혼자서 할 수 없고, 심지어 스스로 생각할 수도 없는 뜻밖의 아름답고 유익한 결과를 얻을 수 있다는 것이다. 미켈란젤로의 〈다비드〉 이면의 이야기가 이 점을 잘 보여 준다.

미켈란젤로의 조각상은 한계를 지닌 채 시작되었다. 구한 돌로 만들 수 있는 것에는 한계가 있었다. 미켈란젤로는 이전 두 조각가가 만들어 놓은 상황에 적응해야 했다. 두 조각가의 성향과 실수로 〈다비드〉가 어떻게 서야 할지가 어느 정도는 결정되어 있었다. 그리고 그 자세는 최종 결과물의 배치와 구조적인 강도까지 모든 것에 영향을 미칠 수밖에 없었다. 미켈란젤로는 다른 사람들이 조각하던 대리석 조각을 받아서 작업했다.

우리 역시 받은 것으로 일한다. 아무도 손을 대지 않은 토대에서 시작하지 않는다. 많은 사람들과 그들의 많은 결정이 우리가 서 있는 바탕에 좋거나 나쁜 영향을 미쳤다. 그리고 우리도 다른 누군가가 언젠가 서게 될 기초를 다지고 있다.

주님, 도와주소서!

미켈란젤로가 아무의 손도 타지 않은 원래의 돌로 작업을 시작했다면 〈다비드〉는 지금과 어떻게 달라졌을까? 그는 어떤 예술적 선택들을 했을까? 그 조각상은 지금의 조각상만큼 사랑을 받았을까?

미켈란젤로는 자신에게 주어진 돌을 깎았다. 그는 다른 조각가들의 비전에 자신의 비전을 맞추어야 했다. 아푸안 알프스의 대리석을 처음 자른 석공들의 틀에 맞추어야 했다. 또한 그는 성경 이야기의 틀에 맞추어야 했다. 다윗 이야기는 그가 창작한 것이 아니었다. 이런 다양한 제약은 미켈란젤로가 읽고 상상했던 목동을 돌에서 끄집어내는 데 영향을 미쳤다. 적지 않은 선택이 이미 이루어진 상태였다. 이런 제약 없이도 뭔가가 탄생했겠지만 그것은 지금과 같은 미켈란젤로의 〈다비드〉는 아닐 것이다.

내 삶 속에서 다른 사람들의 흔적이 묻지 않은 것은 단 하나도 없다. 당신도 마찬가지일 것이다. 물론 우리는 남들의 정 자국을 원치 않는다. 탄식이 터져 나오게 만드는 자국들, 만물이 새로워질 날을 갈망하게 만드는 자국들. 하지만 다른 사람들의 그 흔적 없이는 탄생할 수 없는 선과 진리와 아름다움이 있다.

한계 속에서 살면 한계 없이는 볼 수 없는 아름다움, 한계 없이는 선택하지 않을 선한 일, 한계 없이는 소중히 여기지 않을 관계 안으로 들어갈 수 있다. 그리스도인들에게 자신의 한계를 받아들이는 것은 살아 있는 돌로서 함께 그리스도의 몸으로 지어져 가기 위한 열쇠 중 하나다. 우리의 힘만큼이나 우리의 한계도 교회에는 선물이 된다.

언젠가 〈다비드〉는 무너질 것이다

현재 〈다비드〉의 발목에는 금이 나 있다.

거의 2,700킬로그램에 달하는 대리석이 500년 이상 〈다비드〉의 다리를 짓눌렀다. 그래도 여전히 굳건하게 서 있다. 수 세기 동안의 태양과 비, 천둥, 문화 예술 파괴자들의 숱한 공격에도 〈다비드〉는 여전히 서 있다. 한번은 1991년, 피에로 칸나타라고 하는 마흔일곱 살의 남자가 망치로 조각상의 왼쪽 발을 찍는 바람에 발가락이 깨졌다. 다행히 다른 미술관 관람객들이 즉시 그 남자를 땅바닥에 눕히고 제압했다.[32]

〈다비드〉의 다리는 강한 압축 강도를 지니고 있다. 하지만 조각상이 살짝 기울어진 자세로 서 있기에 조각상의 무게가 그 작은 균열에 가하는 압력에 회전력을 더한다. 회전력을 버티려면 인장 강도가 필요한데, 대리석은 인장 강도가 매우 약하다. 그리하여 그 균열은 거의 눈에 띄지 않을 정도로 천천히 위로 진행되고 있다. 한번 시작된 악화는 되돌릴 수 없다.

게다가 피렌체는 활동 중인 단층선 근처에 자리해 있어 지진이 자주 일어난다. 또한 도시가 개발되면서 건설 장비들도 흔들림을 일으킨다. 매일 미술관 앞에는 관람객이 줄을 잇는다. 매년 전 세계에서 찾아오는 200만 명의 발걸음은 조각상에 거의 측정 불가하지만 꾸준한 진동을 일으킨다.

언젠가 〈다비드〉는 무너질 것이다. 아이러니하게도 돌에 의해 무너질 가능성이 매우 높다. 누가 던진 돌의 힘이 아니라 조각상 자체 돌의 한계로 인해 무너질 것이다. 자신의 흠으로 인해 자신의 무게로 무너질 것이다. 많은 균열 중 하나가 대리석의 압축 강도를 무너뜨릴 것이다. 그러면 상반신의 무게 중심이 변하기 시작할 것이고, 압력과 회전력, 운동력이 최후의 일격을 가할 것이다.

샘 앤더슨은 "〈다비드〉의 발목: 어떻게 불완전한 흠들이 세상에서 가장 완벽한 상을 무너뜨릴 수 있는가"라는 글에서 그 장면을 상상했다.

가장 먼저 바닥을 때리는 것은 구부러진 왼쪽 팔꿈치다. 영웅적인 물매를 들고 있는 팔이 이전의 균열을 따라 깨진다. 그 균열은 16세기 무법의 폭도 …… 가 관련된 사건에서 생긴 묵은 상처다. 그다음에는 대리석의 나머지 부분들이 바닥을 때린다. 그때부터 물리적 현상은 빠르고도 단순하다. 힘, 저항, 방해석 결정의 취성brittleness, 축을 따라 미세한 조직들의 잘라짐. 미켈란젤로의 〈다비드〉는 무너질 것이다.[33]

피렌체 아카데미아 미술관과 정부의 관리들은 다행히 균열이 커지지 않고 있으며, 조각상이 무게의 압력을 최소화할 수 있는 자세를 취하고 있다고 주장한다. 그들은 〈다비드〉가 큰 위험에 처해 있다고 믿지 않는다. 하지만 그렇지 않다. 가장 큰 걱정은 지진이다. 피렌체에 대지진이 일어나면 〈다비드〉 외에도 많은 값진 예술품이 파괴된다는 것이 많은 사람의 공통된 의견이다.

작은 위안이라면 위안이라고 할 수 있는 사실은, 쇠해 가는 지구 자체는 그 거주민들이 만들어 낸 최고의 작품들을 보존하는 데 아무런 관심도 없다는 것이다. 압력과 시간은 우리가 무엇을 만들지 따지지 않고 그냥 석회암을 압축시켜 대리석으로 결정화한다.

마찬가지로, 지표 아래의 지질구조판은 〈다비드〉를 비롯해서 우리 모두에게 한 톨의 신경도 쓰지 않는다. 압력과 시간은 그냥 자기 할 일을 할 뿐이다.

우리에게 〈다비드〉의 재료가 된 돌을 준 압력과 시간은 언제라도 〈다비드〉를 다시 가져갈 수 있다. 그 돌은 첫 조각가의 망치와 정에 처음 깎이기 전 산에서 채석될 때 온갖 종류의 흠으로 가득했다. 그 대리석은 조각가들이 수없이 정을 칠 때 발생하는 물리적 타격에 적응할 수 있었다. 심지어 온갖 악조건 속에서도 돌 자체의 무게를 500년간 견더 낼 수 있었다. 하지만 〈다비드〉는 영원할 수 없는 물질로 이루어져 있다. 물론 그럼에도 우리는 그 조각상으로 몰려가 그 찬란한 영광 앞에 선다.

〈다비드〉가 서 있는 방으로 들어가려면 갇힌 '노예들의 홀Hall of Slaves'을 지나야 한다. 이곳에는 미켈란젤로의 미완성 작품들이 늘어서 있다. 반쯤 완성된 이 헤라클레스들은 돌의 감옥에 갇힌 채 대중의 인정을 받기 위해 애를 쓰고 있다. 하지만 대중은 고개를 돌려 다른 곳을 볼 수밖에 없다. 홀의 끝에 인류가 완성한 가장 완벽한 예술 작품이 서 있기 때문이다.

우리는 아름다움에 끌린다. 그리고 어딘가에 완벽이라는 것이 존재한다는 사실을 본능적으로 안다. 우리는 많은 돈과 시간을 들여 아름다움과 완벽 둘 다를 추구한다. 찾으려 든다면 아름다움은 어디서든 찾을 수 있다. 아름다움은 수만 가지 형태로 우리 주변에 가득하다. 반면, 완벽은 손에 잡힐 듯 잡히지 않는다. 마이스터 에

크하르트의 표현을 빌리자면, 완벽은 우리가 영원히 머물 진정한 집에 존재하지만 우리는 먼 나라에서 살고 있기 때문이다. 우리는 긴 여행을 떠난 사람과도 같다.

휘장 반대편에는 절대적으로 완벽한 영광이 존재한다. 하지만 지금 우리는 거기에 닿지 못한다. 그래서 우리는 세월 속에서 압축된 이 땅의 흙으로, 단순한 상상의 산물이 아니라 영광의 모조품을 만들고 있다. 영광의 이쪽 편에서 온전함을 이루기 위한 인간의 최선의 노력들은 완벽이 존재할 뿐 아니라 우리가 온전함을 위해 지음받았다는 내재적인 인식에서 비롯한다.

§

조사를 하다가 발견한 한 가지 사실이 계속해서 생각난다. 〈다비드〉 표면의 광택은 어느 정도는 인간의 피부 때문이다.[34] 〈다비드〉의 몸에 흐르는 윤택은 피렌체 도시의 먼지와 수억 관광객의 흔적이 결합된 결과물이다. 수많은 관람객이 〈다비드〉 주변을 서성이며 기침을 하고 자기도 모르게 자신의 살 각질을 조각상에 묻혔다. 다시 말해, 우리는 미켈란젤로의 작품에 우리의 흔적을 더했다. 우리의 존재는 그 작품을 부드럽게 다듬었다. 하나님의 형상을 품은 우리는 이 차가운 돌 사람에게 우리의 살 가루를 주었다. 영광을 향해 가고 있는 우리는 영원한 영광의 무게를 영원히 견뎌 낼 육체를 얻게 될 것이다. 이 육체의 썩어질 모조품들의 한계와 흠을 우리는 얼마나 더 지워 내게 될까?[35]

　　그런 육체를 얻을 날까지, 우리는 틈만 나면 휴가를 계획한다. 우리는 더 깊은 영광을 위해 지음받았다는 사실을 본능적으로 안다. 그래서 우리는 그 영광을 조금이라도 맛보기 위해 산을 넘고 바다를 건너고 기나긴 고속도로를 달려 구경꾼들의 줄에 선다. 일레인 스캐리는 "유성이 하늘의 한 구역을 지나갈 때 옳은 방향을 봐야" 한다고 말한다.[36] 우리는 파리 루브르 박물관, 뉴욕 메트로폴리탄 미술관The Met, 암스테르담 국립 미술관Rijksmuseum, 피렌체 아카데미아 미술관을 간다. 우리는 미국 서부의 그랜드캐니언, 북아일랜드의 자이언트 코즈웨이, 동남아 숲들, 남태평양 섬에 간다. 우리는 브루클린의 피자 가게, 소노마밸리의 포도원, 파리의 카페에 간다.

　　왜일까? 하늘을 향하는 육체의 대열에 동참하기 위해서다. 영광에 더 가까이 다가가기 위해서다.

미켈란젤로 메리시 다 카라바조
〈성 마태를 부르심 The Calling of St. Matthew〉

1599-1600년, 캔버스에 유채, 322 × 340 cm
산 루이지 데이 프란체시 성당 San Luigi dei Francesi, 로마

Caravaggio

CHAPTER 3

카라바조,
성聖과 속俗 사이에서
외줄 타기

◇◇◇◇◇◇◇◇◇◇◇◇◇◇◇◇◇◇◇◇◇◇◇◇◇◇◇◇◇◇◇◇◇◇◇◇

은혜의 깊이와 넓이

매우 실질적인 의미에서 우리 중 그 누구도 자격이 없다.
하지만 하나님은 계속해서 가장 자격 없는 자들을 선택하셔서
그분의 일을 하시고 그분의 영광을 드러내시는 듯하다.

매들렌 렝글

복음서 곳곳에서 예수님은 연민을 품고 사회의 밑바닥 인생들을 만나 주셨고, '세리들과 죄인들'을 기본적인 존엄성도 누릴 수 없는 부류로 여긴 자들에 대해 유독 엄중하고 강한 언어를 사용하셨다. 하지만 예수님의 사역에서 이 부분을 낭만적인 시선으로 보아서는 곤란하다. 사회 변두리에 있는 자들이 단순히 오해받은 것이라 여겨서는 안 된다. 실제로 그들의 삶은 그들을 사랑하는 이들에게 고통에 고통을 더해 주었다. 그들은 관계와 명예를 버리고 자신

의 욕심을 추구하는 길을 선택했다. 그리고 자신이 자초한 불행 속에서 매일의 삶을 살았다. 그들을 사랑하는 이들은 탕자를 잃은 슬픔에 고통스러워했다. 이것은 참으로 극심한 고통이다. 탕자는 우리 곁을 떠난 동시에 여전히 우리 주변에 있기 때문이다.

예수님이 죄인들을 어떻게 사랑하셨는지를 제대로 이해하려면 이 점을 기억해야 한다. 예수님은 그들의 삶이 문제투성이라는 점을 알면서도 그들을 사랑하셨다는 것이다. 그리고 예수님이 그들을 환영해 주셨다고 해서 무조건 그들의 문제가 즉시 사라진 것은 아니다. 예수님은 부자 청년,[1] 우물가의 여인,[2] 간음하다가 잡힌 여인[3]을 처음 만났을 때 죄와 삶을 떠나 그분을 따라오라고 초대하셨다. 하지만 즉시 그들의 삶이 바뀌지는 않았다. 대신, 삶이 더욱 복잡해졌다. 부자 청년은 자신의 물질주의에 관해서 다시 생각해야 했다. 우물가의 여인은 평생 변명하며 살아왔던 삶의 망가진 영역들이 예수님 앞에서 훤히 드러나는 경험을 해야 했다. 간음하다 잡힌 여인은 잘못된 관계들을 끊고 망가진 관계들을 회복해야 했다. 그녀는 여성들에게만 공개적인 굴욕을 주는 불의한 세상 속에서 그 일을 해내야 했다.

우리 눈에 예수님의 부르심을 받을 가능성이 전혀 없어 보이는 사람들이 있다. 하지만 성경을 보면 예수님은 일부러 그분의 말씀에 반하는 삶을 사는 사람들에게 사랑으로 다가가셨다. 예수님은 전혀 뜻밖의 사람들을 회개로 부르셨다. 예수님은 가장 자격 없는 사람들을 통해 일하셨다. 그 방식은 지금까지도 세상에서 내로

라하는 지혜자들을 어리둥절하게 만든다.

로마에서의 카라바조

미켈란젤로 메리시 다 카라바조[1571-1610년]는 중세 시대 내내 유럽 예술계를 지배했던 국가인 이탈리아에서 가장 영향력 있고 중요한 화가 중 한 명이었다. 1920년 이탈리아 미술사학자 로베르토 롱기는 이렇게 말했다. "사람들은 카라바조를 이제 어둠의 거장이자 빛의 거장으로 부른다. 사람들이 잊어버린 사실은 카라바조가 없었다면 리베라, 베르메르, 라 투르, 렘브란트도 존재하지 않았을 것이라는 점이다. 들라크루아, 쿠르베, 마네의 작품도 완전히 달라졌을 것이다."[4]

전기 작가 앤드루 그레이엄 딕슨은 이렇게 말했다. "그는 벼락이었다. 미술은 카라바조 이전과 이후로 나뉜다. 카바라조 이후로 미술은 완전히 달라졌다. 렘브란트의 커리어 전체는 카라바조의 작품을 본 충격에 대한 반응이었다."[5]

카라바조는 1571년 9월 29일 밀라노에서 태어났다. 1576년 그의 가족은 역병을 피해 근처 마을인 카라바조로 이사했다. 나중에 그는 그 마을의 이름을 자신의 이름으로 삼았다. 이듬해, 그의 아버지와 할아버지는 같은 날 세상을 떠났다. 그로 인해 여섯 살 소년 카라바조는 남자 한 명 없는 가정에서 살게 되었고, 그의 어머니마저 그로부터 7년 뒤에 세상을 떠났다. 열세 살에 고아가 된 카라바조는 티치아노의 문하생 중 한 명인 시모네 페테르차노 밑에서 4년간 미술을 배우기로 등록했다. 카라바조가 실제로 그 교육을 받았는지는 분명하지 않다. 그 기간 동안 그는 당시 모든 미술학도의 기본이었던 프레스코를 전혀 배우지 않았기 때문이다. 그가 그 기간에 '청강'하면서 자신만의 스타일과 재능을 다듬었을 가능성은 있다.

열여덟 살에 카라바조는 당시 세계의 문화적 수도인 로마로 이주했다. 로마에는 없는 것이 없었다. 카라바조는 바로 그런 곳을 원했다. 카라바조는 로마에 왔을 때 "극도로 가난했다. …… 정해진 거처도 먹을 것도 없었다. …… 돈이 부족했다."[6] 하지만 그는 시장성 있는 기술을 갖고 있었다. 소년 카라바조는 그림을 그릴 수 있었다.

당시 로마는 성sacred과 속profane을 구분했다. 성은 거룩한 목적을 위해 구별된 것들을 망라했다. 반면, 속은 일상적이고 개인적인 것들을 포함했다. 세속 세상은 사람들이 오감을 통해서 알 수 있는 것들로 이루어졌다. 그것은 일상적인 삶으로 이루어진 세상, 우리가 이해할 수 있는 자연적인 세상이었다.[7] 반면, 신성한 세상은 우리가 오감으로 경험할 수 있는 세상 너머에 있는 모든 것이었다. 우리의 지식으로 알 수 있는 것이 속의 특징이라면, 경외와 경이는 성에 속했다.

로마 예술가들에게 가장 흔한 주제는 신성한 것이었지만 카라바조는 속에 끌렸다. 즉 평범한 활동을 하는 평범한 사람들의 일상적인 상황에 끌렸다. 그는 거리에서 꽃다발과 과일 바구니를 묘사한 그림을 팔았다. 그에게 이런 조용한 삶은 지루했지만 무명 화가로서 커리어를 이어 가려면 평판을 쌓아야 했기에 일을 계속했다.

1596년, 스물다섯 살의 나이에 그는 두 사기꾼이 호구를 속이는 장면을 묘사한 〈카드 사기꾼The Card Sharps〉을 그렸다. 이 그림에 관한 소문이 퍼지자 사방에서 구경꾼이 몰려왔다. 이 그림이 그토록 유명해진 이유 중 하나는 유머였다. 당시 미술계에서 유머는 흔치 않은 요소였다. 순진한 호구보다 나이가 적어 보이는 전경에 자리한 카드 사기꾼은 허리춤에 다른 카드들을 숨겨 두고 있다. 관람객은 이 모습을 볼 수 있다. 눈에 훤히 보이는 단검 자루는 소동이 일어나면 그가 언제라도 처리할 태세가 되어 있음을 보여 준다. 뒷배경에 자리한 나이 든 사기꾼은 젊은 사기꾼의 스승이다. 그는 제자에게 호구가 어떤 카드를 들고 있는지 알려 준다. 장갑의 손가락 끝은 닳아 없어져 있는데, 이것은 노련한 사기꾼들이 표시한 카드의 감촉을 느끼기 위해 사용한 기술이다. 호구는 자신이 당하고 있는지 전혀 모른다. 이것이 유머다.

하지만 이 그림은 유머 이상이었다. 바로 로마 거리의 삶을 담은 비평이었다. 한 젊은이의 티 없음은 이용당하고 있고, 다른 젊은이는 사기를 치며 타락해 가고 있다. 여기서 두 젊은이 모두 뭔가를 잃고 있다. 카라바조는 바로 이런 장면에 끌렸다. 이런 장면이 자신이 함께 살아가는 사람들을 보여 주고 있기 때문이다. 그는 폭력적

미켈란젤로 메리시 다 카라바조
⟨카드 사기꾼 The Card Sharps⟩

1596년경, 캔버스에 유채, 94 × 131 cm
킴벨 미술관 Kimbell Art Museum, 포트워스

인 시대에 살았고, 로마는 주로 실직한 미혼의 군인들이 사는 부패가 가득한 도시였다. 그곳에는 그런 군인들 덕분에 먹고사는 도박장과 매음굴이 가득했다.

카라바조는 단순히 로마의 타락한 삶에 끌렸던 것이 아니다. 그도 그런 삶의 일부였다. 평생 그는 싸움에 숱하게 휘말렸고, 그 바람에 감옥도 여러 번 들락거렸다. 사실, 미술 외에 우리가 그에 관해 아는 사실 중 상당 부분이 법원 서류에서 비롯했다. 그에 관한 법원 서류가 꽤 많은데, 그는 미술뿐 아니라 범죄 기록으로도 잘 알려진 인물이다.

〈카드 사기꾼〉은 프란체스코 델 몬테 추기경의 눈에 들었다. 델 몬테 추기경은 그 그림이 너무 마음에 들어 바로 구입했고, 로마에서 카라바조의 첫 후원자들 중 한 명이 되었다. 그는 그 그림 외에도 〈음악가들The Musicians〉, 〈류트 연주자The Lute Player〉, 〈도마뱀에게 물린 소년Boy Bitten by a Lizard〉을 비롯한 카라바조의 다른 그림들도 사들였다. 이 모든 그림은 세속적인 주제를 담고 있다. 델 몬테는 도심 근처에 있는 자신의 거처 중 일부를 카라바조에게 내주었고, 교회 안의 부유하고 영향력 있는 인물들을 소개해 주었다. 덕분에 카라바조는 더 많은 작품 의뢰를 받으며 인지도를 쌓아갔다.

카라바조는 세속적인 주제를 그리는 데 재능이 있었고 자신이 그린 그림을 팔 수 있었지만 실제로 돈이 되는 작업은 종교미술 쪽이었다. 여기에는 물론 이타주의적인 이유가 있었다. 교회는 이런 작품이 성경을 소유하지 못하거나 읽지 못하는 사람들에게 성경 이야기와 종교적인 원칙들을 이해시키는 데 도움이 된다는 점을 알았다. 미술은 전도의 한 형태였다. 미술은 사람들을 하나님과 교회에 대한 헌신으로 이끄는 시각적인 초대였다.

이것이 사진이 나오기 전, 중세 유럽에서 유럽을 배경으로 성경 이야기를 묘사한 미술 작품이 그토록 많았던 이유다. 건축부터 옷, 기술, 심지어 예수님을 포함한 성경 인물들의 피부색까지 유럽의 모습이었다. 그것은 성경 이야기가 유럽인에게 적용된다는 점을 강조하기 위함이었다. 당시에는 예수님을 사실적으로, 그러니까 피부색이 검은 중동의 유대인으로 묘사하는 것은 전혀 중요하지 않았다. 미술의 목표는 역사적 정확성이 아니라 접근성이었다. 그래서 성경 이야기를 담은 당시 유럽의 그림들은 대부분 유럽의 색깔을 지니고 있었다.

교회의 종교미술은 사람들의 풍부한 상징 체계를 발전시켰다. 사람들은 이 체계를 '읽는' 법을 배웠다. 그림에는 대개 보는 이들이 그 안의 이야기를 이해하도록 돕기 위한 상징이 포함되어 있었다. 예를 들어, 신성함 주변의 헤일로와 금박, 성령을 상징하는 비둘기, 사탄을 가리키는 뱀, 선과 악 사이의 긴장을 보여 주는 빛과 어두움의 대조, 보는 이들은 시각적인 단어를 익힘으로써 액자 하나에 담긴 설교 한 편을 읽을 수 있었다.

하지만 종교미술이 발달한 또 다른 이유는 미술이 후원을 필요로 했다는 사실이다. 당시 가장 영향력 있는 후원자 중 하나는 교회였다. 게다가 교회는 당시 가장 공적인 장소였기 때문에 미술가의 작품을 많은 사람에게 보이기에 알맞은 장소였다. 또한 당시 가장 비싼 값의 작품 의뢰는 종교 단체에서 나왔다.[8] 종교미술 후원자들은 최고의 미술가에게 작품을 의뢰했고, 미술가들은 가장 좋은 의뢰를 받기 위해 서로 경쟁했다.

카라바조는 종교 개혁 직후에 태어났다. 종교개혁 당시 프로테스탄트 지도자들은 성경 본문을 바탕으로 한 서술적 미술narrative art을 멀리했고, 교회 안에서 특정한 이미지, 특히 하나님의 이미지를 금했다. 가톨릭교회는 이와 다른 입장을 취했다. 가톨릭교회는 이미지화와 도상학iconography을 통제된 방식으로 활용했다. 카라바조 전문 학자 질 랑베르는 이렇게 말했다. "교회에서 그림과 조각을 금한 루터와 칼뱅의 엄격한 조치에 대한 대응으로, 교황과 예수회 수사들은 신자들을 감탄하게 만들고 로마의 우월성을 다시 주장하기 위한 이미지, 장식품, 색깔, 대조, 무대 장식을 매우 적극적으로 사용하게 했다."[9]

로마는 어느 쪽 편도 들지 않았다. 가톨릭교회 예배 때 이미지의 사용 여부는 궁극적으로 교황의 명령을 받는 주교들의 통제하에 있었다. 카라바조의 전기 작가 세바스티안 슈츠는 이렇게 썼다.

신성한 이미지들은 신학적인 주제를 분명하고 명료하게 전달하고 감정에 호소하여 보는 이들의 마음을 얻기 위한 수단이었다. 상징의 정확성, 성경 본문과 교회 교리와의 일치 여부는 신학 자문위원들과 도상학적 전통을 통해 확인해야 했다. 예술적인 해석은 기록된 말씀의 권위자들에 의해 철저히 통제되었다.[10]

예술가들에게 이것은 보통 중요한 문제가 아니었다. 슈츠의 말을 계속해서 들어 보자. "예술가들은 역사를 묘사할 때 …… 규정집을 따라야 했다. 이런 규정을 어기면 최대 금화 50냥(스쿠디)이나 투옥, 추방, '사형'의 형벌에 처해졌다."[11] 로마법을 거역하는 것은 위험한 짓이었다. 1600년 조르다노 부르노는 교회를 비판하는 글

을 썼다. 그는 이에 대한 지적에도 글을 철회하지 않은 탓에 말뚝에 묶여 화형을 당했다.[12]

카라바조 시대 대부분의 종교미술은 교회의 관례를 따랐다. 그런 관례 중 하나는 가장 극적인 장면도 평온하고 단조롭게 표현하는 것이었다. 그 당시까지의 종교적 작품은 이상적이었다. 성경 인물들을 경건하고 부드러운 모습, 완벽한 모습으로 그렸다. 카라바조를 연구하는 학자 볼프강 칼랍은 이렇게 말했다. "16세기 말로마에 도착한 젊은 예술가들은 옛 거장들의 작품을 굴욕적으로 모방할 뿐 아니라 공허하고 피상적인 방식을 위해 자신들의 이상주의와 기술적 전문성을 버려야 했다. 즉 연구하기보다는 힐끗 보기 위한 그림을 그려야 했다."[13]

커리어 초기에 카라바조는 교회의 관례를 따르는 수밖에 없었다. 하지만 그는 관례가 너무 판에 박히고 제한적이라고 생각했다. 점점 그는 용인 가능한 선의 끝자락을 탐구하기 시작했다. 그는 "그림을 일상 경험의 연장선이 아닌 그럴듯한 허구로 제한해 온 관례를 깨기" 시작했다.[14] 카라바조는 무미건조한 대상에 에너지와 활력을 부여하는 어둡고도 풍부한 색감을 사용한 바로크 시대의 아버지 중 한 명이었다.

라파엘로와 티치아노 같은 카라바조 이전의 화가들은 '키아로스쿠로chiaroscuro'(명암법-편집자)라는 회화 기법을 사용했다. 이 기법은 어두움과 빛의 대조를 통해 극적 드라마를 전달하는 방식이다. 카라바조는 '테네브리즘tenebrism'이라고 하는, 키아로스쿠로를 더욱 더 과장한 형태를 개발했다. 풍부하고도 격렬한 명암 대조는 극적인 수준을 넘어 도발로까지 나아갔다. 카라바조는 관람객이 익숙하게 봐 온 것보다 더 생생하고 긴장감 넘치는 분위기를 연출했다. 그는 면밀한 육체적 관찰을 통해 이해하기 쉬운 동시에 실질적이고, 기괴한 동시에 감정에 호소하고, 에너지가 넘치는 동시에 관조적인, 확고한 사실주의를 만들어 냈다. 당시 많은 사람들은 극적인 것과 사실주의를 결합한 카라바조의 작품을 저속하게 여겼다.

예를 들어, 1598년작 〈이삭의 희생The Sacrifice of Isaac〉에서 아브라함은 한 손에는 칼을 잡고 다른 손은 아들 이삭의 머리와 목 부분을 세게 움켜쥐고 있다. 이삭의 표정에서 그가 당하고 있는 고통을 생생하게 느낄 수 있다. 아브라함의 몸은 아들을 향해 있다. 이는 그가 끔찍한 행동을 하기 직전이라는 점을 보여 준다.[15] 하지만 그의 고개는 천사 쪽으로 돌려져 있다. 마치 갑작스럽게 고개가 돌려진 듯 보인다. 천사는 신적이기보다는 인간적인 모습에 가깝게 보인다. 일부분만 나온 날개만이 그가 천사라는 사실을 말해 준다. 아브라함의 얼굴은 고통으로 일그러져 있으며, 유일한 아들에게 행해야 하는 행동의 무게에 눌려 슬퍼하고 있다. 그에 반해 천사의 표정은 차분하다. 천사는 한 손으로는 칼을 내리치려는 아브라함을 잡고 다른 손으로는 이삭의 머리맡에서 평화롭게 있는 숫양을 보라고 가리킨다.

카라바조는 하나님의 구원을 인간의 고통이라는 배경 속에 배치함으로써 보는 이들에게 강렬한 충격을 직접적으로 전달해 준다. 그는 예술이 그저 힐끗 보고 마는 대상이 되는 것을 원치 않았다. 그는 보는 이들이 발걸음을 멈춰 충격을 받고 그 영혼 가운데 잠자던 것들이 깨어나도록 폐부 깊은 곳을 자극하는 경험을 만들어 내고자 했다. 그는 주로 매춘부와 농부 같은 일상 속 인물들을 통해 하늘과 땅의 교차를 강조했다. 그는 인간의 이미지를 이상화하는 것을 좋아하지 않았다. 대신, 사람들의 흠까지 있는 그대로 그리고자 했다. 그는 가난한 자를 위한 화가였으며, 복음이 그들을 위한 것임을 강조하는 것이 그의 사명이었다. 그는 모호함과 의심, 슬픔의 여지를 남기고 싶었다. 그는 이 세상 삶의 고단함이 그림으로 표현한 대상들의 얼굴에서 읽혀지기를 원했다.

많은 로마인들은 카라바조의 작품을 수치스럽게 여겼다. 그의 동시대 인물인 바로크 스타일의 프랑스 화가 니콜라 푸생은 카라바조가 "회화를 파괴하기 위해 왔다"라는 표현까지 서슴지 않았다.[16] 한 추기경의 조수는 마리아가 벌거벗은 아기 예수를 안고서 뱀의 머리를 밟는 장면을 묘사한 카라바조의 1605년작 그림 〈성모자와 성 안나Madonna and Child with Saint Anne〉에 관해 이렇게 말했다. "이 그림에는 저속함, 신성모독, 불경, 역겨움이 있다. …… 그림은 잘 그리되 어두운 영으로 그리는 화가의 작품이라고 말할 수 있다."[17]

성과 속의 결합은 카라바조의 삶에서도 나타난다. 아니, 성과 속의 결합은 그의 삶 자체였다고 말할 수 있다. 한 가지는 분명하다. 카라바조의 예술은 사람들의 마음을 움직였다. 그는 곧 능력을 인정받게 된다. 1599년, 카라바조는 델 몬테 추기경을 통해 처음으로 공적 의뢰를 받게 되었다. 그 의뢰는 두 개의 그림으로 이루어졌다. 산 루이지 데이 프란체시 성당의 콘타렐리 채플을 위한 〈성 마태를 부르심The Calling of St. Matthew〉과 〈성 마태의 순교The Martyrdom of St. Matthew〉가 그것이었다.

〈성 마태의 순교〉는 에티오피아 왕이 보낸 병사의 칼에 제단 옆에서 죽어 가는 사도 마태를 보여 준다. 이 사건에 관한 전승은 세례 요한 이야기와 유사하다. 에티오피아 왕은 자신의 조카와 불륜 관계를 맺었다. 마태는 이런 부도덕을 공개적으로 비판했으며, 이에 에티오피아 왕은 그를 죽게 만들었다. 카라바조는 충격에 빠져 그 장면을 바라보는 동료 예배자 중 한 명으로 자신을 그림 속에 집어넣었다.

〈성 마태를 부르심〉에서 세리들은 테이블에 앉아 돈을 세고 있다. 그림의 오른쪽에 예수님은 그림자 가운데 서 계시고, 그분 옆에는 베드로가 서 있다. 예수님이 팔을 뻗어 세리 중 한 명을 가리키자 세리 한 명이 놀라며 자기 자신을 가리키는 듯 보인다. 그렇다면 그가 바로 마태다. 그의 팔은 테이블 끝에서 동전을 세는 데만 정신이 팔린 젊은이를 향하는 것처럼 보이기도 한다. 그 젊은이는 예수님이 부르신 줄도 모른 채 고개를 숙이고는 돈만 세고 있다. 그렇다면 그 젊은이가 마태다. 어떤 경우든, 마태는 그 방을 떠나 영원히 그리스도와 연합하게 된다. 많은 사람들에게 이는 이해하거나 받아들이기 어려운 사건이었다. 세리들과 예수님 사이에 있는 창문은 피지로 덮여 있다. 그래서 빛이 어둡게 들어온다.[18] 카라바조는 피지 위로 십자가가 분명하게 보이게 만들었다. 현장을 비추는 빛은 예수님이 계신 방향에서 온다. 마태는 그 테이블에서 일어나 예수님을 따르게 된다. 그의 삶은 완전히 변해, 그는 전 세계 교회와 미술관에서 전시될 걸작들의 표현 대상이 된다.

⟨성 마태를 부르심⟩과 ⟨성 마태의 순교⟩를 보고 난 사람들에게서 후원과 작품 의뢰가 끊임없이 밀려들었다.

인생이 예수로 변화를 맞는 순간

어느 날 가버나움에서 예수님은 산책을 나가셨다.[19] 그분은 모두가 알지만 좋아하지는 않는 사람, 곧 마태가 있는 곳을 지나가셨다. 히브리인인 마태는 로마를 위해 세금을 거두는 일로 먹고살았다. 그는 주변 사람들에게 어떤 취급을 받을 줄 분명히 알면서도 그 일을 선택했다. 그의 동포 대부분은 세리들을 매국노로 취급했다. 세리들은 이스라엘을 약하게 만들어 로마를 더 강하게 만드는 한편, 세금을 정해진 액수보다 더 거둬들여 자신의 주머니를 채운 자들이었다. 시간이 지나면서 마태는 이웃의 경멸에 익숙해졌다. 수북이 쌓이는 돈은 공동체에서 내쳐진 고통을 달래 주었지만 아무리 부인하려고 해도 그런 삶은 만족스럽지 않았다.

가버나움의 다른 주민과 마찬가지로 마태는 나사렛 예수께 매료되어 있었다. 그래서 예수님이 자신의 세관을 지나가실 때 하던 일을 멈추고 구경했다. 그런데 그 예수님이 발걸음을 멈추고 그를 쳐다보신 것이다.

"나를 따르라." 예수님이 말씀하셨다.

마태는 당장 그 자리를 박차고 나왔으며 두 사람은 서로를 바라봤다. 마태는 예수님의 얼굴을 살폈지만 그분에게서는 자신을 보는 사람들에게서 늘 느껴지던 경멸의 빛을 전혀 찾을 수 없었다. 오직 함께 가자는 진실한 초대뿐이었다. 마태는 모든 것을 내려놓고 예수님과 나란히 가벼나움 거리를 걸었다.

"오늘 밤 함께 식사를 하자." 예수님이 말씀하셨다.

마태는 예수님이 말씀하신 단어들을 곱씹었다. 식사? 오늘 밤?

"예, 그렇게 하시죠." 마태는 그렇게 말하고서 즉시 잔치를 준비하기 시작했다. 올 수 있는 사람들은 전부 초대했다. 대부분은 세리들이었다. 그 외에도 사회에서 지탄을 받는 자들이 찾아왔다. 바리새인들은 예수님이 편안한 모습으로 마태의 친구들과 식사하시는 모습을 보고 제자들에게 물다. "너희 선생은 왜 저런 자들과 함께 잡수시느냐?"

그 질문을 들은 예수님은 경직되셨다. "너희는 하나님이 어떤 기준으로 사람을 평가하신다고 생각하느냐? 하나님이 원하시는 것이 종교적인 정확성이라고 생각하느냐? 너희가 스스로 규칙을 정하고 지켰기 때문에 하나님이 스스로 죄인이라고 생각하는 사람들보다 너희를 더 좋게 여기신다고 생각하느냐? 의사가 필요한 사람은 건강한 사람이 아니라 병자다. 하지만 너희는 죄로 병든 사람들을 경멸한다. 하나님이 호세아를 통해 '나는 인애를 원하고 제사를 원하지 아니하며'[20]라고 말씀하시지 않았느냐? 이것이 무슨 뜻인지 모르겠느냐? 나는 망가진 자들이 인애의 음성을 들을 수 있도록 그들에게 가까이 다가간다. 나는 그들의 마음을 바꾸기 위해 오지 않았다. 나는 그들의 마음을 치유하기 위해 왔다."

마태는 자신과 자신의 친구들에 관한 예수님과 바리새인들 사이의 논쟁을 들으면서 그때부터 예수님을 따르기로 조용히 결심했다. 전에는 그 누구도 자신의 존엄성을 이렇게 옹호해 주지 않았다. 예수님은 마태의 추악한 행실을 알고 계셨다. 예수님은 마태가 하나님 대신 돈을 선택했다는 사실을 아셨다. 그럼에도 마태의 집에서 예수님은 사회에서 무시받고 경멸당하는 이들과 친구가 되는 편을 선택하셨다. 마태는 무슨 대가가 따르더라도, 심지어 목숨을 잃는 한이 있어도 예수님을 따르기로 결심했다.[21]

〈성 마태를 부르심〉은 카라바조의 가장 중요한 작품 중 하나다. 그 그림으로 그는 대가의 반열에 올랐기 때문이다. 마태는 남들의 것을 취해서 먹고사는 죄인인 동시에 예수님을 따르기 위해 모든 것을 버린 인물이다. 카라바조는 성경에 등장하는 다양한 인생의 변화의 순간들에 끌렸다. 예를 들어, 부활하신 예수님이 도마의 손가락을 그분의 옆구리에 뚫린 상처로 이끄신 순간, 예수 믿는 자들을 핍박하기 위해 길을 떠난 사울이 땅에 엎드려 갑자기 그리스도의 능력과 임재로 회심한 순간, 예수님이 그분을 죽이려는 자

들에게 넘겨질 때 베드로가 그분을 부인한 순간.²²

　카라바조는 성이 속을 만난 순간들에 끌렸다. 그는 사람들의 마음을 변화시키는 그리스도의 능력에 감동했다. 죄인들에게 구원이 필요하다는 사실과 그리스도의 구원하시는 능력이라는 주제는 그의 모든 작품에 흐르고 있다. 그는 평생 그 이야기를 전하고 또 전했다. 그것은 무엇보다도 자신이 그 이야기를 들어야 했기 때문이리라.

중간 지점 없이 양극단을 오가다

　전기 작가 앤드류 그레이엄 딕슨은 이렇게 말했다. "카라바조의 삶은 오직 사육제[사순절에 앞서서 3일 또는 일주일간 즐기는 명절. 여기서는 카라바조가 술 마시고 타락한 행동을 보인 기간을 의미한다-편집자]와 사순절[부활주일 전 40일 동안의 기간. 여기서는 카라바조가 성화를 그린 시기를 의미한다-편집자]만 있고 그 사이 중간 지점들은 전혀 없는 것처럼 살았다."²³ 카라바조는 그림을 그릴 때는 오롯이 그림에만 집중했다. 하지만 의뢰받은 일을 마친 뒤에는 한 번에 몇 달간 술독에 빠져 살았다. 한 보고서는 이렇게 말한다. "2주일간 일한 뒤에 그는 한두 달 동안 허리에 칼을 차고 종을 대동하고서 이 구기장ball-court 저 구기장을 으스대며 다녔다. 언제라도 싸움이나 언쟁을 벌일 준비가 되어 있었다. 그로 인해 그는 정말 어울리기 힘든 사람이 되어 버렸다."[24] 이 패턴은 계속해서 바뀌지 않았다.

1605년 7월 29일, 마리아노 파스콸로네가 칼에 맞은 상처에 피를 흘리며 비틀거리며 한 법률 사무소로 들어갔다. 거기서 그는 다소 장황한 진술을 했다.

> 제가 이 사무소에 들어온 것은 화가 미켈란젤로 다 카라바조에게 공격을 당했기 때문입니다. …… 메서 갈레아초와 제가 …… 스페인 대사 공관 앞의 나보나 광장을 거닐고 있는데 갑자기 뒤통수를 가격당했습니다. 저는 즉시 쓰러졌고, 머리에 상처를 입은 것을 알았습니다. 휘두른 칼에 맞은 것이 분명합니다. …… 누가 공격했는지는 보지 못했지만 앞서 말한 카라바조 외에 누구와도 언쟁을 벌인 적이 없습니다. 며칠 전날 밤 그와 저는 레나라는 여인 때문에 코르소에서 입씨름을 벌였습니다. …… 그녀는 카라바조의 여자입니다. 상처를 치료할 수 있게 제발 절 빨리 좀 보내 주십시오.[25]

카라바조는 구금되었지만 곧 후원자들의 보석금으로 풀려났다.[26] 그리고 얼마 지나지 않아 "설상가상으로 또 다른 '사건'이 벌어졌다. 알베르고 델 모로에서 술판을 벌이던 중 카라바조는 자신이 푸대접을 받았다고 생각해 뜨거운 김이 나는 아티초크 요리 접시를 웨이터의 얼굴에 던진다. 그 바람에 술집에서 한바탕 싸움이 벌어졌다. 법원은 다시 그를 체포했지만 후원자들이 다시 그를 방

면시켰다."[27]

　이와 비슷한 일들이 계속해서 벌어지는 기간에도 카라바조는 〈광야에서의 세례 요한John the Baptist in the Wilderness〉을 그렸다. 1604년작 이 그림은 현재 캔자스시티 넬슨-앳킨스 미술관The Nelson-Atkins Museum of Art에 걸려 있다. 카라바조가 그린 세례 요한은 세상의 죄를 강하게 비난하며 사람들을 회개로 부르는 의기양양한 선지자가 아니다. 그는 홀로 있다. 그의 외양에서는 그에 관한 그 무엇도 알 수 없다. 다만 그의 마음이 무겁다는 사실만 알 수 있다. 미술관 벽에 붙은 작품 해설 명판에는 아래와 같이 쓰여 있다.

　　이 이미지의 구상 자체가 놀랍다. 세례 요한이 홀로, 그것도 앉아 있는 인물로 묘사된 적은 거의 없었기 때문이다. 무엇보다도 세례 요한이 후광, 어린양, 허리에 가죽 띠가 없는 모습으로 묘사된 적은 없었다. 빛과 어두움의 강한 대조는 그가 배경의 깊은 그림자에서 관람객이 있는 공간의 밝은 영역으로 몸을 기울이는 것 같은 인상을 준다. …… 마치 카라바조가 세례 요한 설교의 강한 염세주의, 그의 이른 순교라는 어이없는 비극, 나아가 화가 자신의 고통스러운 정신이라는 요소를 이미지에 불어넣은 것처럼 보인다.[28]

　이 작품은 어두운 삶에서 빛 쪽으로 몸을 기울여 "그리스도의 오심에 관한 선포가 과연 마음을 뚫고 들어가 회개로 이어질 수 있을까?"라고 묻는 카라바조 자신을 그린 것인지도 모른다. 손에 검을 든 주정뱅이에게는 그리스도 사역의 길을 준비하는 세례 요한의 사명이 외로운 싸움, 때로는 무의미하게 느껴지는 짐처럼 보였던 것은 아닐까?

1605년, 또다시 코가 삐뚤어지도록 술을 마신 카라바조는 경사에게 심문을 당했다. 그날 밤, 그 경사는 의문의 가격에 두개골이 깨져 사망하고 말았다. 카라바조는 물론 그 경사가 자신을 심문하긴 했지만, 심문 중에 지붕에서 돌이 떨어져 경사의 머리를 때린 것이라고 증언했다. 친구들이 그의 증언을 뒷받침했지만 법원은 그런 우연은 불가능에 가깝다는 판단을 내렸다. 법원은 카라바조를 체포하여 감옥에 넣었고, 거기서 그는 혐의만으로 고문을 당했다. 그가 고문대에 묶여 채찍질을 당하자 그가 감옥에서 죽을까 걱정됐던 친구들이 결국 그의 탈출을 도왔다. 두 명의 간수는 뇌물을 받고 그의 사슬을 풀어 주었고, 마침 당시 가톨릭교회 사법 체계의 수장이었던 그의 후원자 중 한 명인 스키피오네 보르게세가 이를 모른 척했다. 하지만 카라바조의 탈출에는 대가가 따랐다. 그는 야음을 틈타 감옥을 빠져나왔지만 이제 도망자 신세가 되었다. 그는 로마의 어두운 심장 속으로 더 깊이 들어가게 되었다.

로마 감옥에서 고문을 당한 직후 카라바조는 라틴어로 "보라, 이 사람이로다"를 의미하는 그림 〈에케 호모Ecce Homo〉를 그렸다. 이것은 본디오 빌라도가 매를 맞은 그리스도를 십자가에 매달도록 군중에게 내줄 때 한 말이다.[29] 이 그림에서 표현된 빛은 극적이다.

또한 인물들이 그림을 가득 채우고 있다. 채찍질을 당한 그리스도가 가시관을 쓰고 계시며, 고문자 중 한 명이 예수님의 어깨에 자색옷을 걸치고 있다. 이 이미지는 병사들의 잔인함과 죄수의 안타까운 상태를 표현하고 있다. 예수님은 연약해 보이신다. 하지만 그분의 마음은 오로지 사명을 향해 있다. 손목은 묶여 있으며, 한 손에는 대나무 회초리가 들려 있다. 아마도 저들이 그분을 칠 때 사용한 도구일 것이다. 빌라도는 그림을 보는 이들을 쳐다보고 있다. 마치복음서에서 군중에게 던진 질문을 우리에게도 던지고 있는 듯하다. "이것이 너희가 원하는 바냐?"

카라바조는 계속해서 술독에 빠져 살았다. 그런 삶을 그만둘 생각이 전혀 없어 보였다. 1606년 5월 29일, 테니스 경기에서의 도박을 둘러싼 다툼은 칼을 동반한 험악한 자존심 싸움으로 발전했다.[30] 지금까지 남아 있는 경찰 조서를 보면, 카라바조와 그의 적 라누치오 토마소니는 둘 다 같은 여자에게 구애하고 있었다. 그들의 싸움은 "계속된 도발, 거들먹거리는 행동, 오만, 질투로 인해 격렬해졌다."[31] 카라바조는 토마소니의 대퇴동맥을 칼로 찔렀으며, 그로 인해 그가 실제로 적을 거세하려 했다고 추정하기도 한다. 어쨌든 토마소니는 많은 피를 흘려 그날 밤 죽고 말았다. 카라바조도 상처를 입었지만 체포되지 않고 도망칠 수 있었다. 토마소니의 죽음으로 로마는 카라바조를 살인죄로 수배했다.

그즈음, 카라바조는 수배된 도망자로 살면서도 〈성모의 죽음 The Death of the Virgin〉을 그렸다. 이 그림에서 마리아는 죽었고, 그녀를 알고 사랑했던 막달라 마리아와 사도들은 그녀의 시신 곁에 모여 애곡하고 있다. 카라바조는 예수님의 어머니를 묘사하는 모든 상징적·관례적 기준들을 버렸다. 단 하나, 마리아의 머리 위 헤일로만은 남겨 놓았다. 그 외에는 마리아를 있는 그대로 시신으로 그리고 있다. 마리아의 시신은 생기가 없이 부풀어 있다. 지인들이 그녀를 보며 흐느끼는 모습에서 슬픔이 그대로 전달된다. 파리 루브르 박물관은 이 그림에 이런 설명을 달았다. "어떤 면에서 이것은 조용한 슬픔이다. 곡하는 이들은 없다. 특징 없는 감정적 침묵 속에서 흐느낌만 이루어지고 있다. 카라바조는 이야기의 세부적인 부분들을 모두 감춘 채 이 인물들의 존재와 그들의 감정의 강렬함만으로 이 잔잔한 장면에 놀라운 장엄함을 부여하고 있다."[32]

사도 요한은 마리아에게 가장 가까이 있다. 그는 마리아에게로 몸을 기울인 채 두 주먹으로 자신의 두 눈을 꾹 누르고 있다. 이 인물이 요한이라고 판단할 수 있는 것은 예수님이 십자가 위에서 돌아가실 때 이렇게 말씀하셨기 때문이다. "예수께서 …… 자기 어머니께 말씀하시되 여자여 보소서 아들이니이다 하시고 또 그 제자(요한)에게 이르시되 보라 네 어머니라 하신대 그때부터 그 제자가 자기 집에 모시니라."[33] 요한은 어머니를 위해 흐느끼는 아들로 묘사된다. 오늘날까지도 이 그림 앞을 지나는 많은 사람이 흐느낀다.[34]

토마소니의 죽음 이후 카라바조의 전 후원자 스키피오네 보르게세는 어떤 곳에서든 카라바조를 발견하면 곧바로 현장에서 죽여

도 좋다고 허락했다. 그는 카라바조의 시체를 가져오지 못하면 목
이라도 가져오라고 명령했다. 카라바조는 로마로 도망치는 수밖에
없었다. 당시 그의 나이 서른다섯이었다. 그는 도시 역사상 가장 유
명한 화가 중 한 명이 되었다.

도망자 신세

　1606년 10월, 살인범으로 수배된 카라바조는 당시 유럽에서
인구가 가장 많은 도시 중 하나이자 로마법이 미치지 않는 곳인 나
폴리로 도망쳤다. 그는 아버지의 옛 친구인 코스탄자 콜론나 스포
르차의 집에 피신했다. 콜론나 가문은 인맥이 화려해서 그를 보호
해 줄 수 있었다. 그곳에서도 그는 이미 유명한 화가였으며 범죄자
임에도 미술 거장으로 환영을 받았다. 곧 작품 의뢰가 잇따랐고, 로
마에서 가장 유명했던 화가는 곧 나폴리에서도 가장 유명한 화가
가 되었다.

　카라바조는 나폴리에서 여덟 달을 머무는 동안 많은 작품을
완성했다. 그는 로마 감옥에서 고문당한 경험을 바탕으로, 기둥에
묶여 태형을 당하시는 그리스도를 주제로 두 점의 그림을 그렸다.
또한 마태복음 25장 35-46절에 기록된 여섯 가지 자비로운 행동을
보여 주는 명작 〈일곱 가지 자비로운 행동The Seven Works of Mercy〉을
그리며, 죽은 자의 전통적인 장례를 일곱 번째 행동으로 포함시켰

미켈란젤로 메리시 다 카라바조
〈일곱 가지 자비로운 행동 The Seven Works of Mercy〉

1607년, 캔버스에 유채, 390 x 260 cm
피오 몬테 델라 미세리코르디아 성당 Pio Monte della Misericordia, 나폴리다. 그림을 보면 한 여인이 감옥 문을 통해 노인에게 젖을 주고, "내가 주릴 때에 너희가 먹을 것을 주었고 …… 옥에 갇혔을 때에 와서 보았느니라" 한 남자는 자신의 옷을 헐벗고 병든 거지에게 건네 주고, "헐벗었을 때에 옷을 입혔고 병들었을 때에 돌보았고" 한 남자가 당나귀 턱뼈로 물을 마시고 있고, "목마를 때에 마시게 하였고" 또 다른 여인숙 주인은 순례자로 보이는 사람을 환영하고, "나그네 되었을 때에 영접하였고" 마지막으로 두 남자가 두 다리만 보이는 죽은 자의 장례를 치러 주고 있다.

그림에서 카라바조는 자비를 대가가 따르는 일로 묘사하고 있다. 자비는 다른 사람의 불행과 괴로움 속으로 온전히 들어가지 않고는 할 수 없는 일이다. 천사들은 위에서 놀라운 표정으로 이 광경을 내려다보고 있다. 그 모습은 복음에 따라 사는 것을 "천사들도 살펴보기를 원하는 것"이라고 했던 베드로의 말을 떠올리게 한다.[35]

1607년 카라바조는 나폴리를 떠나 몰타로 갔다. 그 이유는 불분명하다. 로마 용병들이 자신을 찾아 나폴리로 왔다는 소식을 들었기 때문이라는 주장이 있다. 하지만 그가 기사가 되어 토마소니의 죽음에 대한 교황의 사면을 받기 위해 갔다는 주장이 더 설득력 있다.[36] 몰타 기사단의 단장 알로프 드 비냐코를 찾아간 카라바조는 교회에 제단화를 그려 주는 대가로 기사 작위를 받았다. 이에 카라바조는 몰타 발레타의 성 요한 대성당을 위해 〈세례 요한의 참수 The Beheading of St. John the Baptist〉를 그렸다. 이 그림은 지금까지도 남아 있는 그의 가장 큰 그림이자 그의 서명이 들어가 있는 유일한 그림이다. 서명 앞에는 'Fra'를 의미하는 'f'가 붙어 있는데, 이는 그가 기사였다는 사실을 지칭한다.[37] 비냐코의 문장이 포함되어 있는 이 그림은 순식간에 유명해졌다. 유럽 전역에서 화가들이 이 그림을 보기 위해 발레타로 왔다.[38]

하지만 사육제[방탕]와 사순절[경건] 사이를 오락가락하는 패턴은 계속되었다. 그러다 1608년 8월, 카라바조는 또다시 술에 만취해 동료 기사 로에로를 총으로 쏘고야 말았다. 이 사건으로 발레타 기사단은 카라바조를 산탄젤로성의 감옥에 가두었다. 카라바조는 재판을 기다리는 신세가 됐다. 사형이 언도될 가능성이 매우 높았다. 하지만 그는 포기하지 않았다. 감옥 아래 해변까지 60미터나 되는 벽을 타고 내려가 기어코 탈출해서는 섬의 해안선을 따라 5킬로미터나 헤엄을 쳐서 시칠리아로 가는 배에 올라탔다.

기사단은 카라바조가 섬을 탈출한 것을 기사 작위를 버린 행위요 대역죄로 여겼다. 그해 12월, 카라바조는 "부패하고 역겨운 일원"으로 낙인이 찍혀 결국 기사 작위를 박탈당했다. 이로써 그는 로마와 나폴리에 이어 몰타에서도 가장 유명한 화가가 되었다. 그는 교회의 수배를 받을 뿐 아니라 발레타 기사단에게도 쫓기는 범죄자가 되었다.[39]

시칠리아에서 카라바조는 옛 친구 마리오 미니티와 함께 살았다. 두 사람은 시칠리아를 돌아다니며 시라쿠사, 메시나, 팔레르모를 여행했다. 카라바조는 정신적으로나 육체적으로나 온전하지 못했다. 몰타 감옥에서 맞은 곳의 상처가 감염되었던 것으로 보인다. 그의 행동은 변덕스러웠다. 오래지 않아 미니티는 카라바조의 조증을 더 이상 참을 수 없어 집으로 돌아가고 말았다. 카라바조는 언젠가 붙잡힐지 모른다는 두려움 속에서 이 도시 저 도시를 전전하며, "적에게 쫓기고" 있다는 말을 자주 했다. 아마도 자신이 쓴 기사의 친구들을 가리켜서 한 말일 것이다.[40]

시칠리아에 있으면서 카라바조는 화려하고 밝은 색감으로 구주 탄생의 신비를 그린 그림 〈목동들의 경배The Adoration of the Shepherds〉를 그렸다. 또한 〈나사로의 부활The Raising of Lazarus〉도 그렸다. 이 그림은 장성한 구주께서 죽음까지 다스리는 권세로 보는 이들에게 경외감과 두려움을 심어 주는 장면을 그리고 있다. 절망과 두려움의 고통 속에서 그는 연약한 구주의 탄생에서 고통과 질병, 상실에 대해 눈물을 흘리는 동시에 죽음까지도 다스리는 권세를 보여 주신 장성한 구주의 이야기를 전해 주는 이 두 작품을 완성했다. 이것이 카라바조의 패러독스다. 그는 허세와 못된 성질 때문에 너무도 많은 고통을 자초했다. 하지만 붓을 들었을 때는 그리스도를 연약한 자들의 구속자로 그렸다.

1609년 여름 말, 카라바조는 시칠리아에서 겨우 9개월을 지낸 뒤 몰타 기사단을 피해 사면을 받으려고 로마에 로비하기 위해 나폴리로 돌아갔다. 그가 나폴리에 도착한 지 얼마 되지 않아 누군가에게 공격받아 칼에 베인 상처가 얼굴에 크게 났다. 범인은 몰타 기사단의 친구일 가능성이 높았다. 쓰러져 방치됐던 그가 죽었다는 소문이 돌았지만 큰 상처에도 그는 결국 살아남았다.

카라바조는 요양하는 동안에도 중요한 그림 두 점을 그렸다.

〈세례 요한의 머리를 든 살로메Salome with the Head of John the Baptist〉와
〈골리앗의 머리를 든 다윗David with the Head of Goliath〉이 그것이다. 그
는 〈세례 요한의 머리를 든 살로메〉를 비냐코에게 보냈다. 앤드류

미켈란젤로 메리시 다 카라바조
〈세례 요한의 머리를 든 살로메 Salome with the Head of John the Baptist〉

1610년, 캔버스에 유채, 116 × 140 cm
마드리드 왕궁 Palacio Real de Madrid

미켈란젤로 메리시 다 카라바조
〈골리앗의 머리를 든 다윗 David with the Head of Goliath〉

1609년, 캔버스에 유채, 125 × 101 cm
보르게세 갤러리 Galleria Borghese, 로마

그레이엄 딕슨은 "그 그림은 양형을 위한 거래였다"라고 말했다.[41] 로베르토 롱기는 이렇게 썼다. "여기서 격하고 극적인 명암은 마치 화가의 야성적인 마지막 애통인 듯 더없이 강렬하다."[42] 쟁반 위의 머리는 카라바조 자신의 것이다. 이는 마치 스스로 당해 마땅하다고 생각한 운명, 최소한 피할 수 없다고 생각한 운명을 인정하는 듯 보인다.

두 번째 그림 〈골리앗의 머리를 든 다윗〉은 아마도 그의 마지막 그림일 것이다. 여기서도 잘려진 머리는 카라바조 자신이다. 정복자 다윗은 의기소침하고 낙담한 것처럼 보인다. 마치 세상이 너무 심하게 부패해 승리조차도 별로 위로가 되지 않아 보이는 모습이다. 카라바조 자신의 얼굴이기도 한 골리앗의 얼굴에는 자신의 패배에 대한 경악, 자신의 죽음에 대한 두려움, 자신의 운명에 대한 체념이 담겨 있다. 카라바조는 이 그림을 전 후원자인 스키피오네 보르게세에게 보냈다. 카라바조는 자신을 사면할 권한을 가진 그가 자비를 베풀어 주기를 희망했다.[43]

카라바조의 호소는 통한 것으로 보인다. 1610년 7월, 그는 나폴리에서 북쪽 로마로 가는 배에 올라탔다. 해상 이동이 육로 이동보다 안전해 보였다.[44] 그는 도중에 로마까지 하루가 걸리는 포르토 에르콜레에서 멈추었다. 그곳에서 자신의 사면이 이루어졌다는 소식을 기다릴 생각이었다. 그런데 포르토 에르콜레에 도착하여 배에서 내리자마자 그는 소지품을 모두 빼앗긴 채 불분명한 이유로 체포되었다. 기사라는 호소는 전혀 통하지 않았다. 그것으로 보아 그 체포의 배후에도 역시 몰타 기사단이 있었을 가능성이 있다. 아니면 죽은 토마소니의 친구들이 벌인 일일지도 모른다.

　카라바조는 결국 풀려났다. 어떻게 풀려났는지는 정확히 알려지지 않았다. 아마도 이후 상황을 만들어 내기 위함이었을 것이다.

카라바조의 여정

Designed by Brad Davis

카라바조가 풀려난 뒤에 일어난 상황에 관한 자세한 기록은 없지만 램버트는 이렇게 말한다. "한 기록에 따르면, 그는 초췌하고 굶주리고 아프고 지친 가운데서 자신이 빌린 펠루카선(지중해 연안에서 쓰는 작고 빠른 돛배-편집자)이나 다른 배를 찾고 있었는데, 상처가 감염되어 열이 났었다고 한다. 또 다른 기록은 그가 해변에서 좀도둑들에게 죽임을 당했다고 밝힌다."[45]

어쨌든 그날 밤 카라바조는 로마에 가지 못했다. 1610년 7월, 그는 포르토 에르콜레 해변에서 몸이 크게 상해 누워 있어야 했다. 그는 병원으로 옮겨졌지만 며칠 뒤인 7월 18일, 세상을 떠났다. 그의 나이 서른여덟에 병원 공동묘지에 묻혔다.[46] 그리고 그가 죽은 지 얼마 되지 않아 교황 바오로 5세는 그를 사면했다.

카라바조, 현대 회화의 시작

미국의 미술 비평가 버나드 베렌슨은 카라바조에 관해서 이렇게 말했다. "미켈란젤로를 제외하면 그 어떤 이탈리아 화가도 그(카라바조)만큼 큰 영향력을 발휘하지 못했다."[47] 커리어 초기에 카라바조의 스타일은 기존 틀에서 벗어나기 시작했지만 그의 주제만큼은 종교 화가에 대한 사람들의 기대에서 별로 벗어나지 않았다. 당시 그는 스스로를 비전가로 불렀다. 그가 죽고 나서 불과 몇 십 년이 지나서 조반니 벨로리는 이렇게 말했다. "당시 로마의 화가들은 그의 새로운 시도에 깊은 감명을 받았다. 특히 젊은이들은 그를 중심으로 모여 그를 자연의 유일한 모방자로 치켜세웠다. 그들은 그의 작품을 기적으로 여기면서 앞다투어 그의 방식을 따랐다."[48]

하지만 카라바조가 죽자 그런 존경의 분위기는 이내 사라졌다. 그의 삶에 관한 기록들대부분은 범죄 기록은 그를 말썽만 일으키는 타락한 살인자로 묘사했다. 그의 방탕한 삶과 이른 죽음은 도발적인 그의 화풍과 맞물려 동시대 사람들에게 좋지 않은 인물로 낙인이 찍혔다. 좋은 평판을 얻기에는 문제가 너무 많은 사람이었다. 그로 인해 그의 이름이 다시 등장하고 작품이 다시 주목받기까지는 거의 300년이 걸렸다.

그럼에도 역사학자 줄리아노 브리간티는 이렇게 말했다. "그가 나타난 이후 미술계는 완전히 달라졌다. 그의 혁명은 화가와 주제 사이의 감정적·지적 관계를 되돌릴 수 없을 만큼 깊이 바꿔 놓았다."[49] "그가 세상을 떠나자마자 허비된 재능의 소유자로 취급되어 완전히 잊혔다면" 어떻게 이런 일이 가능하겠는가.[50]

그의 이름은 잊혔지만, 그의 영향력은 그의 예술에 영향을 받은 렘브란트, 베르메르, 들라크루아, 마네를 비롯한 수많은 다른 화가들을 통해 계속해서 이어졌다. 미술사학자 안드레 베른 조프리는 이렇게 말했다. "카라바조의 작품에서 시작된 것은 아주 간단하다. 그것은 바로 현대 회화다."[51]

그의 영향력은 왜 계속해서 이어졌을까? 바로 그의 작품이 어두움과 빛으로 이루어졌기 때문이다. 그의 작품은 영광스러운 동시에 기괴하고, 신성하면서도 이 땅에 가깝고, 매우 지적이면서도 이해하기 쉽다. 그의 작품은 가난한 이들에게 복음을 제시한다. 평판이 안 좋은 기록에도 불구하고 카라바조는 복음이 단순한 이야기가 아니라 지친 이들에게 꼭 필요한 능력이라는 점을 이해했다. 그의 작품은 사회적으로 볼품없고 절박한 이들에게 용기를 주는 소망의 메시지였다. 그의 작품은 매춘부와 판사, 살인자, 천국의 사냥개가 추격하는(프랜시스 톰슨이 쓴 "천국의 사냥개"라는 시에 나오는 표현으로, 우리를 언기까지 끈질기게 추격하시는 예수님의 사랑을 비유한 것이다-편집자) 이들의 세상 속에서 역사하시는 하나님을 보여 주었다.

카라바조는 오랜 세월 쫓기며 살았다. 그는 세상과 섞이기 힘들 만큼 거친 삶을 살았다. 그는 눈물을 자아낼 만큼 아름다운 그림을 그리면서도 자신의 파괴적인 행동에서 자유를 누릴 수 없었다. 그는 평범한 장면에 초월적인 뭔가를 불어넣을 수 있었다. 그래서 사방에서 수백만 명이 그의 작품 앞에 찾아와 눈물을 흘렸다. 그는 역사상 가장 위대한 예술가들에게 영향을 미쳤다. 그들은 그의 화풍을 배울 뿐 아니라 그의 비전, 지성, 영적 통찰을 얻기를 갈망했다.

카라바조의 모델로 섰던 매춘부들과 부랑자들은 우물가의 여인이요 부자 청년이며 어린 동정녀 마리아들이었다. 그들은 고된 삶을 사는 평범한 사람들이었다. 그들은 너무 좋아서 믿기지 않는 구원의 이야기에 끌렸다.

카라바조는 그리스도의 사랑을 알았을까? 예수님이 십자가로 가기 직전 본디오 빌라도 앞에 서셨을 때 빌라도는 그분이 왕이신지 물었다. 그때 예수님은 이렇게 말씀하셨다. "내가 이를 위하여 태어났으며 이를 위하여 세상에 왔나니 곧 진리에 대하여 증언하려 함이로라 무릇 진리에 속한 자는 내 음성을 듣느니라."[52] 카라바조의 작품을 보면 그는 어떤 식으로든 예수님의 음성을 들었던 것으로 보인다. 그는 가난한 심령으로 산 사람이었다. 동시에 부자 청년이었다. 즉 뛰어난 재능과 분별의 눈을 가진 자였다. 범죄 전적으로 보면 그는 예수님을 떠난 것처럼 보이지만 예술로 보면 그는 오직 그리스도에게서만 오는 은혜의 소망을 알았던 것처럼 보인다.

슬픈 낯으로 예수님을 떠났던 부자 청년처럼[53] 카라바조의 영적 여행이 결국 어디로 이어졌을지 우리는 알 수 없다. 포르토 에르콜레의 해변에서 쓰러져 죽어 갈 때 그의 마음속에 무엇이 떠올랐는지 우리는 알 수 없다. 하지만 우리는 그가 그린 복음을 안다. 우리는 그가 죄를 지으면서도 성경을 가장 잘 담아낸 그림들을 그렸다는 사실을 안다. 그가 그린 작품의 내용과 하나님의 자비가 우리의 행동 때문이 아니라 그분의 사랑에서 비롯한다는 성경의 진리를 생각하면[54] 그가 하나님 나라에 없으리라 단정 지을 수는 없다. 그가 경외감을 담아 그린 하나님의 은혜를 흩어 버릴 정도로 그의 행동이 파괴적이었다고 단정 지을 수는 없다.

마르틴 루터는 그리스도인을 "죄인인 동시에 의인"으로 불렀다. 성경 처음부터 끝까지 하나님은 흠 많은 사람들을 통해 역사하셨다. 살인자 모세,[55] 거짓말쟁이 야곱,[56] 간음을 저지른 다윗,[57] 여성 편력을 자랑한 솔로몬,[58] 자신의 적들에게 경고의 메시지를 전해 자비를 베푸신 하나님께 분개했던 요나.[59] 신약에서 예수님은 매춘부들을 받아 주시고,[60] 세리 및 죄인들과 식사를 하셨으며,[61] 훗날 그분을 부인할 자들을 제자로 불러 주셨다.[62] 다소 사람 사울은 교회를 파괴하러 가는 중에 회심했다.[63] 성경의 패턴은 하나님이 그분 이름의 영광과 복음의 전파를 위해 전혀 뜻밖의 종들을 통해 역사하신다는 것이다.

카라바조의 삶은 성(聖)과 속(俗)을 함께 지닌 우리가 서로에게 큰 상처를 입힐 수 있는 사실을 상기시켜 준다. 카라바조는 파괴적인 삶을 살았다. 하지만 그의 미술 작품은 그 혼란 속을 향해 한 가지 메시지를 외치고 있다. 그 메시지는 그리스도께서 세리를 제자로 부르시고, 방탕한 사육제 기간들 사이사이에 누구보다 완악했던 카라바조의 마음에서 아름다움과 경이를 이끌어 내셨던 것처럼, 하나님의 은혜는 더없이 크다는 것이다. 은혜는 가장 완악한 마음조차 변화시킬 수 있다.

렘브란트 하르먼손 반 레인
〈갈릴리 바다의 폭풍 The Storm on the Sea of Galilee〉

1633년, 캔버스에 유채, 160 × 128 cm
1990년 3월 이사벨라 스튜어트 가드너 박물관에서 도난당함

CHAPTER

4

렘브란트,
아직은
바람 속에 있다

◇◇◇◇◇◇◇◇◇◇◇◇◇◇◇◇◇◇◇◇◇◇◇◇◇◇

땅의 비극과 구속의 소망

✳

나이가 들수록 인생은 우리 얼굴에 새겨져
우리의 폭력이나 부절제, 친절을 보여 준다.

렘브란트 반 레인

이사벨라 스튜어트 가드너 박물관의 메인 안내 데스크에 앉아
있던 경비는 팰리스 로드 입구의 초인종 소리를 듣고 고개를 들었
다. 모니터에는 제복 입은 두 명의 경찰관이 밖에 서 있는 것이 보
였다. 경찰관들은 인터폰을 통해, 박물관 뜰에서 소란 신고를 받아
서 확인해야 한다고 말했다.[1]

때는 1990년 3월 18일, 새벽 1시 24분이었다. 자정을 넘겨 성
패트릭의 날이 공식적으로 끝났지만 보스턴 펜웨이 지역 술집들에

서는 여전히 맥주를 따르고 비틀거리는 취객들을 거리로 쏟아 내고 있었다. 경비는 규정을 어기고 경찰관들을 안으로 들였다.

안에 들어온 경찰관 중 한 명이 경비에게 이상한 점은 없었는지, 그날 밤 근무한 사람이 또 있었는지를 캐물었다. 경비는 위층에 동료가 있고, 특별히 이상한 점은 없었다고 말했다.

한 경찰관이 말했다. "동료 분을 이리로 부르세요."

다른 경찰관은 전화를 하는 경비의 얼굴을 살피다가 말했다. "낯이 익네요. 혹시 당신, 수배되지 않았습니까?"

경비는 놀란 표정을 지으며 아니라고 말했다. 그가 불안해하며 부인하는 모습에 경찰관은 더욱 의심스럽다는 듯 명령했다. "이리로 와서 신분증을 보여 주십시오."

당황한 경비는 그렇게 안내 데스크에서 나왔고, 그 바람에 박물관의 유일한 무음 경보 버튼에서 멀어지고 말았다. 그는 자신의 운전면허증과 버클리 음대 학생증을 경찰관에게 건넸다. 경찰관은 잠시 신분증을 살피더니 경비에게 수갑을 채웠다. "당신은 체포되었습니다. 함께 가야겠습니다."

그때 그날 근무 중이던 두 번째 경비가 보였다. 그는 뮤지션을 꿈꾸는 사람이었다. 경찰관은 즉시 그에게도 수갑을 채웠다. 순간 당황한 그 경비가 물었다. "왜 저를 체포하시는 겁니까?"

경찰관은 의미심장하게 말했다. "당신은 체포된 게 아닙니다. 강도를 당한 거요. 가만히 있지 않으면 다칠 겁니다."

도둑들은 경비들을 묶고 눈과 입을 테이프로 가린 채 지하실 반대편 끝에 있는 파이프에 묶었다. 도둑들은 81분 동안 열세 점의 귀중한 예술품을 골라 밖에서 기다리던 차량에 실었다. 그리고 나서 펜웨이의 집들과 가게들을 유유히 지나 이내 사라졌다. 그 뒤로 그들에 관한 소식은 들을 수 없었다.

인생의 풍랑을 만나다

파도가 크게 넘실대고 있다. 작은 배는 파도를 견뎌 낼 힘이 없다. 새하얗게 부서지는 파도에 선미는 치솟고 뱃머리는 바닷속으로 곤두박질치고 있다. 파도가 배의 측면을 세차게 때린다. 렘브란트 오른편에 있던 선원 다섯 명은 배가 전복되지 않도록 소리를 지르며 돛을 잡아당기고 있다. 이에 반해, 렘브란트 왼편에 자리한 선원 다섯 명은 나사렛 예수님께 구해 달라고 애원하고 있다. 렘브란트는 배의 한복판에 서서 오른손으로는 줄을 꽉 잡고 왼손으로는 모자를 힘껏 누르고 있다. 마치 이 배가 자신의 배인 것마냥 그의 이름이 쓸모없는 키에 휘갈겨 있다. 그들 모두는 폭풍 속에 갇혀 있다. 배에 탄 그와 다른 모든 사람은 선장의 개입 없이는 곧 죽게 생겼다.[2]

우리는 죽음에 관해서 자주 생각하지 않는다. 하지만 그 질문은 늘 우리 곁에 있다. 그러다가 어느 순간 갑자기 떠올라 우리를 두려움으로 몰아간다. 인생은 연약하면서도 신성하다. 이런 신성한 연약함은 위대한 예술의 탄생에 중요한 역할을 했다. 우리는 미켈란젤로의 〈다비드〉 조각상을 보며 육체적 완벽함에 경탄한다. 또 로댕의 〈생각하는 사람Thinker〉이 무슨 생각을 골똘히 하고 있을까 궁금해한다.[3] 그런가 하면 루벤스의 〈그리스도의 죽음에 대한 애도The Lamentation Over the Dead Christ〉를 보다가 죽음을 마주하기 싫어 고개를 돌린다. 이 그림에서 아리마대 요셉과 니고데모는 예수님의 생명 없는 몸을 돌로 된 대 위에 누이고 있다.

바다가 잠잠하면 대부분 안전하다고 여긴다. 그럴 때 우리는 바다를 잘 안다고 생각한다. 하지만 단지 잠잠한 바다를 아는 것이다. 배가 흔들리지 않고 해가 쨍쨍하고 식량이 충분할 때의 바다를 아는 것이다. 하지만 바다 깊은 곳에서 소용돌이가 치고 하늘에서 비바람을 만들어 낼 구름이 모여들고 있음을 미처 알아차리지 못한다. 풍랑이 닥치고 나서야 우리는 바다를 전혀 모른다는 사실을 깨닫는다.

렘브란트와 함께 배에 있는 사람들에게 그 풍랑은 죽음과의 첫 대면이 아니었다. 예수님의 사역 초기에 예수님과 제자들은 나사렛 남동쪽 다볼 산기슭 언덕에 자리한 나인이란 성읍에 갔다.[4] 성읍에 가까이 가자 성문 바로 안쪽에서 곡하는 소리가 들려왔다. 어떤 비극이 일어난 지 얼마 되지 않은 것이 분명했다.

제자들은 조문객들이 성문에서 나오는 것을 보았다. 곡하는 사람들 뒤로 네 사람이 시신을 실은 상여를 들고 있었고, 죽은 사람의 어머니가 흐느끼며 뒤를 따랐다. 제자들은 죽은 사람의 아버지나 형제들은 없는지 살폈다. 하지만 아무도 없었다. 조문객은 고인의 어머니가 과부이며 죽은 사람은 그녀의 하나뿐인 아들이라고 말했다. 그렇다면 노년에 그 과부를 돌봐 줄 사람이 단 한 명도 없게 되는 셈이다. 어머니가 자식을 먼저 떠나보내는 것이 얼마나 큰 슬픔인지 그녀의 상황을 아는 사람들 모두가 비슷한 감정을 느꼈다.

당시 사람들은 죽음을 이해하고 그로 인한 슬픔을 다루기 위해 종교 지도자들을 의지했다. 하지만 제자들이 본 예수님은 죽음을 설명해 주는 분이 아니셨다. 예수님은 함께 슬퍼하며 우셨다. 예수님은 아들을 먼저 떠나보낸 어머니가 얼굴을 싸매고 우는 모습을 바라보며 다가가 그녀가 쳐다볼 때까지 그 앞에 서 계셨다.

"울지 말라." 예수님의 어조는 부드러웠다. 하지만 단지 그 말 때문에 흐르는 눈물이 멈추는 건 아니었다. 예수님과 아들 잃은 여인 둘 다 그 사실을 알았다. 그럼에도 예수님은 그 여인이 고개를 들어 자신을 향한 그분의 긍휼함을 볼 때까지 그녀의 애곡을 말리셨다.

기다리던 예수님은 상여 쪽으로 걸어가시더니 관을 만지셨다. 그러자 장례를 진행하던 이들이 멈추었다. 사실, 그 순간 모든 것이 멈췄다. 예수님이 관을 만지셨을 때 몇몇 사람들은 침을 삼키며 숨죽였다. 시신을 만지는 것은 랍비의 의식 상의 정결함을 부정하게 만드는 행위였기 때문이다. '도대체 무슨 생각으로 저런 행동을 하는 거지? 공감을 너무 심하게 한 나머지, 무슨 상황인지 망각해 버

린 건가?'

예수님이 나즈막이 부르셨다. "청년아."

순간, 어머니의 슬픔이 혼란으로 바뀌었다.

'방금 이 랍비가 내 아들을 부른 것인가?'

예수님이 또 한 번 말씀하셨다.

"청년아, 내 음성을 들으라. 일어나라."

그때, 시신이 마치 천둥소리에 놀라서 깨어난 듯 꿈틀거리고 관 속에서 숨이 찬 소리가 났다. 죽었던 청년이 갑자기 일어나 앉더니, 자신이 왜 관 속에 누워 있으며 왜 모두가 그토록 놀란 표정을 짓는지를 물었다. 예수님은 그가 나오도록 도운 뒤에 그의 어머니에게로 보냈다. 조문객들은 두려움에 휩싸였다. 무슨 감정을 느껴야 할지 몰라 혼란스러웠다. 어떤 이들은 더 크게 울었다. 그런가 하면 어떤 이들은 실성한 듯 큰 소리로 웃었다. 누군가 이 상황에 대해 내뱉은 한마디가 그곳에 모인 모든 사람이 느낀 놀라움을 잘 보여 준다. "큰 선지자가 우리 가운데 일어나셨다."[5]

제자들은 죽음을 잘 모르는 자들이 아니었다. 하지만 죽음에 대한 예수님의 반응은 그들, 아니 세상 누구도 보지 못한 반응이었다. 그 기적에 관한 소문은 주변 마을과 온 유대에 퍼졌고, 수많은 무리가 예수님께 몰려왔다. 군중이 계속해서 불어나자 예수님은 그곳에서 최대한 그들과 함께하셨다.

지금도 마찬가지지만 당시는 고통이 끊이지 않는 세상이었다. 수많은 사람이 각자의 문제를 들고 예수님을 찾아왔다. 갈릴리 바닷가에서의 특히 힘든 하루가 끝나자 예수님은 제자들에게 좀 쉬어야겠다며 배를 타고 나가자고 말씀하셨다. 지친 예수님은 뱃머리로 가서 누우셨다. 잔잔하게 흔들리는 파도에 예수님은 깊이 잠드셨다.

그때, 어디선가 갑작스러운 풍랑을 뚫고 외치는 소리에 예수님은 그만 잠이 깨셨다. 눈을 뜨고 바라보니 젖은 물을 뚝뚝 떨어뜨리며 겁먹은 채 바라보는 절박한 제자들 얼굴이 보였다. "어서 일어나세요! 우리가 죽게 되었는데 돌보지 않으실 겁니까?"[6]

협곡에서 부는 바람이 바다를 어찌나 세게 휘몰아치게 하는지, 파도가 금방이라도 배의 측면을 부술 것만 같았다. 배는 가라앉고 있었다. 배에 탄 사람들 대부분 잔뼈가 굵은 뱃사람들이었다. 예수님만 빼고 모두가 배가 뒤집히지 않도록 안간힘을 쓰고 있었다.

"예수님, 저희가 죽어 가고 있습니다. 그런데도 전혀 신경 쓰지 않으십니까?" 베드로가 소리를 질렀다.

이것은 빈정대는 질문이었다. 애초에 예수님과 제자들이 배에 탄 것은 그분이 죽은 자까지도 살리는 치유자로 알려져서 계속해서 몰려드는 사람들을 피하기 위해서였다.[7] 사람들이 죽어 가는 것을 신경 쓰실 뿐 아니라 죽음을 '되돌리기'까지 하셨던 예수님이셨기에 인파가 몰려든 것이다.

하지만 거센 파도가 넘실대는 바다 한가운데 떠 있는 배 안에서는 죽음 아니면 기적 두 가지 중 하나뿐이었다. 그들이 아무리 애를 써도 점점 더 죽음에 가까워지고 있을 뿐이었다. 절체절명의 상황이었다. '예수님이 나인의 과부에게 해 주셨던 것처럼 우리들을 위해서도 뭔가를 해 주실까?' 그들은 예수님이 뭐라도 해 주시길, 하다못해 무슨 말씀이라도 해 주시길 절실히 바랐다.

탁월한 이야기꾼, 렘브란트

〈갈릴리 바다의 폭풍The Storm on the Sea of Galilee〉은 렘브란트 하르먼손 반 레인의 유일한 바다 풍경화로 알려진 그림이다. 제자들이 예수님이 구해 주시지 않으면 죽을 것이라는 사실을 알고 예수님이 그들을 구해 주시기 직전의 순간을 담은 그의 가장 극적인 그림 중 하나다. 이 그림은 이사벨라 스튜어트 가드너 박물관 2층 더 치룸에 거의 100년 가까이 걸려 있었다. 그 그림을 본 모든 사람이 같은 것을 보았다. 바로, 우리를 보고 있는 그림 속 렘브란트. 우리와 눈이 마주치는 렘브란트. 그의 얼굴에 담긴 고통은 제자들이 예수님께 했던 질문 그대로를 다시 우리에게 들려준다.

"우리가 죽게 되었는데 돌보지 않으실 겁니까?"

동시대 사람들에게도 이미 '거장'으로 알려졌던 렘브란트는 화가만큼이나 탁월한 이야기꾼이었다.[8] 그는 그림 이면의 내러티브에 신경을 썼고, 한 폭의 그림에 최대한 많은 이야기를 담아내려고 했다. 그러기 위한 방법 중 하나는 몇몇 성경 속 장면에 자신을 그려 넣는 것이었다. 허영심이 아닌, 이야기를 위해서였다. 우리의 관심을 끌고, 상상력을 자극하고, 화폭 속에서 벌어지는 일이 우리와 어떤 관련이 있는지를 가르치고, 자신이 그린 그림과 그 안에서 자신의 자리에 관해 자신이 믿는 바를 전하기 위해서였다.

예를 들어, 〈십자가를 세움The Raising of the Cross〉에서 렘브란트는 다른 세 사람과 함께 골고다 언덕에서 예수님의 십자가를 세우기 위해 안간힘을 쓰고 있다. 유일하게 그와 예수님만 그림자 안에 들어가 있지 않다. 둘의 차이점은 극명하다. 예수님은 벌거벗고 창백하며 피투성이인 반면, 렘브란트는 부자의 깨끗한 파란색 예복을 입고 같은 색 베레모를 쓰고 있다. 그 그림을 통해 그는 모든 사람이병사, 농부, 정치인, 배경 속에 숨겨진 얼굴 없는 인물들에서 보듯이 예수님의 십자가 죽음에 책임이 있지만 그 일에서 자신의 죄가 가장 밝게 드러난다고 말하고 있다.

〈선술집의 탕자The Prodigal Son in the Tavern〉에서 렘브란트는 취해서 흐리멍덩한 눈으로 우리를 왼쪽 어깨너머로 바라보고 있는 탕자다. 한 손에는 맥주를 쥐고, 다른 손으로는 여인을 안고 있으면서 말이다. 이 그림에서 여인은 렘브란트의 아내 사스키아다. 렘브란트는 자신을 이 장면 안에 그려 넣음으로써 자신이 누구보다도 어리석어서 자비가 절실히 필요함을 호소하고 있다. 우리는 실망감과 연민이 섞인 감정으로 이 그림을 본다. 우리는 이 이야기의 주인공 탕자가 무엇을 허비하고 무엇을 버렸는지를 안다. 그를 둘러싼 세상이 어떻게 무너질지도 안다. 하지만 동시에 우리는 그의 아버지가 그 아들을 사랑하며, 그 순간에도 아들이 언제쯤 돌아올까지평선 너머를 살피고 있을지도 모른다는 사실을 안다. 그리고 무엇보다 탕자가 아버지의 사랑 가득한 품으로 돌아가겠지만 철저히 무너진 뒤에야 그렇게 된다는 것을 안다.

렘브란트는 〈갈릴리 바다의 폭풍〉 속에 자신을 그려 넣음으로써 그가 혼란의 바다에서 목숨을 잃든지 하나님의 아들로 인해 구함을 받든지 둘 중 하나라고 말하고 있다. 오직 두 가지 길밖에는 없다. 그리고 그는 그림 속에서 풍랑을 뚫고 우리를 바라보면서 우리도 그러한 배 위에 있지 않느냐고 묻는다.

이사벨라 스튜어트 가드너 박물관의 탄생

미국 최초의 대규모 미술품 수집가인 이사벨라 스튜어트 가드너1840-1924년는 죽음의 고통을 너무나 잘 알았다. 1865년에 두 살배기 아들을 하늘나라로 보낸 까닭이었다. 깊은 고통 가운데 그녀와 남편 잭은 슬픔을 달래고자 세계를 여행하기 시작했다. 부유한 집안에서 태어난 잭과 이사벨라는 금전적으로 부족함이 없었다. 얼마든지 여행이 가능했던 그들은 전 세계 민속 미술품과 예술품을 두루 수집하기 시작했다.[9]

미술을 향한 부부의 열정은 시간이 지나도 계속되었다. 1890년, 수집을 시작한 지 25년 만에 그들 부부는 모든 박물관이 부러워할 만한 세계적인 미술품들을 꽤 수집했다는 사실을 깨달았다. 그때부터 그들은 민속 미술품은 제쳐 두고 보티첼리, 티치아노, 라파엘로, 마네, 드가, 베르메르, 렘브란트 같은 세계적인 거장들의 작품을 수집하는 데 집중하기 시작했다. 이사벨라에 따르면 그들의 소장품은 "모두 A 등급이요, 최상급으로 이루어져 있어야" 했다.[10]

오래지 않아 소장품이 너무 많아져 자신들만 소유하는 것이 부적절하다고 판단한 이사벨라는 미술품의 영원한 집, "대중이 계속해서 교육을 받고 즐기기 위한 박물관"을 만들고자 했다.[11] 그리하여 그녀와 잭은 보스턴 펜웨이 지역에 부지를 매입해서 박물관을 향한 꿈을 꾸기 시작했다.

그런데 1898년, 또다시 비극이 닥쳤다. 남편 잭이 세상을 떠난 것이다. 슬픔에 빠진 이사벨라는 아들을 잃었을 때처럼 미술을 의지했다. 단, 이번에는 예술품 수집 대신 스스로 뭔가를 만들고자 했다. 자신의 걸작, 자신의 박물관인 펜웨이 코트Fenway Court를 만들기를 바랐다.

이사벨라는 이 일에 혼신의 힘을 쏟아부었다. 그저 건축가들을 만나고 도급업자들에게 비용을 지불하는 데 만족하지 않았다. 그녀는 박물관 구석구석을 직접 설계했다. 그 프로젝트를 맡은 건축가 윌리엄 시어스는 자신은 그저 진짜 건축가의 비전을 따른 목수요 기계공에 불과하다고 농담하곤 했다. 이사벨라는 커다란 홀 중앙에 너른 뜰을 갖춘 이탈리아 르네상스 시대 궁전을 설계했다. 그녀는 젊은 시절 남편과 함께 세상을 누비며 여행할 때 베네치아에서 본 것과 같은 궁전을 원했다.

아무것도 없는 습지대에 몇 년 만에 4층짜리 펜웨이 코트가 세워졌다. 그곳 주민들이 지금까지 본 중에서 가장 아름다운 건물이었다. 1902년, 드디어 건물이 완성되자 이사벨라는 인테리어 설계에 꼬박 1년의 공을 들였다. 그녀는 텅 빈 공간의 벽에 그림을 걸어놓는 전통적인 미술관 형태의 박물관이 지루하다고 여겼다. 그녀는 관람객들에게 세계 최고의 작품들을 진정 친밀하게 경험하도록 해 주고 싶었다.

각 전시실은 관람객들이 한 문화와 시대에 관해서 다른 어디서도 얻을 수 없는 경험을 얻을 수 있도록 그림이며 태피스트리와 가구, 조각상을 독창적으로 구성한 하나의 생생한 디오라마diorama였다. "미술사에 관한 지식이 아니라 미술을 향한 사랑이 그녀의 목표였다.[12] 박물관의 공식 역사에 기록되어 있는 말이다.

건물 외관에서부터 가구와 바닥, 그 안의 미술품까지 펜웨이 코트는 정확히 이사벨라가 원하는 대로 만들어졌다. 그녀는 그 상태 그대로를 유지할 것을 고수했다. 심지어 유언장에 자신의 사후 펜웨이 코트의 기존 상태가 조금이라도 달라진다면, 즉 나중에 관리자들이 뭔가를 들여오거나 내보낸다면 모든 소장품을 하버드대학에 매각하겠다는 조항을 삽입하기도 했다.[13] 그녀는 자신의 소장품에 뭔가를 더하는 것이 〈모나리자Mona Lisa〉의 머리카락을 늘리는 것이며, 뭔가를 빼는 것은 그 머리카락을 자르는 것이나 다름없게 여겼다.

슬픔에 익숙했던 여인 이사벨라 스튜어트 가드너는 이 세상에

원함을 선물하고 싶었다. 그래서 선택한 것이 미술이

1924년, 그녀가 세상을 떠날 당시 박물관 소장품은 태피스트리, 사본, 희귀서적, 조각상, 가구를 포함해 티치아노, 베르메르, 플링크, 미켈란젤로, 라파엘로, 휘슬러, 드가, 마네, 사전트, 보티첼리, 네덜란드 거장인 렘브란트의 걸작까지 2,500점으로 불어나 있었다. 그녀는 이 작품들이 거할 집을 만들었다. 무엇보다도 "예술을 사랑하여 예술에 열중하는 즐거운 얼굴들"이 예술을 음미할 수 있는 자리를 마련했다.[14]

펜웨이 코트를 처음 설계된 상태로 유지할 것을 그토록 고수하는 이유를 묻는 질문에 오래전 자식을 묻고 남편마저 떠나보낸 이사벨라는 이렇게 대답했다. "내 박물관은 영원히 살 것입니다."[15]

희대의 미술품 도난 사건

보안 문의 센서를 확인해 보니 도둑들은 박물관에 두 번이나 들어갔다. 그렇게 도난당한 열세 점의 작품은 다음과 같다. 요하네스 베르메르의 〈콘서트The Concert〉, 플링크의 풍경화 한 점, 3천 년 된 중국 상 왕조의 도자기, 마네의 그림 한 점, 드가의 작품 다섯 점, 청동 독수리 장식, 렘브란트의 우표 크기의 자화상 에칭과 〈검은 옷을 입은 숙녀와 신사Lady and Gentleman in Black〉와 그 박물관에서 가장 유명한 작품 중 하나인 〈갈릴리 바다의 폭풍〉이 포함되어 있다. 이는 미국 역사상 가장 큰 규모의 절도 사건에 해당한다. 총 열세 점의 추정 가치는 5억 달러가 넘는다.

이사벨라 스튜어트 가드너 박물관 더치룸에서 도난당한 작품 중 가장 값진 작품들은 2층에 있었다. 박물관 도슨트는 이렇게 말한다. "강력한 인물들이 이 전시실을 지배하고 있다. 여왕, 의사, 공주, 법관, 예술가, 그리고 수집가가 벽에서 내려다보고 있다."[16] 하지만 이사벨라의 여러 네덜란드 및 플랑드르 걸작 중에서도 더치룸을 지배한 작품은 렘브란트의 〈갈릴리 바다의 폭풍〉이라는 점에 모두가 동의했다.

렘브란트는 레이던에서 암스테르담으로 이사한 직후인 1633년에 〈갈릴리 바다의 폭풍〉을 그렸다. 그의 섬세한 붓질과 밝은 색감은 밧줄의 홈이나 눈가의 주름까지 자세히 묘사한 초기 화풍의 특징이었다.

렘브란트의 "신성한 역사를 표현할 뿐 아니라 그림 속 드라마로 우리의 관심을 사로잡는 능력"으로 인해[17] 그의 〈갈릴리 바다의 폭풍〉은 그 안의 장면 자체를 초월하고 있다. 즉 이 이야기는 그날 오후 풍랑에 갇힌 한 무리에 관한 이야기 그 이상이다. 이 그림은 우리 모두에 관한 그림이다. 성난 바다가 장비를 다 갖춘 배를 장난감처럼 뒤흔들며 배에 탄 사람들을 공포로 몰아가는 모습은 인간과 자연의 대결이라는 옛 이야기의 원형을 담고 있다. 또한 한 제자가 흔들리는 배 밖으로 구토하는 동안 바로 옆에서 다른 사람이 삼위일체의 제2위격께 구해 달라고 간청하는 장면은 저속함과 신성함의 대치를 보여 준다.

범죄 현장을 확인한 결과, 도둑들은 예술품을 조심스럽게 다룰 시간이 충분히 있었는데도 그렇게 하지 않았다. 렘브란트의 다른 한 작품은 구겨지고 발로 밟힌 채 바닥에 버려져 있었다. 베르메르의 〈콘서트〉와 마네의 〈토르토니 카페에서Chez Tortoni〉는 아예 액자에서 뜯어낸 상태였다. 도둑들이 마네의 빈 액자를 보안 관리 사무실의 의자 위에 놓고 간 것은 조롱의 행위로밖에 볼 수 없다.

렘브란트의 〈갈릴리 바다의 폭풍〉은 더 심한 꼴을 당했다. 범인들은 액자를 뜯어내는 대신 아예 칼로 그림을 도려냈다. 그림은 빠진 채 맨 아래에 "렘브란트"라고만 쓴 작은 동판이 붙은 액자 틀만 벽에 덩그러니 걸려 있었다.

도난당한 예술품들의 가슴 아픈 미래

이사벨라 스튜어트 가드너 박물관 보안 책임자 앤서니 아모레는 이렇게 말했다. "예술품은 예술에 정통한 범죄자들이 아닌 잡범들이 훔친 것이다. …… 이것은 영화 〈토머스 크라운 어페어The Thomas Crown Affair〉보다 코엔 형제[미국 독립영화를 대표하는 형제 영화감독-편집자]의 영화에 더 가깝다."[18] 예술품 도둑들은 예술품 수집가인 경우가 별로 없다. 수집가들은 자신의 소장품을 다른 사람에게 보여 주기를 원하지만, 예술품 도둑들은 장물을 숨겼다가 최대한 빨리 돈으로 바꾸기를 원한다. 예술품 도둑들은 대개 수집가들이 아니기 때문에 자신들이 무엇을 훔쳤는지도 정확히 모르는 경우가 많다. 2003년 한 도둑은 자신이 세상에서 가장 유명하고 값진 그림 중 하나를 훔쳤는지도 모르고 레오나르도 다빈치의 〈얀와인더의 마돈나The Madonna of the Yarnwinder〉를 갖고 도망쳤다. 그가 그 그림을 팔려고 했을 때 그 그림이 너무 유명한 그림이라 아무도 함부로 만지지 않았다.[19]

도난당한 예술품은 웬만한 사람들은 다루기 힘든 짐이다. 훔친 그림들이 세상 모든 신문과 잡지, 뉴스를 도배하는데 그 그림이 아무리 비싸다 한들 도둑이 무엇을 할 수 있겠는가? 법을 지키는 보통 시민들은 예술품을 최대한 비싸게 팔려는 것이 모든 도둑들의 목표라고 생각해서 이렇게 질문할 수 있다. 1억 달러짜리 베르메르 그림을 훔쳤다면 할인을 한다 해도 5,000만 달러는 건져야 할 텐데, 과연 그럴 수 있을까?

하지만 이는 이 세계를 잘 모르고서 하는 말이다. 베르메르, 렘브란트, 모네, 다빈치 등의 유명 예술품을 소유한 도둑들은 장물을 대놓고 팔면 체포되기 십상이라는 사실을 잘 알고 있다. 그래서 일단 훔친 예술품은 어떻게 될까? 특히 인터넷 이전 시대에는 도난 예술품은 대개 네 가지 중 한 가지 운명을 맞았다. 파괴되거나, 몸값을 받기 위해 보관되거나, 암시장 통화로 사용되거나, 고품질의 모작으로 속여 판매된다.

물론, 도둑이 직접 소장하고 싶어서 예술품을 훔치는 경우도 있지만 그런 경우에 문제가 발생하기 쉽다. 프랑스 동부에서 어머니와 함께 살던 32세의 웨이터 스테판 브라이트바이저는 독일, 스위스, 프랑스의 여러 박물관에서 몇 백 점의 예술품을 훔쳤다. 그는 단순히 그 예술품들이 좋아서 훔친 다음 어머니 집에 전시해 놓았다. 그가 기껏 나팔을 훔친 죄로 체포되었을 때 그의 어머니가 아들의 범죄를 숨기기 위해 많은 예술품을 태워 버렸다. 그가 체포될 당시 그가 훔쳐서 쌓아 둔 예술품의 가치는 거의 20억 달러에 육박했다.[20]

수사관들은 도난당한 예술품의 20퍼센트가 이와 비슷한 운명을 맞는다고 추정한다. 그렇게 귀하고 유명한 보물을 보관하는 데 따르는 스트레스와 불편은 웬만한 도둑들은 감당할 수 없는 수준이다. 달리 맡길 곳도 없고 돌려줄 방법도 없다 보니 그들은 결국 보물을 파괴한다.

FBI는 도난당한 예술품의 5퍼센트 정도만 회수된다고 말한다. 이런 예술품은 주로 몸값을 받고 돌려주기 위한 목적으로 도난을 당한다. 이런 예술품은 결국 박물관의 전시실 벽으로 다시 돌아간다. 많은 도둑들의 계획은 이렇다. 즉 그들은 그림을 훔쳐 신문 기사와 함께 몸값을 요구하는 글을 올린다.

어떤 이들은 다른 종류의 몸값을 노린다. 어떤 범죄자들은 자신들의 불법적인 삶으로 인해 언젠가 체포당할 가능성이 높다고 판단한다. 그들은 체포가 시간문제라고 생각한다. 그럴 경우, 훔친 보물의 회수를 돕는 것은 감형을 받기 위한 전략적인 협상 카드가 된다. 범죄자들은 법 집행 기관이 훔친 예술품을 되찾으면 대중에게 위대해 보인다는 점을 알고 있다. 법 집행 기관 입장에서는 지역 사회를 위한 공을 더 많이 세울수록 좋은 법이다.

결국, 약 75퍼센트의 도난 예술품은 행방불명이다. 그것들은 바람 속에 있다. 가드너의 예술품은 화물차 안에 실렸을 때 완전히 새로운 목적을 지니게 되었다. 그 예술품들은 더 이상 가드너의 바람처럼 "대중이 계속해서 교육을 받고 즐기기 위해" 존재할 수 없게 되었다. 십중팔구 통화의 한 형태가 되었을 것이다. 암시장의 그림들과 조각상들은 20달러짜리 지폐처럼 세상을 돌아다니게 된다.

이 과정은 어떻게 이루어질까? 누군가가 1,000만 달러 가치의 모네 그림을 갖고 도망친다고 해 보자. 그 그림은 즉시 100만 달러 상당의 고품질 코카인과 교환될 수 있다. 그다음, 코카인 딜러는 1년쯤 그 그림을 감상하다가 흥미를 잃는다. 이제 그는 그 그림을 팔아 자신의 조직을 위한 무기를 산다. 다시 한 해가 가고, 무기상은 암시장 예술품 거래상을 아는 무기 공급자에게 모네의 그림을 판다. 이제 그림은 행방불명된 지 수년이 지났고 도둑의 손에서 벗어나 동전 한 푼 오가지 않고서 네 사람을 거쳤다. 암시장을 거치는 동안 이 그림의 정체는 세탁되고 도난에 관한 기억은 사라진다.

이제 그림은 불법 거래 장소에 나타나기 시작한다. 그 뒤로 수년, 심지어 수십 년 동안 개인끼리 거래된다. 그러다가 공개 시장에 나타나거나 개인 소유물을 처분할 때 다락방에서 발견되기도 한다. 도난 예술품은 이러한 과정에서 실제 가격의 약 10퍼센트 정도에 거래된다. 하지만 이 물건이 많은 사람을 거칠수록 구매자의 정당성이 더 강하게 확보된다. 그래서 더 안전하게 구매가 가능해지고 그만큼 가격도 높아진다.

예술품 절도와 관련된 법들은 절도를 막는 데 효과가 없다. 도둑들은 법이 어떻게 돌아가는지 잘 알고 있다. 미국 연방도품법에서는 수집가들이 물건을 장물인 줄 알고서 구입했다는 점이 증명되지 않으면 장물을 소장했다는 이유로 감옥에 가지 않는다. 그런데 이 점을 증명하는 것은 불가능에 가깝다. 암시장의 가장 큰 특징 중 하나는 비밀 유지이기 때문이다. 네덜란드 법은 장물이 도난당한 지 20년이 지나면 누구든 현재 가진 사람이 법적 소유권을 갖는다.

2004년, 여섯 명의 도둑은 오슬로의 한 박물관 벽에서 1억 달러 이상 가치를 지닌 에드바르트 뭉크의 〈절규The Scream〉를 훔쳤다. 그들은 체포되었다. 하지만 그중 세 명만 유죄 판결을 받았고 두 명만 수감 생활을 했다. 한 명은 6개월을 살았고 다른 한 명은 4개월을 살았다. 프랑스인 웨이터 스테판 브라이트바이저는 거의 20억 달러 가치의 예술품을 훔쳤으나 감옥에서 겨우 4년을 살고 나왔다.

한 전직 예술품 도둑은 인터뷰에서 범죄자들이 렘브란트의 작품을 훔치면 감옥에서 3-5년을 썩을 수 있지만 그 작품의 가치만한 현금이나 물품을 훔치면 25년형에서 종신형까지도 받는다는 점을 잘 알고 있다고 말했다.[21] 훔친 예술품은 오랫동안 범죄 자금을 위한 저위험 고효율의 통화로 각광받았다.

가드너의 예술품들이 파괴되거나 몸값으로 보관되거나 현금

가방처럼 이리저리 옮겨 다니지 않았다면, 또 다른 암담한 운명을 맞았을 가능성이 있다. 이 방법은 가드너의 예술품들이 도난당했던, 인터넷 이전 시대에 성공 가능성이 훨씬 높았다. 그것은 바로 수준 높은 모작으로 팔아 치우는 것이다.

예를 들어, 도둑이 렘브란트의 덜 알려진 작품을 훔친다고 해보자. 렘브란트는 많은 제자를 두었다. 많은 젊은 화가들이 렘브란트 화실에서 그와 나란히 앉아 공부했다. 이 학생들은 렘브란트 기법과 스타일을 흉내 내는 법을 배웠다. 이 중 많은 제자들의 모작 실력은 워낙 뛰어나서, 역사가들은 렘브란트 것으로 여겨지는 유화와 에칭 수백 점의 진본 여부를 놓고 논쟁해 왔다. 독일 미술사학자 빌헬름 폰 보데는 이런 말을 했다. "렘브란트는 700점의 그림을 그렸다. 이 그림들은 현재 3,000점이 존재한다."[22]

전문 사기꾼은 어수룩한 사람에게 자신이 팔려는 그림이 렘브란트 제자 중 한 명이 그린 것이라고 속일 수 있다. 속이는 방법은 간단하다. 그림을 보여 주기만 하면 된다. 그가 무명 예술가가 그린 모작이라고 내놓은 것은 원본을 앞에 두고서 그리지 않고서는 불가능한 수준이다. "여성의 코에 빛이 비추이는 모습을 보시오. 렘브란트 스타일과 정확히 일치하지 않소. 남성의 옷에 달린 술 장식을 자세히 보시오. 원한다면 그림 샘플을 감정사에게 가져가 보시오. 실제로 17세기에 네덜란드에서 그려진 그림이라는 걸 확인할 수 있을 거요. 렘브란트의 진본은 아닐지 모르지만 색감이며 스케일, 세부 묘사, 심지어 서명까지 이것이 나름의 가치가 있는 희귀 작품이라는 걸 알 수 있소. 이것이 모방한 진본의 1퍼센트 가치는 쉽게 넘어갈 것이오. 자, 단돈 10만 달러에 17세기 렘브란트 화실에서 나온 그림을 소유할 수 있는 기회요. 어쩌면 진본과 같은 이젤 위에서 그려진 걸지도 모르오." 사기꾼은 이런 식으로 설명한다.

이 네 번째 시나리오야말로 가장 참담한 시나리오일지 모른다. 도둑은 예술품을 태워서 재로 만드는 대신, 사람들 기억에서 지워 버린다. 이제 걸작은 가치에 걸맞은 몸값을 위해 보관되는 대신, 헐값에 팔리는 굴욕을 당한다. 세기의 걸작이 타락한 자들이기는 해도 나름대로 예술 애호가들 사이에서 통용되는 대신, 불보다 더 비참한 운명을 맞는다. 유명한 작품이 무명의 나락으로 떨어진다. 세상에 계속해서 존재하지만 아무도 그것을 알아보지 못하는 상황에 처한다. 새로운 소유자는 진짜라는 것을 모르고, 판매자는 그가 끝까지 모르기만을 기도한다.

렘브란트의 〈갈릴리 바다의 폭풍〉은 지금까지 30년 가까이 바람 속에 있었다. 이 작품 회수에 500만 달러의 상금이 걸려 있다. 지금까지 아무도 상금을 찾으러 나타나지 않았다. 체포된 범인은 없었다. 몸값을 요구하는 자도 없었다. 결정적인 제보도 없다. FBI, 미국 매사추세츠 주 지방 검찰청, 지역과 연방, 국제 수사 기관에서 수많은 제보와 단서, 용의자를 확보했지만 누가 이 작품을 훔쳤는지 혹은 이 작품이 어디에 있는지 아무도 모른다.

보스턴의 범죄 전문 기자 론 골로빈은 이렇게 말했다. "500만 달러의 상금이 걸려 있다. 보통 큰 상금이 아니다. 그런데도 쥐 죽은 듯 조용하다. 누가 이 짓을 저질렀는지에 관한 작은 실마리도 얻지 못했다."[23] 이 작품이 단순히 때를 기다리는 누군가의 손에 있을지도 모르지만 이 정도의 침묵으로 볼 때 〈갈릴리 바다의 폭풍〉은 이미 세상에 존재하지 않을 가능성도 있다.

하지만 매년 도난 사건이 일어난 날에 이사벨라 스튜어트 가드너 박물관은 그 작품을 돌려줄 것을 요청하는 기자 회견을 연다. 마치 당뇨병에 걸린 자식을 납치당한 부모가 텔레비전에 나와 에피펜 주사의 올바른 사용법을 설명하듯, 그 기자 회견에서 박물관 측은 잃어버린 예술품을 습도 50퍼센트와 섭씨 20도 온도의 환경에서 보관해야 한다는 점을 설명한다.

죄의 그림자가 뒤덮은 세상에서

지금은 갈회색 백합 모양 문장으로 장식된 더치룸의 벽이 렘브란트의 액자 속을 채우고 있다. 그 모습이 마치 사나운 풍랑이 지나가고 난 후 기분 나쁘게 적막한 바다처럼 보인다. 박물관 바닥의 틈으로 들어간 캔버스 조각과 칠 조각을 제외하면, 렘브란트의 그림 속 배나 그 안에 탄 사람들의 흔적은 조금도 남아 있지 않다. 모든 것이 사라졌다.

박물관 관람객들은 마치 사랑하는 이의 무덤을 지나가는 조문객처럼 더치룸을 지나간다. 그들은 렘브란트의 텅 빈 액자를 "부정한 비극, 아름다움의 소름끼치는 부패"로 묘사한다.[24] 어떤 이들은 더치룸에 발을 들여놓기조차 거부한다. 이 박물관이 어떻게 탄생했는지를 아는 이들은 그 도난 사건에 분개한다. 단순히 도난당한 예술품이 값비싼 것이어서가 아니라 도둑들이 한 짓이 무례했기 때문이다. 그것은 이사벨라의 선물을 모욕하는 짓이며 그녀의 슬픔을 배려하지 않은 짓이다.

이사벨라 스튜어트 가드너는 나인성 과부의 길을 걸었다. 그 길에서 그녀는 위안을 찾고자 슬픔을 극복하고 예술 앞에 이르렀다. 슬픔의 바다에서 자식을 잃었을 때 그녀는 아름다움에서 치유를 얻고자 했다. 남편을 잃었을 때는 죽지 않을 뭔가를 만들기로 결심했다. 그래서 영원히 살 박물관을 떠올렸다. 그리고 그렇게 탄생한 결과물을 세상에 주었다.

이사벨라는 죽어 가는 피조물의 부패를 막기 위해 나름의 방식으로 노력했던 수많은 사람 중 한 명이었다. 그녀는 우리에게 아름다운 뭔가, 영원히 지속될 뭔가, 말로 표현할 수 없을 만큼 깊은 탄식 속에서 탄생한 뭔가를 주기 원했다.[25] 그녀의 박물관은 아름다움을 무기로 죽음에 맞선 선전포고였다.

그 누가 〈갈릴리 바다의 폭풍〉을 액자에서 도려냈든 그 사람 역시 렘브란트의 눈을 똑바로 쳐다보면서 그 짓을 저질렀을 것이다. 범인과 렘브란트의 눈이 마주쳤을까? 보스턴 경찰관을 사칭한 범인들은 남자는 렘브란트가 무슨 말을 하려고 했는지 이해했을까?

이 세상은 참으로 힘든 세상이다. 많은 아이들이 죽고 과부들이 슬픔의 눈물을 흘리는 세상이다. 우리 모두는 세상이라는 풍랑 속에서 살고 있다. 아름다움과 보물로 우리를 유혹하는 바다는 경고도 없이 거대한 풍랑을 일으켜 우리를 덮칠 수 있다. 그리고 결국에는 결산의 날이 온다. 렘브란트는 이것을 잘 알았다. 이사벨라 스튜어트 가드너도 알았다. 그 배 안에 있던 모든 사람도 알았다.

도둑은 이것을 깨달았을까? 아니면 자신도 풍랑 속에 있다는 사실을 모른 채 머나먼 나라의 선술집에서 거나하게 취해 비틀거리고 있을까? 이제 렘브란트 그림의 텅 빈 자리는 그의 메시지가 대신한다.

텅 빈 액자는 도둑이 이사벨라에게 전하는 메시지다. 그 메시지의 내용은 그녀가 죽음을 초월하는 뭔가를 만들고 싶어도 이 세상은 그것을 허락하지 않는다는 것이다. 상처를 치유할 수는 있겠지만 그녀가 만든 것은 그게 무엇이든 영원히 지속될 수는 없다. 이 세상은 도둑이 들어와 훔쳐 가는 세상이다.[26] 이 세상은 아름다운 것들이 파괴되고, 귀한 보물이 헐값에 팔리고, 재능이 땅에 묻힌 채 썩어 없어지는 세상이다. 이 세상은 서로의 진짜 모습을 철저히 숨기려고 하는 세상이다. 죄의 그림자가 세상을 뒤덮고 있는 것이다. 그 도둑들은 이 점을 잘 알았다. 렘브란트도 알았다. 그 배 안에 있는 모든 사람도 알았다.

이사벨라도 알았을까?

하지만 계속해서 그렇지는 않을 것이다. 이런 슬픈 일이 언젠가는 회복될 것이다.[27] 사도 바울은 예수님을 믿는 이들은 그 안에 영광을 담은 질그릇 같다고 말했다. 그들은 걸작을 품은 액자와도 같다.

> 우리가 사방으로 욱여쌈을 당하여도 싸이지 아니하며 답답한 일을 당하여도 낙심하지 아니하며 박해를 받아도 버린 바 되지 아니하며 거꾸러뜨림을 당하여도 망하지 아니하고 우리가 항상 예수의 죽음을 몸에 짊어짐은 예수의 생명이 또한 우리 몸에 나타나게 하려 함이라 …… 그러므로 우리가 낙심하지 아니하노니 우리의 겉사람은 낡아지나 우리의 속사람은 날로 새로워지도다 우리가 잠시 받는 환난의 경한 것이 지극히 크고 영원한 영광의 중한 것을 우리에게 이루게 함이니.[28]

제자들의 질문은 수 세기를 지나 지금까지도 울려 퍼지고 있다. "하나님, 우리가 죽게 되었는데 돌보지 않으실 겁니까?" 예수님은 가장 사나운 바다 한가운데 오셔서 풍랑을 잠재우셨다. 예수님은 다시 그렇게 해 주실 것이다. 죽음을 이기신 그분의 승리는 죽어 가는 자들을 새로운 소망, 살아 있는 소망 가운데 다시 태어나게 한다. 그분이 부활을 통해 가져오신 평안은 신화나 공상이 아니다. 그것은 믿는 자들을 위해 예비된 썩지 않는 유업이요 영원한 나라다.[29] 그분의 나라는 영원히 사는 나라다. 하지만 그런 나라는 그분의 나라가 유일무이하다.

〈갈릴리 바다의 폭풍〉이 여전히 존재한다면 아무도 모르게 어느 골방이나 다락방, 지하실에 보관되어 있을지도 모른다. 렘브란트는 여전히 한 손으로는 그 줄을 움켜쥐고 다른 손으로는 모자가 날아가지 않도록 붙들고 있을 것이다. 그리고 이 세상을 바라보며 누구든 눈이 마주칠 사람을 기다리고 있을 것이다. 그가 존재한다면 여전히 거센 풍랑 속에 갇혀 있을 것이다.

성경이 사실이라면 언젠가 예수님이 일어서서서 과부들에게나 도둑들에게나 똑같이 말씀하실 것이다. "잠잠하라! 고요하라!"[30] 그러면 유례없는 영원한 평강이 찾아올 것이다.[31] 이 사실을 알면 지금 이 순간을 살아가는 데 도움이 된다. 어떤 고난을 겪고 있든 소망이 없는 자처럼 슬퍼할 필요가 없다.[32]

따라서 우리는 앞으로 다가올 나라를 기다리는 법을 배워야 한다. 그리고 그러는 동시에 이 세상에서는, 적어도 당분간은 렘브란트가 바람 속에 있다는 사실을 기억해야 한다.

한때 렘브란트의 〈갈릴리 바다의 폭풍〉이 들어 있던 액자

이사벨라 스튜어트 가드너 박물관, 더치룸
Photo by Kate Charlton, used by permission

요하네스 베르메르
⟨우유 따르는 여인 The Milkmaid⟩

1658-1660년경, 캔버스에 유채, 46 × 41 cm
국립 미술관 Rijksmuseum, 암스테르담

Johannes Vermeer

CHAPTER

5

요하네스 베르메르,
빌린 빛의 힘과
근사함

◇◇◇◇◇◇◇◇◇◇◇◇◇◇◇◇◇◇◇◇◇◇◇◇◇◇◇◇

하위 창조 작업의 신비

✳

모든 것에 많은 빛이 내린다.

빈센트 반 고흐

✳

태초에 하나님이 천지를 창조하시니라

땅이 혼돈하고 공허하며 흑암이 깊음 위에 있고

하나님의 영은 수면 위에 운행하시니라

하나님이 이르시되 빛이 있으라 하시니 빛이 있었고

빛이 하나님이 보시기에 좋았더라

하나님이 빛과 어둠을 나누사 하나님이 빛을 낮이라 부르시고

어둠을 밤이라 부르시니라

저녁이 되고 아침이 되니 이는 첫째 날이니라

창세기 1장 1-5절

성경에서 첫 번째 문장은 창조에 관한 것이다. 이전에 존재하지 않던 뭔가가 존재하게 된 사건이 기록되어 있다. 하나님은 무無에서ex nihilo 천지를 창조하셨다. 그런 다음에는 어둠 속을 향해 "빛이 있으라"라고 말씀하셨다. 그 순간, 세상은 형태 없는 무의 상태에서 분명하게 볼 수 있는 곳으로 변했다. 이제 무엇이든 존재하는 모든 것은 시력이 있는 모든 피조물에게 보이게 되었다. 그것은 빛이 그 물체를 비추게 되었기 때문이다.

성경은 하나님이 세상을 창조하셨다고 기록하지만 정확히 어떤 과정으로 창조하셨는지는 알려 주지 않고 있다. 그냥 하나님이 말씀하시자 만물이 존재하게 되었다. 이 문장은 무수히 많은 구체적인 과정을 뒤덮은 우산처럼 모든 것을 망라하고 있다. 인간은 우주의 확장과 우주 속 물체의 움직임을 연구한다. 인간은 연구를 통해 몇 가지 구체적인 사실을 알아내고, 최대한 결론을 이끌어 내지만 이 땅에서 사는 인간 중 제아무리 최고의 지성들이 아무리 시간을 거슬러 올라가 우주를 들여다보아도 하나님이 우주를 지으신 과정은 여전히 신비에 가려져 있을 수밖에 없다.

이사야는 세상에 관해서 하나님이 "혼돈하게 창조하지 아니하시고 사람이 거주하게 그것을 지으셨으니"라고 말한다.[1] 세상에 거주하는 하나님의 창조물 중 최고봉은 그분의 형상을 따라 그분을 닮게 지음받은 우리 인간들이다.[2] 인간은 그분의 다른 모든 창조물과 차별화되는 방식으로 하나님을 나타낸다. 그리고 우리는 단순히 도덕적 행동만이 아니라 창조적인 작업을 통해서도 하나님을 보여 주어야 한다. 인간은 창조하도록 창조되었다. 인류가 이전에 존재하지 않았던 것을 존재하게 하는 창조의 작업을 할 때 창조주 하나님의 속성을 보여 주는 것이다.

하나님은 세상을 창조하실 때 무에서 창조하셨다. 인간은 비록 그런 능력까지는 없지만 우리도 창조 세계의 바닥에 흩어져 있는 것들로 뭔가를 만들도록 창조되었다. 그래서 인간은 창조를 한다. 단, 그 일을 혼자서 하지 않는다.

빚에 시달리던 예술품 판매상

요하네스 베르메르(페르메이르)는 마흔셋의 나이에 급작스럽게 세상을 떠났다. 그는 언제나 자신의 직업을 '화가'로 내세웠지만 사실상 예술품 판매상으로 먹고살았다. 자신의 작품도 판매했지만, 수입의 대부분은 다른 예술가의 작품 판매에서 비롯했다. 그는 재고를 보유하기 위해서 먼저 그 작품들을 외상으로 사 와야 했다. 나중에 그것을 팔면 외상값을 갚았다. 그의 생계는 그가 구입한 그림이나 직접 그린 그림을 판매하는 능력에 달려 있었다.

베르메르가 세상을 떠나기 3년 전인 1672년, 네덜란드는 잉글랜드와 프랑스의 공격을 받았다. 베르메르는 델프트 시민군에 들어가 인생의 마지막 나날을 전장에서 보냈다. 그로 인해 그림을 그릴 수도, 판매할 수도 없었다. 외상으로 사 놓은 예술품들은 방치됐고, 재고를 판매할 수 없자 빚이 갚을 수 없는 수준까지 늘었다. 그의 사후 열한 자녀 중 출가하지 않은 열 자녀를 홀로 맡게 된 아내 카타리나는 남편이 가족 부양의 스트레스로 죽었다고 생각했다.[3] 카타리나는 빚쟁이들에게 호소하는 탄원서에 남편의 죽음에 관해서 썼다.

> 프랑스와의 참혹한 전쟁 중에 그는 자신의 작품을 전혀 팔 수 없었습니다. 특히 그가 거래하는 다른 대가들의 그림도 그냥 방치되어 있었습니다. 자식을 부양할 수단이 없다 보니 그는 점점 무기력해져 갔습니다. 그 부담감이 얼마나 심했던지 건강하던 그가 마치 미친 사람처럼 되어 하루 반나절 만에 죽어 버렸습니다.[4]

카타리나는 가족의 재정에 관여해 본 적이 없었고, 베르메르의 재산 구조는 복잡했다. 빚은 많고 소유는 적었던 그가 세상을 떠나자 카타리나는 채권추심원들이 와서 남은 재산을 매각하기 전에 재산을 빼돌리고자 했다. 친정어머니 마리아 틴스의 도움으로 그녀는 가족 재산 목록을 만들어 모든 물품의 소유권을 할당했다. 나중에 공증인이 집 안을 돌며 팔 수 있는 물건을 확인할 때 재산의 절반은 카타리나의 단독 소유로 분류되었고, 나머지 절반은 친정어머니와의 공동 소유로 분류되었다. 이 물품들은 경매에 붙일 수 없었다. 재산 목록에 포함되지 않은 다른 소유물은 마리아 단독 소유로 양도되었고, 나머지는 매각되어 채권자들에게 넘어가지 않도록 숨긴 것으로 추정된다.

카타리나가 자신의 재산으로 분류한 물품이라고 해 봐야 낡은 옷과 가구, 낡은 주방 기구, 30권쯤 되는 책 같은 것들이었다. 그녀는 돈이 좀 되지만 큰돈은 되지 않는 다른 화가들의 그림 일부도 자신의 명의로 돌렸다. 또한 죽은 남편의 미술용품들도 자신의 재산으로 기입했다. "이젤 하나, 팔레트 세 개, 상아 손잡이가 달린 팔받침 하나, 나무 패널 여섯 개, 캔버스 열 개……."[5]

카타리나의 재산 목록은 흥미롭다. 남편의 그림에는 값진 물품이 많이 등장한다. 이를테면, 금박 물주전자, 장식된 커튼과 양탄자, 악기, 지도 같은 것들. 하지만 베르메르의 작품에 등장하는 값진 물품들이 카타리나 목록에는 전혀 보이지 않았다. 베르메르가 작업실에서 사용했던 도구 목록은 그만한 수준의 화가가 사용하기에는 너무 기본적인 수준이었다. 베르메르가 생활비를 감당하기 위해 값이 나가는 도구들을 팔았을지도 모르지만 그런 기록은 없다. 40대 초반의 화가로서 먹고살 도구를 판다는 것은 상상하기 어려울 것이다.

베르메르의 재산을 분류하는 것은 복잡한 일이었다. 하지만 카타리나는 돈이 필요했다. 빚을 최대한 빠르고도 합법적으로 처리할 방법을 찾아야 했다. 그녀는 남편의 죽음을 묘사했던 그 탄원서에서 자신의 빚을 탕감해 달라고 법원에 요청했다.

앞서 말했듯이 남편이 프랑스 왕과의 최근 전쟁 기간 동안 수입

이 거의 없고 그가 매입한 예술품을 자녀를 먹여 살리기 위해 큰 손해를 보고 팔아야 했고, 그가 빚더미에 앉았기 때문에 …… 열한 자녀의 부양을 짊어진 탄원인은 모든 빚을 갚을 수 없습니다.[6]

법원은 자비를 베풀어 카타리나에게 파산을 선고했고, 베르메르의 재산을 다룰 유언 집행자를 지명했다. 그는 바로 델프트 출신의 렌즈 제작자 안토니 판 레이우엔훅이었다. 그는 남은 재산 중 얼마를 팔아 얼마 정도의 금액을 채권자들에게 갚을지 결정해야 했다. 그의 역할은 베르메르 가문을 대표하고 카타리나 가족과 마을 주민들을 화해시키며 베르메르의 빚을 탕감시키는 것이었다.

베르메르와의 첫 만남

나는 다른 화가에게 관심을 쏟다가 요하네스 베르메르의 작품을 발견했다. 흔히 사람들은 이런 방식으로 잘 몰랐던 예술가를 발견하곤 한다. 10대 시절 나는 렘브란트의 작품에 매료되어 있었다. 미술 선생님은 수업 시간에 〈갈릴리 바다의 폭풍〉을 보여 주었다. 나는 그 그림을 보는 즉시 빠져들었다. 내 안의 뭔가가 꿈틀거렸고, 그때부터 렘브란트에게 관심을 가졌다.

나중에 〈갈릴리 바다의 폭풍〉이 1990년 보스턴의 미술품 도난 사건 당시 사라졌다는 사실을 알게 되었다. 나는 그 도난 사건에 관한 기사와 책은 죄다 찾아서 읽었다. 그 결과, 그날 밤 도난당한 열세 점의 작품 중 하나가 금액 면에서 총 손실의 약 절반을 차지한다는 사실을 알게 되었다. 그 그림은 요하네스 베르메르의 〈콘서트〉였다. 그림의 가치가 무려 2억 달러가 넘는 것으로 알려졌다.

그런 사실을 알기 전까지는 베르메르라는 이름의 예술가는 들어 보지도 못했다. 하지만 세상에 한 점에 2억 달러나 하는 작품이 있다는 사실에 나는 당장 조사를 시작했다. 내가 베르메르를 몰랐던 이유 중 하나가 그에 관해 알려진 사실이 별로 없었기 때문이다. 그의 삶에 관한 공식적인 기록이 많지 않았다. 베르메르의 작품으로 검증된 그림은 34점 뿐이고, 그의 작품으로 추정되는 그림은 총 45점이다. 그가 누구에게서 그림을 배웠는지도 알려져 있지 않다. 생전에 그가 작품 활동을 할 당시에는 사실상 무명인이었다. 17세기와 18세기에 그의 작품이 일부 사람들에게 찬사를 받았지만, 그가 미술계에서 주목을 받게 된 것은 그의 사후 200년이 지난 19세기, 인상주의가 부상하게 되면서였다.[7]

나는 중고 서점에서 노르베르트 슈나이더의 얇은 책인 《얀 베르메르Vermeer: The Complet Paintings》를 사서 그의 삶과 작품에 관해서 간단히 살펴보았다. 이 책을 훑어보는 데는 30분 정도밖에 걸리지 않았지만, 다른 화가들을 새로 발견할 때와는 전혀 색다른 경험을 했다. 그의 작품이 다른 화가들 작품보다 더 낫거나 더 감동적인 것은 아니었다. 하지만 뭐라고 콕 짚어서 말할 수는 없었지만 뭔가 이상했다. 직감적으로 알았다.

1657년에서 1670년까지 그가 그린 작품들을 보라. 혹시 당신
도 뭔가 특별한 점을 느낄지 모른다.

〈열린 창가에서 편지를 읽는 소녀 Girl Reading a Letter at an Open Window〉

1657년경, 캔버스에 유채, 83 × 64.5 cm
알테 마이스터 회화관 Gemaldegalerie Alte Meister, 드레스덴

〈연주를 중단한 소녀
Girl Interrupted at Her Music〉

1660-1661년, 캔버스에 유채
39.4 × 44.5 cm
프릭 컬렉션 Frick Collection, 뉴욕

〈류트를 연주하는 여인
Woman with a Lute〉

1663-1664년경, 캔버스에 유채
51.4 × 45.7 cm
메트로폴리탄 미술관
Metropolitan Museum of Arts, 뉴욕

〈음악 수업 The Music Lesson〉

1662-1665년경, 캔버스에 유채, 73.3 × 64.5 cm
로열 컬렉션 Royal Collection, 버킹엄궁

〈콘서트 The Concert〉

1665-1666년경, 캔버스에 유채, 72.5 × 64.7 cm
도난당함

〈회화의 기술, 알레고리 The Allegory of Painting〉

1666-1667년경, 캔버스에 유채, 100 × 120 cm
미술사 박물관 Kunsthistorisches Museum, 빈

〈천문학자 The Astronomer〉

1668년경, 캔버스에 유채, 50.8 × 46.3 cm
루브르 박물관 The Louvre, 파리

〈지리학자 The Geographer〉

1668-1669년경, 캔버스에 유채, 53 × 46.6 cm
슈테델 미술관 Städelsches Kunstinstitut, 프랑크푸르트

베르메르의 작품을 관심 있게 보다가 그의 그림에서 뭔가 이상한 점을 느낀 사람이 나만이 아니라는 사실을 발견할 수 있었다. 많은 사람이 이 화가로 인해 혼란스러워했다. 그의 전기 작가 중 한 명은 그의 신비로움을 인정하면서 그를 "델프트의 스핑크스"라 불렀다.[8]

말콤 글래드웰은 저서 《블링크*Blink*》에서 산더미처럼 쌓인 데이터가 다른 방향을 가리킬 때도 우리의 본능이 진실을 말해 줄 때가 많다는 점을 지적한다.[9] 그 예로 그는 1983년 BC 6세기의 조각상을 들고 게티 미술관Getty Museum을 찾아온 한 예술품 거래상에 관한 이야기를 전해 준다. 조각상은 대리석이며 기법, 소재, 크기, 푸른 녹, 출처까지 모든 것이 완벽했다. 미술관은 이 작품을 14개월간 조사한 끝에 매입하기로 결정했다.

미술관은 매입 의사를 전달한 뒤 실제로 매입 전에 뉴욕 메트로폴리탄 미술관 관장을 지낸 토머스 호빙에게 마지막으로 한 번 더 확인을 부탁했다. 호빙이 그 작품을 보자마자 그의 머릿속에서는 "갓 만들어진fresh"이란 단어가 떠올랐다. 그는 게티 미술관 큐레이터에게 물었다. "대금을 지급했습니까? 그랬다면 환불을 받으십시오. 대금을 지불하지 않았다면 하지 마십시오."[10] 그는 작품을 보자마자 진짜가 아니라는 것을 알아차렸다. 이유는 설명할 수 없었다. 그냥 느낌으로 알 수 있었다. 알고 보니 그의 판단이 옳았다. 걱정이 된 게티 미술관 측은 아테네에서 이 조각상에 관해 논하기 위한 특별 토론회를 열었다. 그 토론회에 참석했던 아테네의 한 박물관 관장이었던 앙겔로스 델리보리아스는 그 조각상을 처음 보았을 때 "직관적인 반감"을 느꼈다고 말했다.[11] 그 반감은 진짜 반감이라 기보다는 뭔가 이상하다는 본능적인 느낌이었다.

나는 베르메르의 작품 목록을 처음 보았을 때 이런 직관적인 반감을 느꼈다. 그 작품이 싫었거나 가짜라고 생각했던 것은 아니다. 그와는 반대로, 베르메르가 놀랍다는 생각이 들었다. 그의 작품을 찾아서 보길 잘했다는 생각이 들었다. 그 느낌은 저명한 화가들이 작품을 만드는 방식에 관한 나의 선입관이 베르메르에게는 적용되지 않았기 때문에 생긴 것이었다. 내가 아는 저명한 화가들은 눈에 보이는 것을 손으로 정확히 그려 내는 능력에서 보통 화가들과 달랐다. 내가 볼 때 대가들은 직접 관찰을 통해서만 완벽한 구도를 만들어 냈다. 하지만 베르메르의 작품은 인간으로서는 불가능한 구도를 그려 냈다. 그 시대의 다른 화가들이 그린 것과는 전혀 달랐다. 어떻게 인간이 이젤 앞에 서서 저런 그림을 붓으로 그릴 수 있는지 이해할 수 없었다.

위대한 미술 작품이 탄생하는 과정에 관한 나의 지식이 완벽하지 못하다면? 내가 내린 가정이 불충분하다면? 내가 알지 못하는 또 다른 미술 기법이 있다면? 베르메르는 동시대인이 보지 못한 뭔가를 볼 수 있었다면?

불가사의한 화풍

현존하는 요하네스 베르메르의 작품 34점은 1655년에서 1675년까지 약 20년 사이에 그려졌다. 처음 몇 년 동안은 실내 풍경과 야외 풍경이 함께 나타났다. 주제는 성경과 신화에서 사교 모임과 도시 경관까지 다양했다. 하지만 1650년대 말, 그의 작품은 실내 풍경으로 완전히 넘어갔다. 그리고 이후에 그는 거의 당대 풍경만을 그렸다. 그의 작품에는 주로 식사를 준비하고 음악을 연주하고 편지를 읽는 여성들이 등장했다.

당시에는 화가가 정해진 실내 화실에서 작업을 하는 경우가 드물지 않았다. 베르메르는 인상주의 화가들이 존 고프 랜드의 혁명적인 발명품인 물감 튜브를 야외로 갖고 나가서 사용하던 1800년대 '플레네르 plein air'〔19세기 중엽 프랑스에서 일어난 옥외의 자연 광선과 대기를 중시하는 화풍 - 편집자〕 시대 이전에 활동했다. 물감 튜브가 발명되기 전, 베르메르 작품을 비롯한 대부분의 미술 작품은 미술 도구

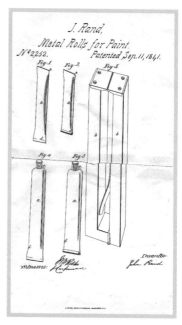

특허청에 제출된 존 고프 랜드의 물감 튜브 스케치

가 손 닿는 곳에 설치된 화가의 작업실에서 만들어졌다. 당시 화가들은 아마인유, 니스, 안료로 자신만의 물감을 만들어야 했다. 색상은 화가가 스스로 혼합하거나 근처에서 살 수 있는 것으로 제한되어 있었다.

물감 튜브의 발명으로 미술계가 새로운 세상을 맞았다. 세상 모든 미술관에서 이 변화를 확인할 수 있다. 1800년대 중반, 야외에서 벌어진 사건을 실내에서 어둡게 그리던 것이 태양 아래서 이글거리는 들판을 형형색색 그리는 것으로 바뀌었다. 새로운 도구로 그림 그리는 방식을 바꾼 덕분이었다. 금속 튜브에 담긴 물감을 일관성 있게 제작해서 휴대할 수 있게 된 덕분에 이전 세대에는 어려웠던 것이 쉬워졌다. 즉 내리쬐는 햇빛 아래 들판에 서서 그림 그리는 것이 가능해졌다.

베르메르를 알려면 기술 발전이 예술에 어떠한 영향을 끼쳤는지 이해해야 한다. 이전에는 고정되었던 것이 휴대용이 된다. 한때 비쌌던 것이 저렴해진다. 아날로그 세상에서는 로딩하기 위해 몇 시간이 걸렸던 것이 디지털 시대에서는 몇 초 안에 처리된다. 모든 세대의 미술가들은 이전 세대의 기술적 진보를 차용한다. 그리고 모든 세대는 이전 세대에서 받은 기술을 더욱 진보시킨다. 이것은 마치 간접광borrowed light(빌린 빛)과도 같다. 이 빛은 창문 따위를 거쳐 한 방에서 어두운 방으로 스며드는 것이다. 렘브란트는 카라바조를 연구한 덕분에 자신의 작품을 창출할 수 있었다. 반 고흐는 렘브란트를 연구했다. 그리고 지난 100년 동안 두각을 나타낸 거의 모든 미술가가 이 세 사람을 연구했다.

우리는 현재 우리가 작업하는 곳을 비추기 위해 다른 사람의 빛을 빌린다. 그리고 우리의 작품은 다른 사람이 걷게 될 길을 비춘다. 이것은 화가들에게만 적용되지 않는다. 분야를 막론한 모든 곳에서 빛을 빌리는 일이 이루어진다. 기타리스트는 기타 제작자에게서 빛을 빌린다. 요리사는 냄비 제작자에게서 빛을 빌린다. 건설사는 건축가에게서, 건축가는 측량사에게서 빛을 빌린다.

베르메르가 그토록 신비로운 이유 중 하나는 그가 받은 영감이나 교육에 관해서 알려진 것이 거의 없다는 점이다. 그 스스로 기록 하나 남기지 않았다. 따라서 그에 관해 알려진 사실 대부분은 다른 자료에서 비롯했다. 심지어 그의 예술적 여정도 불분명하다. 당시 화가들은 대가 밑에서 배우다가 나중에 자신의 화실을 차려 다시 젊은 제자들을 가르치는 것이 흔한 일이었다. 그런데 베르메르는 그렇게 했다는 기록조차 전혀 없다. 사실, 주어진 증거로 짐작해보면 그는 그렇게 하지 않았을 가능성이 높다. 마틴 베일리는 베르메르에 관해서 "작품량이 적고, 그의 제자라고 할 만큼 비슷한 스타일의 그림이 거의 발견되지 않았다는 사실은 그가 대체로 혼자 작업했다는 점을 시사한다"라고 말했다.[12]

베르메르 작품의 또 다른 특이점은 회화만 있고 스케치가 전혀 없다는 점이다. 화가들은 스케치를 그린 뒤에 색칠을 하면서 지우는 경우가 흔했다. 하지만 베르메르는 그런 스케치가 전혀 존재하지 않는다. 화가들이 캔버스에 전체 구도의 윤곽을 대충 그린 뒤에 그 윤곽을 토대로 작품을 완성하는 경우도 흔했지만 베르메르의 캔버스를 스캔해 보면 그런 흔적이 전혀 나타나지 않는다.[13] 로렌스 고잉은 이렇게 말했다. "고친 흔적이 없다. 윤곽이나 밑그림의 흔적도 없다. …… 다른 어떤 화가의 방식도 이토록 즉각적이고도 완벽한 객관성을 보여 주지 못한다."[14] 베르메르는 그 어떤 윤곽도 없이 캔버스에 붓을 바로 휘두른 것으로 보인다. 그렇다면 그의 작품에서 볼 수 있는 상세한 표현은 설명이 불가하다. 〈군인과 미소 짓는 여인Officer and Laughing Girl〉에서 벽에 걸린 지도, 〈음악 수업 The Music Lesson〉에서 섬세하게 묘사된 여인, 또 이 그림에서 보이는 오리엔탈 양탄자의 정교함을 보라.

베르메르를 전문적으로 연구하는 학자 로라 스나이더는 이렇게 말한다. "사진 이전 시대에 베르메르의 그림을 보는 경험은 영화를 처음 보는 경험과도 비슷했을 것이다. 1895년 관객들은 영화 속에서 다가오는 열차를 보고 도망쳤다고 했다. 놀랍고, 이상하며, 심지어 약간 충격적이기까지 했을 것이다."[15]

화가의 화풍과 능력이 시간에 따라 발전하는 것은 자연스럽다. 하지만 베르메르 인생 마지막 15년 정도에 그린 작품들실내 화실 작품은 그 이전 작품들에 비해 완전히 다른 화가가 그린 작품처럼 보인다. 예를 들어, 초기 작품인 1655년작 〈마르다와 마리아의 집에 있는 그리스도Christ in the House of Martha and Mary〉의 화법은 다소 밋밋한 반면, 겨우 3년 뒤에 그린 〈우유 따르는 여인The Milkmaid〉은 거의 사진과 같은 실제 수준을 보여 준다. 빛이 이슬 위의 햇빛처럼 영롱하게 반짝거린다. 〈마르다와 마리아의 집에 있는 그리스도〉를 그린 지 10년 뒤 그는 〈회화의 기술, 알레고리The Allegory of Painting〉를 그렸다. 고작 10년의 시차만 있는 이 두 그림을 나란히 놓고 보면 뭔가 크게 달라졌음을 알 수 있다.

베르메르는 변했다. 그의 생애 마지막 15년 동안 탄생한 그림들이 처음 내 관심을 사로잡았던 바로 그 작품들이다. 그 작품들은 세심하게 연출되어 있다. 물론 베르메르는 구도의 대가였다. 그런데 그 구도가 이상할 정도로 '똑같다.'

흑백의 타일 바닥은 최소한 열두 개 작품에서 두드러지게 나타난다. 그 방에서 독특한 패턴을 가진, 틀이 납으로 된 창문은 다른 세 작품에도 나타난다. 몇몇 작품에서 방은 델프트 특유의 타일로 둘러싸여 있고, 묵직한 나무 들보가 천장을 가로지르고 있다. 마틴 베일리는 베르메르 작품 속 가구들에도 주목한다.

> 사자 머리 꼭대기 장식을 가진 특유의 의자들, 식탁을 덮은 오리엔탈 깔개, 흰색의 포도주 주전자 도기 역시 낯이 익다. 심지어 인물들의 의상도 가문의 예복인 것처럼 보인다. 1676년 카타리나의 재산 목록에 포함된 "흰색 모피로 장식된 우아한 노란색 외투"는 최소한 여섯 점의 그림에서 나타난다.[16]

베르메르의 그림들은 같은 방과 가구를 표현할 뿐 아니라, 모두 같은 시점에서 그려졌다. 화가는 6시 방향, 창문과 광원은 9시

방향, 주제는 12시 방향이다.

베르메르 작품의 독특한 점은 그저 같은 방에서 그려진 것이 아니라 같은 방을 같은 시점에서 그렸다는 것이다. 그는 왜 수많은 선택사항 중에서 같은 방을 같은 위치에서 그리는 편을 고수했을까? 그리고 후기 작품들은 어떻게 스케치나 수정의 흔적이 없는데도 미술사에서 가장 탁월한 기법을 보여 주는 작품이 되었을까?

아마도 답은 다른 누군가에게 있을 것이다. 숨어 있는 인물. 그는 바로 베르메르 재산의 유언 집행자가 된 델프트 출신의 렌즈 제작자 안토니 판 레이우엔훅이다.

탁월한 렌즈 전문가, 레이우엔훅

안토니 판 레이우엔훅은 과학과 예술을 함께 공부한 진정한 르네상스 인간이었다. 레이우엔훅은 루이스 파스퇴르가 세상에 등장하기 무려 200년 전에 활동한 미생물학의 아버지로 불린다. 그는 렌즈와 거울을 제작하고 사용하며 빛을 통제하여 인간의 눈으로 미생물 세계를 관찰하는 분야의 전문가였다. 그는 정액부터 피, 침, 그 안에 사는 유기체의 해부적 구조까지 모든 것을 관찰했다.

또한 레이우엔훅은 많은 예술가들과 교류했으며, 자신의 과학적 발견을 그림으로 그려 줄 화가들을 고용했다. 그는 다른 과학자들이 자신의 렌즈를 통해 펼쳐진 세상을 보기 원했다. 그래서 화가

얀 베르콜리에
〈안토니 판 레이우엔훅 Antoni van Leeuwenhoek〉

1686년경, 캔버스에 유채, 56 × 47.5 cm
보어하브 박물관 Museum Boerhaave, 레이든

들을 자신의 실험실로 불러 현미경을 통해 보이는 것들을 그리게
했다. 그는 화가들을 통해 여러 초상화도 그렸다. 아마 베르메르의
〈천문학자The Astronomer〉와 〈지리학자The Geographer〉가 그의 초상화
가 아닌가 싶다. 둘 다 과학자를 묘사하고 있기 때문이다. 이 두 작
품은 남성 한 명을 주제로 삼은 베르메르의 유일한 작품이다. 나중

에 얀 베르콜리에가 그린 레이우엔훅의 초상화는 20년 전 베르메르가 그린 〈지리학자〉 속의 인물과 꽤 닮아 있다.

레이우엔훅은 주로 독학으로 학문을 익혔지만 과학계에서 꽤 존경받았다. 과학적 업적으로 런던 왕립학회의 초대를 받은 것만 봐도 알 수 있다. 그는 단안렌즈 현미경을 고안했는데, 이 현미경은 오목거울, 어두운 방에서 렌즈로 집중된 촛불 하나의 빛, 그리고 물을 통해 빛의 밝기와 배율을 높였다. 1685년 레이우엔훅을 방문했던 왕립학회 회원은 그의 망원경의 성능에 놀라워하며 이렇게 말했다. "극도로 선명하다. …… 모든 물체를 놀랍도록 분명하게 보여 준다."[17]

레이우엔훅은 사망 당시 총 247개의 현미경을 소장하고 있었다. 그중 많은 현미경은 그가 직접 제작했다. 앤서니 베일리는 이렇게 썼다. "레이우엔훅은 현미경을 통해서 물체를 보기 위해 먼저 스스로 현미경을 만들어야 했다. 재료를 구하고 유리 블로잉glass-blowing(녹인 유리 덩어리를 긴 대롱 끝에 대고 불어서 제품을 만드는 것-편집자)을 하고 연마하고 광택을 낸 다음, 은이나 놋 장치에 렌즈를 고정해야 했다. 그는 델프트 박람회에서 만난 유리 블로잉 전문가에게서 유리 블로잉을 배운 다음 집에서 연습했다."[18] 당시에는 과학자들이 연구에 사용할 도구들을 직접 제작해야 하는 경우가 많았다. 레이우엔훅은 현미경, 그것도 아주 고품질의 현미경을 제작했다.

그렇다면 레이우엔훅 같은 과학자가 어떻게 파산한 화가의 유언 집행자가 되었을까? 가장 그럴듯한 설명은 두 사람이 서로 알고 있었다는 것이다. 다른 대리인이 없는 사람의 재산을 처리하기 위해 유언 집행자를 지정하는 것이 법원의 관행이었지만 레이우엔훅은 평생 네 번밖에 유언 집행자 역할을 하지 않았다. 그중 세 번은 사망자나 그의 재산과 개인적인 관계가 있었다. 그가 유언 집행자 역할을 한 대상은 한 번은 형제의 아내였고, 다른 한 번은 그의 와인 공급업자였다. 세 번째 대상은 그가 베르메르와 함께 속했던 델프트 미술계를 통해 알게 된 한 가족이었다.[19] 그의 평생 델프트에서 수많은 사람이 죽었고, 그가 유언 집행을 맡았던 다른 세 사람은 다 그의 지인이었으니, 그가 낯선 사람의 유언 집행자가 될 가능성은 별로 없어 보인다. 그것도 파산한 사람의 유언 집행자 역할을 맡는다는 것은 생각하기 힘들다.

미루어 짐작하건대, 이 두 사람은 서로 알았을 가능성이 크다. 둘 다 1632년에 태어났고, 며칠 간격을 두고 같은 교회에서 세례를 받았다. 두 사람은 인생의 거의 대부분을 겨우 몇 블록 떨어진 곳에서 살았다. 앤서니 베일리는 이렇게 말했다. "델프트는 상대적으로 작은 도시였다. 베르메르가 이곳 도심에서 살면서 평소 산책을 하거나 용건을 보다가 아는 사람들을 한 번도 만나지 않는 것은 불가능했다. …… 그가 가끔씩 보았던 사람 중에 필시 안토니 판 레이우엔훅이 있었을 것이다. …… 레이우엔훅은 시장 서쪽 끝에서 멀지 않은 곳에 살았고 …… 시청에서 파트타임으로 일했다."[20]

레이우엔훅과 베르메르는 관심사도 같았다. 둘 다 과학, 그리고 과학적 발견이 예술 분야에 기여한 역할에 관심이 많았다. 그리고 둘 다 야심만만한 사업가였다. 베르메르는 기술과 과학의 진보에 매료된 거장 화가였고, 레이우엔훅은 미지의 세계의 경이와 아름다움에 매료된 과학자였다.[21] 이런 두 사람이 서로 한 번도 만나지 않았을 가능성은 낮다. 아마도 베르메르 작품의 불가사의한 특성 중 하나가 두 사람이 서로를 알았다는 가장 확실한 증거일 것이다.

베르메르의 카메라 옵스큐라

앤서니 베일리는 베르메르가 "동료 중 그 누구와도 다른 방식으로 사물을 보고 그렸다"라고 말한다.[22] 베르메르가 거의 모든 그림을 정확히 같은 시점에서 그렸다는 사실은 그의 작업장이 고정되어 있었고 새로운 작업을 할 때마다 약간의 조정만 이루어졌다는 점을 말해 준다. 이에 관한 가장 그럴듯한 설명은 그가 그림을 그릴 때 광학 도구를 사용했다는 것이다. 일종의 렌즈인 이 도구도 고정해서 미세 조정을 하는 도구였다. 실제로 베르메르에 관한 거의 모든 책은 그의 광학 도구 사용에 관한 내용을 최소한 조금이라도 다루고 있다. 심지어 이 내용에만 초점을 맞춘 책도 있다.[23]

화가들은 1600년대에 광학 도구를 사용하기 시작했다. 당시 이런 도구가 알려지기는 했지만 흔하지도 않았고 성능이 뛰어나지도 않았다. 하지만 베르메르 작품의 질과 정확도는 그의 장비가 차원이 달랐음을 보여 준다. 그가 사용한 장비는 렌즈, 거울, 빛의 대가가 만든 것이 분명했다. 그 대가는 미세한 부분에 관심을 갖는 인물이었을 것이다. 또한 베르메르의 방을 정확히 포착해 낼 만큼 강력하면서도 예술가의 작업에 방해가 되지 않을 만큼 작은 장비를 제작할 기술을 지녔을 것이다. 베르메르가 살던 세상에서 이런 인물이 누가 있었겠는가? 미생물학의 아버지이자 현미경 발명가가 불과 몇 블록 떨어진 곳에 살았다. 그는 바로 나중에 베르메르 재산의 유언 집행자가 된 안토니 판 레이우엔훅이었다.

베르메르가 그림을 그릴 때 렌즈를 사용했다면 그 렌즈를 어디에서 구했을까? 당시 렌즈는 급할 때 상점으로 달려가서 바로 살 수 있는 물건이 아니었다. 그는 렌즈 제작자 혹은 자신의 작업실에서 렌즈를 사용하던 사람을 통해 그것을 구했을 것이다. 그 사람은 다름 아닌 레이우엔훅이었다. 그리고 둘 다 혁신가였기 때문에 베르메르가 자신의 작업에 렌즈를 사용하는 것은 둘 모두에게 매우 특별한 결과를 얻기 위한 매우 특별한 실험이 되었을 것이다. 실제로 베르메르는 매우 특별한 결과물을 내놓았다.

당시 화가들이 사용했던 가장 흔한 광학 장비는 "카메라 옵스큐라camera obscura"(라틴어로 '어두운 방'이라는 뜻-편집자)라고 불렸다. 이 장비는 현대 카메라와 매우 비슷하게 작동했지만 차이점이 있었다. 이 장비는 렌즈로 들어오는 빛을 필름에 쏘는 것이 아니라 벽에 걸려 있는 화가의 캔버스에 쏘았다. 가장 기본적인 단안렌즈 카메라 옵스큐라는 뒤집힌 이미지를 만들어 냈다. 베르메르가 사용했을 장비는 더 복잡했을 것이다. 단안렌즈 장비는 약한 빛을 내보내고, 화가가 붓을 든 손으로 그림을 그릴 때 투영된 이미지를 방해해서 형체와 색깔의 정확도가 떨어지기 때문이다. 반면, 베르메르가 사용한 장비는 형체와 색깔을 정확히 옮길 수 있게 해 주었다.

2013년, 펜과 텔러는 〈팀의 베르메르Tim's Vermeer〉라는 뛰어난 다큐멘터리를 발표했다. 이 다큐멘터리는 팀 제니슨이라는 텍사스 출신 발명가의 이야기를 담고 있다. 팀 제니슨은 베르메르가 사용했던 광학 장비를 재현할 뿐 아니라 그 장비를 사용하여 베르메르의 〈음악 수업〉을 모사하기로 했다. 그는 베르메르가 카메라가 발명되기 150년 전 사진에 버금가는 사실적인 그림을 그린 방법을 알아낼 수 있다면 같은 방법으로 그의 그림을 그릴 수 있다고 판단했다. 함정은 그가 전에 그림을 그려 본 적이 없다는 것이었다.

적절한 방법을 알아내기 위해 몇 년간 애를 쓴 끝에 그는 마침내 렌즈와 캔버스 사이에 45도로 고정된 작은 거울을 사용한 장치를 개발했다. 이 다큐멘터리에 관한 한 기사는 이 방법을 다음과 같이 설명했다.

> 작은 거울을 캔버스 위에 45도로 고정시키면 원 이미지 부분과 캔버스를 동시에 보고, 원 이미지의 반사된 이미지와 캔버스로 옮긴 것을 계속해서 비교하면서 색깔을 정확히 맞출 수 있다. 자신의 시점을 약간만 이동하면 이 부분에서 저 부분으로 이동할 수 있다. 거울의 가장자리가 '사라지면'거울 속 색과 캔버스 색이 성공적으로 맞았다는 신호 정확히 맞은 것이다.[24]

베르메르의 광학 장비를 알아낸 뒤 제니슨은 〈음악 수업〉 속 방을 재구성하는 데 거의 1년을 꼬박 사용했다. 모든 가구를 손으로 제작하고, 타일을 깔고, 가구와 마네킹을 배치하고, 직접 물감을 만들고, 작업실을 제작하고, 캔버스와 렌즈를 배치했다. 그런 다음 이후 7개월 동안, 거울을 통해 본 것을 캔버스로 정확히 옮기기 위해 뼈를 깎는 노력을 했다.

팀 제니슨의 그림에는 원본만 한 울림과 깊이가 없지만 그의 접근법은 정확한 것으로 보인다. 아서 윌록은 이렇게 말한다. "렌즈는 그림에 어떤 물리적 흔적도 남기지 않는다. 어떤 왜곡이 나타나거나 맨눈에 보이지 않는 광학적 효과가 있을 때만 화가가 보조 도구로 광학 장비를 사용했다고 추론할 수 있다."[25] 팀 제니슨이 발견한 것 같은 장비는 베르메르가 어떻게 스케치나 습작, 수정 없이 그런 그림을 그릴 수 있었는지를 설명해 준다. 베르메르의 렌즈는 물리적 흔적을 남기지 않았지만 온갖 종류의 단서를 남겼다.

렌즈를 사용하면 그림에서 특정한 부분들의 초점이 더 뚜렷해진다. 예를 들어, 〈우유 따르는 여인〉에서처럼 전경과 배경에 뚜렷한 차이가 생긴다. 또한 렌즈는 빛을 인식하는 데 영향을 미친다. 그로 인해 맨눈에는 보이지 않는 물체의 밝은 부분이 나타난다. 〈우유 따르는 여인〉에서 빵의 거친 표면에 나타나는 빛의 얼룩들이 그런 경우다.[26] 렌즈는 어두운 물체 주변으로 유령처럼 불투명한 색의 흔적을 남기는 후광 효과도 만들어 낸다. 〈우유 따르는 여인〉에서 옷의 뒤쪽 가장자리를 타고 내려오는 흐린 청색 라인이 그런 경우다. 베르메르가 맨눈에는 보이지 않았을 이 희미한 라인을 그린 이유는 그가 렌즈를 통해 그것을 보았기 때문이다.

베르메르는 과학을 통해 비전을 이룬 화가였다. 그가 렌즈를 사용한 것은 꼼수가 아니라 혁신이었다. 그 혁신은 그의 작품에 신비로운 특성을 부여했다. 덕분에 그의 그림을 보는 이들은 뭐라고 딱 꼬집어 말할 수는 없지만 뭔가 잘못되었다는 일종의 좋은 '직관적인 반감'을 얻게 된다.

그림은 예술만이 아니라 과학이기도 하다. 그림은 아름다움이나 감정, 색깔의 성취만이 아니라 수학과 기하학, 광학의 성취다. 그림을 그리려면 하나의 소실점으로 이어지는 선원근법을 이해해야 한다. 먼저 그것을 배우고 나서 연습을 통해 터득해야 한다. 화가는 기하학을 이해해야 한다. 그래야 극적인 전환을 연출하기 위해 하나의 풍경을 어디서부터 아주 서서히 마무리할지 판단할 수 있다. 화가는 광학의 법칙에 따라 빛과 그림자를 이용하여, 보는 이들의 눈이 특정한 순서에 따라 그림을 보게 만들 줄 알아야 한다.

베르메르가 광학 장비로 무엇을 그리기로 선택했는지를 생각하면 그의 마음에 관해서 많은 것을 알 수 있다. 그는 무엇을 말하고자 했을까? 그는 무엇에 관심을 가졌을까? 그는 손가락 끝으로 세상을 움직였다. 〈군인과 미소 짓는 여인〉에서 벽에 걸린 지도를 보면 알 수 있듯이, 세상 모든 것, 심지어 당시 화가들은 보지 못한 것들까지 사진에 버금갈 만큼 사실적으로 그려 내는 그의 능력은 거의 한계가 없어 보인다. 그래서 그는 무엇을 그리기로 선택했는가? 그의 예술적 비전의 대상은 무엇이었는가?

그는 세상에서 가장 고귀한 것들을 선택했다. 바로, 방에서 평범하게 일하는 사람들. 그 결과는? 경이감이다.

아서 월록은 이렇게 말한다. "그의 그림에서 두드러지는 광휘, 분명한 사실주의, 평범한 사람들과 상황에 부여된 존엄성은 사람들의 심금을 울렸다."[27] 1800년대의 프랑스 미술 평론가인 테오필 토레-뷔르제르는 베르메르와 연결되려는 마음에 많은 여행을 하고 많은 돈을 투자했다고 말했다. "판 데어 메르〔베르메르〕의 그림을 보기 위해서 안 가 본 곳이 없다. 판 데어 메르의 사진을 얻기 위해 바보처럼 행동했다."[28]

우리는 혼자 일하지 않는다

빈센트 반 고흐는 동생 테오에게 보낸 편지에서 이렇게 썼다. "모든 것에 많은 빛이 내린다."[29]

보는 것은 생리적인 능력만큼이나 기술의 문제다. 보는 데는 기술이 필요하다. 처음 망원경이나 현미경을 통해 뭔가를 보면 분명하게 보이지 않는다. 렌즈 속에서 속눈썹이 펄럭여서 방해를 한다. 초점을 찾기 위해서도 시행착오를 거쳐야 한다. 지극히 작은 움직임만으로도 조사하던 물체가 시야에서 사라진다. 광학 장비를 통해 보려면 이외에도 많은 난관이 나타난다. 이런 난관을 극복하고 나면 렌즈를 통해 보이는 것을 이해하는 법을 배워야 한다. 또 다른 거대한 산이 나타나는 셈이다.

맨눈도 마찬가지다. 그냥 보아서는 안 된다. 보는 법을 배워야 한다.

보는 법을 배운다는 개념은 과학과 예술 모두의 핵심 원칙이 되었다. 이 개념은 1700년대 과학 혁명 당시 유행했다. 하지만 그 개념은 전혀 새로운 것이 아니었다. 그보다 200년 전에 쓰인 "완전한 정신을 기르기 위한 원칙"에서 레오나르도 다빈치는 이렇게 말했다. "예술의 과학을 연구하라. 과학의 기술을 연구하라. 감각을 기르라. 특히, 보는 법을 배우라. 모든 것이 서로 연결되어 있음을 깨달으라."[30]

로라 스나이더에 따르면 보는 법을 배우는 것 이면의 기본 개념은 "자연에는 맨눈에 보이는 것 이상이 존재하며, 렌즈 같은 광학 장비들이 자연의 숨겨진 부분을 볼 수 있도록 도와준다"는 것이다.[31] 과학자들은 우리의 인식이 과거의 텍스트, 논리적인 추론, 시각적인 경험에만 의존하면 보아야 할 많은 것을 놓칠 수밖에 없고, 그래서 알아야 할 많은 것을 놓칠 수밖에 없다고 판단했다.

베르메르가 광학 장비를 이용한 것은 사람들을 속인 것이 아니었다. 제대로 보는 법을 배운 것이었다. 스나이더의 글을 더 보자.

베르메르는 카메라 옵스큐라를 통해 세상을 봄으로써 빛이 세상을 보는 우리의 시각에 미치는 영향에 대한 전문가가 되었다. 그는 보통 사람과 다른 방식으로 세상을 보았다. 그는 맨눈에는 보이지 않는 것들을 놀라울 정도로 새로운 방식으로 밝혀 주었다. 현미경과 마찬가지로 카메라 옵스큐라는 16세기 사용자들에게 오감으로는 접근할 수 없는 자연세계에 관한 진실들을 밝혀 주었다. …… 베르메르의 성숙한 스타일을 보여 주는 걸작들은 광학적 조사의 결과였다.[32]

베르메르는 맨눈에 보이는 광경을 그렸지만 눈에 보이지 않는 빛의 움직임을 보면서 그렸다. 그래서 결과적으로 그는 물체를 비춘 빛을 그린 것이었다. 그 빛이 그의 그림의 생명이었다. 그는 렌즈를 통해 본 것을 그릴 때 손이나 화분, 비올라를 그린 것이 아니라 그 물체 위에 나타나는 빛과 색의 형태를 그린 것이었다.

필립 스테드먼은 이렇게 말했다. "카메라 옵스큐라의 이미지로 모사하거나 작업하는 것은 사진을 찍는 것과 전혀 다르다. 그 과정은 즉각적이지 않고 시간이 걸린다."[33] 카메라는 프레임 안에 있는 모든 것을 1초 만에 정확히 보이는 그대로만 잡아내는 반면, 베르메르는 "대상들에 무관심하지 않고 안전한 거리에서 그것들을 관찰한다. 그는 자신과 모델의자, 묵직한 깔개가 덮인 테이블, 무거운 태피스트리 사이에 장벽을 둔다. 그리고도 더 뒤로 물러난다. 그의 방의 가림막 뒤 어둠 속으로 들어가 렌즈를 통해 엿보는 사람이 된다."[34] 로렌스 고잉은 이것이 "근접감이 아닌 거리감"을 일으킨다고 설명한다.[35]

이 거리감은 그의 작품에 친밀감을 일으킨다. 그의 대상들은 아무도 보지 않는 것처럼 행동한다. 그 결과, 그가 최종적으로 그린 그림 속에서는 친밀함이 나타난다. 하지만 사실 그는 멀리 있지 않았다. 그는 자신의 작품과 깊이 연결되어 있었고, 그렇게 해야만 했다. 그의 구도는 끊임없는 조정과 상호작용의 결과물이다. 그는 모델에서 가구까지 모든 것의 배치를 철저히 설계했다. 그는 사진을 그냥 베낀 것이 아니라 살아 있는 방과 소통했다.

베르메르는 렌즈 제작자의 도움으로 사람들이 행동하는 순간을 포착해 냈다. 역사상 가장 유명한 화가 중 한 명이 방에 갇힌 채 작업에만 몰두했다. 그 방에서 그는 다음과 같은 단순한 대상들의 작은 집합을 통해 우리에게 세상 전체를 보여 주었다. "몇몇 친구와 가족들, 그들의 가장 좋은 옷들, 가족들의 소중한 그림과 소중히 여기는 가구들."³⁶ 그리고 그는 이 모든 것을 렌즈의 간접광을 통해서 그려 냈다.

필립 스테드먼에 따르면 베르메르는 "몇몇 그림에서 이런 단순한 요소들을 배치했다. 그것은 자신이 정말 관심을 가지는 주제, 즉 일상적인 집안일, 여성을 향한 남성의 사랑과 딸을 향한 아버지의 사랑, 음악이 주는 위로, 과학과 학문의 세계, 자신의 직업과 야망에 관해서 하고 싶은 말을 하기 위해서였다. 그는 방 안에 있는 또 하나의 방에서 즉 카메라camera[라틴어로 '방'이라는 뜻-편집자] 속에 있는 카메라로 이 요소들을 포착해 냈다."³⁷

§

인간은 뭔가를 만들어 내도록 창조되었다. 그래서 끊임없이 뭔가를 만든다. 그런데 인간은 결코 혼자 작업하지 않는다.

요하네스 베르메르를 보라. 그는 안토니 판 레이우엔훅의 렌즈를 사용했을 가능성이 높다. 하지만 그가 캔버스에 붓을 대기 전에 어떤 일이 일어나야 했을까? 누군가가 그 캔버스를 늘려서 프레임에 장착해야 했다. 그리고 누군가가 캔버스와 프레임을 둘 다 제작해야 했다. 캔버스를 프레임에 고정시키는 못과 그 못을 박는 망치도 누군가가 제작해야 했다. 캔버스를 놓은 이젤, 그리고 그 이젤을 위한 목재도 누군가가 제작해야 했다. 그 목재가 생산된 목재소 안의 건조대, 톱날, 앞치마, 빗자루도 누군가가 제작해야 했다. 붓을 생각해 보라. 사포로 둥그렇게 매끈해진 자루, 곱게 손질된 털들을 잡아 주는 얇은 금속 밴드, 잔에 거꾸로 담겨 있는 깨끗한 붓도 누군가가 제작해야 했다. 그가 안료와 아마인유를 갈아 물감을 만들기 위해 사용했던 공이도 누군가가 제작해야 했다.

베르메르가 자리에 앉아 작업을 하는 데 필요한 수많은 것들을 누군가가 설계하고 제작했다. 심지어 의자와 그것을 놓은 바닥도 다른 사람이 만든 것이다. 이를 위해 수많은 사람이 기술을 발휘했다. 목수, 직공, 도공, 대장장이, 붓 제작자, 설계자, 심지어 렌즈 제작자까지. 베르메르의 작품을 볼 때 우리는 그만의 작품이 아니라 수많은 사람의 작품을 보고 있는 것이다. 정도의 차이는 있겠지만 우리가 만드는 모든 것은 다른 사람의 도움에 기대어 있다. 우리 모두는 빌린 빛에 의존한다. 심지어 눈이 먼 작곡가도 어둠 속에서 혼자서는 만들 수 없는 피아노 앞에 앉아 있다.

무에서 뭔가를 만드실 수 있는 존재는 오직 한 분, 곧 하나님 뿐이시다. 우리는 다 하위 창조자들이다. 우리는 피조세계의 땅속 이나 쓰레기 더미에서 발견되는 것들을 새롭게 탄생시키는 자들이다. 그런 의미에서 인류는 '발견된 오브제found object' 조각가들이다. 심지어 우리의 작업장을 비추는 빛도 빌린 것이다. 이것이 무슨 의미일까?

우리는 빛을 볼 수 없지만 빛을 통해 다른 모든 것을 볼 수 있다.[38] 빛이 없으면 생명도 없다. 빛이 없으면 질서도 없다. 빛이 없으면 협동하지 못하고, 들판에 씨뿌리기도, 작물을 수확하는 일도 할 수 없다.[39] 하나님의 창조 질서 안에서 그 첫째 날 이후에 모든 것은 밤과 낮의 리듬 속에서 이루어졌다.

우리는 빛 가운데서 일한다. 그리고 동일한 빛을 통해 다른 사람이 우리가 만든 작품을 본다. 그리고 그 모든 빛은 하나님께 빌린 것이다.

Jean Frédéric Bazille

장 프레데릭 바지유
〈바지유의 화실; 콩다민 거리 9번지 Bazille's Studio; 9 Rue de la Condamine〉

1870년, 캔버스에 유채, 98 × 129 cm
오르세 미술관 Musée d'Orsay, 파리

6

장 프레데릭 바지유와 인상파, 더불어 살아나는 공동체

◇◇◇◇◇◇◇◇◇◇◇◇◇◇◇◇◇◇◇◇◇◇◇◇◇◇◇◇◇◇◇◇◇

연대의 소중함

＊

올바른 공동체는 장소, 자원, 경제를 공유하는 집단이다.

이 공동체는 구성원들의 실질적인 필요만이 아니라

사회적·영적 필요, 특히 서로에 대한 필요를 채워 준다.

웬델 베리

때는 1862년, 프랑스 파리. 어느 정원 화실에서 이젤 위 캔버스에 조용히 그림을 그리고 있는 한 노인이 있다. 그리고 담벼락을 기어 올라가 그 노인을 몰래 엿보고 있는 갓 10대를 벗어난 세 젊은 이가 있다.[1]

60대의 그 노인은 프랑스 낭만주의 화가 외젠 들라크루아였다. 들라크루아는 그 세대의 여느 화가들처럼 미켈란젤로, 다빈치, 렘브란트, 그 외 르네상스 거장들의 고전 작품의 영향을 받으며 자란 사람이었다. 하지만 그는 위대한 페테르 파울 루벤스의 작품에 특히 끌렸다. 루벤스는 동료 화가들의 억제되고 조심스럽게 배열된 구도 대신 움직임, 표정, 색으로 가득한 풍경을 선택했다. 들라크루아는 평생 여러 곳을 여행하면서 그리스·로마의 고전적 구도를 넘어 북아프리카 문화의 이국적 표현들을 받아들였다. 그는 셰익스피어, 월터 스콧경, 괴테의 작품들을 연구하고 그림으로 옮겼다. 예술, 관심사, 경험이 풍부한 덕분에 그의 작품은 살아 있는 전설이요 과거와 현재를 잇는 다리가 되었다.

세 젊은이는 이 거장의 작업을 경이로운 눈으로 바라봤다. 그의 손놀림은 안정적이었다. 구도는 확신과 생명으로 가득 차 있었고, 기법은 세련되면서도 본능적이었다. 그의 작업장은 어수선한 가운데서도 질서를 갖추고 있었다. 그의 팔레트는 그 자체로 하나의 예술 작품처럼 보였다.

화가가 되기 위해서는 미술의 기본기부터 연습해야 한다. 구도의 규칙을 깨기 위해서는 먼저 구도를 완전히 터득해야 한다. 통일성, 균형, 움직임, 리듬, 초점, 대조, 패턴, 비율 같은 기본적인 요소들을 이해해야 한다. 보는 사람이 이상한 골짜기에서 길을 잃지 않도록 원근법, 소실점, 형태의 적절한 비율, 선의 시각적 효과, 적절한 형태의 그림자를 표현할 수 있게 눈과 손을 훈련시켜야 한다.

들라크루아는 거장들의 정확한 구도를 익혔지만 한편으로, 그들의 경직된 구도에서 벗어나고 싶어 했다. 낭만주의자였던 그는 열정을 뿜어내는 작품을 원했다. 하지만 동시에 탁월한 기법의 소유자이기도 했다. 프랑스 시인 샤를 보들레르는 이렇게 썼다. "들라크루아는 열정과 열정적인 사랑에 빠졌지만 그 열정을 최대한 분명하게 표현하기로 냉정하게 결정했다."[2] 들라크루아는 무절제한 감상벽이 아니라 완벽한 예술 기법을 통해 이 열정을 표현했다. 그는 열정으로 관람객들을 사로잡았을 뿐 아니라 더없이 정확하게 그림을 그리는 법을 배웠다.

들라크루아가 완벽히 터득한 뒤에 뛰어넘은 기존 기법 중 하나는 붓질이었다. 그의 안정적인 손놀림은 선명한 선과 정확한 세부 묘사를 가능하게 했다. 하지만 그는 덜 정확한 대신 더 역동적인 붓질이 정확한 붓질로는 표현하기 힘든 생명력을 담아낼 수 있다는 사실을 발견했다. 붓질에 따라 열정이 표현된다. 예를 들어, 정확한 비율과 세부 묘사로 달리는 말을 지극히 사실적으로 그릴 수 있다. 반대로, 유동적이고 역동적이며 절제되지 않은 붓놀림은 야생말의 인상을 주어 보는 사람을 흠칫 놀라게 만들 수 있다. 이 말은 더 살아 움직이는 듯한 인상을 준다. 사실적으로 표현된 말보다 더 진짜 말처럼 보인다. 들라크루아, 그리고 그와 비슷한 화가들은 자신도 모르는 사이에 새로운 미술 장르인 인상주의의 탄생에 영향을 미치고 있었다.

바지유, 르누아르, 모네

담벼락 너머를 엿보던 젊은이 중 한 명은 장 프레데릭 바지유라는 젊은 화가였다. 그는 어린 시절 가족과 함께, 그의 고향인 프랑스 몽펠리에에 살던 알프레드 브뤼야스라는 미술품 수집가의 집에 들렀다가 들라크루아의 작품에 매료되었다.[3] 브뤼야스의 소장품 중 두 점이 젊은 바지유의 마음을 사로잡았다. 그 그림은 들라크루아의 〈사자 굴의 다니엘Daniel and the Lion's Den〉과 〈알제리의 여인들 Women of Algiers in Their Apartment〉이었다. 전자는 아마도 다니엘과 사자 굴 이야기가 묘사하는 위험과 모험의 장면을 그린 그림일 것이고, 후자는 하렘의 침실을 묘사한 이국적이고 신비로운 광경의 그림일 것이다.

혈기왕성한 청년 바지유는 들라크루아의 사나운 맹수들과 아름다운 여인들을 매일같이 떠올리며 기회만 닿으면 찾아가서 그림을 감상하곤 했다. 그는 들라크루아의 사자와 여인들을 눈으로 보는 데 그치지 않고 마음 깊이 새겼다. 우리 모두가 위대한 예술을 보았을 때 하는 것처럼 그 작품들을 마음속에 자신의 소장품으로 간직했다.

들라크루아는 젊은 바지유로 하여금 화가를 꿈꾸게 만들었다. 스물한 살의 바지유에게 들라크루아의 화실을 엿본 경험은 오스틴이나 내슈빌의 젊은 음악가가 벽장에 숨어 폴 사이먼이나 브루스 스프링스틴이 작곡하는 모습을 훔쳐보는 경험에 비견될 만하다.

바지유는 존경하는 대가처럼 위대한 화가의 반열에 오르기를 갈망했다. 대가의 기술을 만분지일만이라도 습득할 수 있다면 더 이상 바랄 것이 없었다. 그날 작업하는 들라크루아를 본 것은 바지유에게 거의 종교적 경험에 버금갈 만큼 충격적이었다.

바지유와 함께 들라크루아의 화실 창문을 엿본 나머지 두 젊은이는 스물한 살의 오귀스트 르누아르와 클로드 모네라는 스물두 살의 화가였다. 주로 프랑스 사회와 여성의 관능에 초점을 맞춘 작품을 그렸던 오귀스트 르누아르는 나중에 인상주의 아버지 중 한 명이 되었다. 오늘날 수련을 그린 시리즈로 유명한 클로드 모네는 당시 주로 옥외 풍경화를 그렸다. 그는 르누아르와 달리 사람들이 등장하는 사교적 상황보다 자연적인 배경을 선호했다. 그도 인상주의의 아버지 중 한 명이다.

사실, "인상주의"라는 명칭은 모네가 우연히 탄생시킨 말로 모네의 그림

클로드 모네
〈인상, 해돋이
Impression, Sunrise〉

1872년
캔버스에 유채
48 × 63 cm
마르모탕 모네 미술관
Musée Marmottan Monet
파리

〈인상, 해돋이Impression, Sunrise〉에서 비롯했다. 바지유, 르누아르와 함께 들라크루아의 화실을 엿본 때로부터 13년 뒤인 1874년, 모네는 르아브르항을 묘사한 이 그림을 한 전시회에 출품했다. 파리의 주요 미술 전시회에 전시되는 전형적인 작품들에 비해 모네의 그림은 불완전해 보였다. 세부적인 묘사가 부족했고 유화라는 사실을 빼고는 스케치에 가까웠다. 전시회 관계자들은 모네에게 그 그림을 뭐라 불러야 할지 물었다. 모네가 쓴 글을 보자. "그들은 카탈로그에 넣을 명칭을 요청했다. [항구의] 풍경으로 볼 수 없었기 때문에 나는 '인상이라고 넣으세요'라고 말했다. 그리고 그들은 그것을 인상주의로 바꾸었다."[4]

전시회 카탈로그에 달 제목 때문에 "인상주의"라는 명칭이 탄생했다. 비평가들이 이 명칭을 칭찬으로 단 것은 아니었다. 그들 대부분은 체계와 완성도 없는 새로운 미술 장르를 지칭하기 위해 그명칭을 사용한 것이었다. 저널리스트 루이 르로이는 〈인상, 해돋이〉에 관한 냉소적인 글에서 이렇게 썼다. "인상…… 나는 인상을 받았으니 여기에 뭔가 인상이 있어야 한다."[5] 인상주의는 두왑[doo-wop; 1950년대에 유행한 알앤비 스타일의 일종-편집자] 시대의 로큰롤과도 같았다. 새로운 표현 양식이 나타날 때마다 그렇듯 사람들이 기존 방식과 다른 방식에 적응하려면 시간이 필요하다. 그리고 그 시기의 특징 중 하나는 비평을 빙자한 냉소주의와 독설이다.

하지만 담벼락에 올라갔던 젊은이들은 조롱 섞인 비판 같은 것은 안중에도 없었다. 그들은 한 거장이 기존의 틀을 깨는 모습을 보았다. 들라크루아는 파리의 유명 살롱 같은 그 시대의 주류 미술 전시회에서 사랑받았던 님프, 여신, 전투, 신화라는 주제와는 거리가 있었다. 들라크루아의 화법, 열정, 표현, 기존의 틀을 깨는 과감성이 이 젊은 화가들로 하여금 그 화풍을 이어받아 한 걸음 더 나아가게 만들었다. 하지만 그들은 이것이 오늘날 "인상주의"라고 불리는 장르를 탄생시킬 화가들의 공동체로 이어질지는 꿈에도 생각하지 못했다. 그리고 장 프레데릭 바지유가 아니었다면 이런 일은 일어나지 않았을지 모른다.

바지유의 화실에서

장 프레데릭 바지유는 1841년 프랑스 몽펠리에서 부유한 프로테스탄트 집안에서 태어났다. 오랜 금세공인 집안이었던 그의 가문은 그 기술로 부를 일구었다. 그의 아버지 가스통은 와인 거래상이었다. 바지유는 아주 어릴 적부터 들라크루아의 작품을 보면서 화가의 꿈을 키웠다. 그는 일찍부터 그 꿈을 아버지에게 알렸다. 아버지는 의학도 병행해서 공부한다는 조건으로 아들이 미술 수업 받는 것을 허락했다. 바지유는 그림 수업을 받았고 금세 뛰어난 데생 화가가 되었다.

1862년, 바지유는 파리로 가서 의학 대학에 입학하여 아버지의 기대에 부응했다. 거기서 그는 미술사학자 샤를 글레르의 스케치 수업에도 등록했다. 거기서 그는 동료 화가들인 피에르 오귀스트 르누아르, 알프레드 시슬레, 에두아르 마네, 클로드 모네를 만나 친구가 되었다. 바로 그해가 바지유와 르누아르와 모네가 들라크루아의 화실을 엿본 해다.

미술은 바지유의 관심을 사로잡았다. 1864년 그는 의학 시험에서 낙제했고 그때부터는 오로지 그림에 전념했다. 그의 아버지는 아들의 실패에 분노로 반응하지 않았다. 오히려 미술에 전력을 다해야 한다는 신호로 받아들이고 아들을 지원해 주었다.

바지유는 부모의 재력 덕분에 의학 시험에서 실패한 뒤에도 파리에서 머물 수 있었다. 그는 화실을 임대하고 미술 도구들을 사서 동료 화가들과 나누었다.[6] 1865년, 그와 모네는 같은 화실을 썼다. 모네는 파리에서 자랐는데 그의 아버지는 식료품점을 운영했다. 그래서 모네는 어릴 적부터 숯으로 그린 캐리커처를 동네 사람들에게 팔아 화가의 꿈을 이어 갔다. 그는 화가의 길이 배부를 때만큼이나 배고플 때가 많은 길이라는 사실을 몸소 경험했다.

모네의 재정이 빠듯해지면 그가 빚을 지지 않도록 바지유가 그의 작품을 사 주었다.[7] 자선 행위가 아닌, 자신이 존경하는 예술가에 대한 투자였다. 바지유는 모네에게 보기 드문 재능이 있음을 알아보았으며, 그에게 모네의 작품을 구입하는 것은 곧 세계적인 미술품을 수집하는 것과 다를 바가 없었다.

1860년대 말, 르누아르도 바지유와 화실을 공유했다. 그 화실은 콩다민 거리 9번지에 있는 멋진 방이었다. 이 화실은 화가들의 교제가 이루어지는 중심지가 되었고, 이 모임의 규모는 점점 커지기 시작했다. 카미유 피사로, 폴 세잔, 귀스타브 쿠르베, 에드가 드가를 비롯한 다른 화가들도 이 화실로 찾아와 바지유, 르누아르, 모네, 마네와 교제하기 시작했다.

바지유는 풍경을 즐겨 그렸다. 파리 미술사에서 한 획을 그은 그의 작품 〈바지유의 화실; 콩다민 거리 9번지Bazille's Studio; 9 Rue de la Condamine〉는 그 시대를 엿볼 수 있게 한다. 이 그림에서 우리는 마네와 모네에게 자신의 새로운 그림을 보여 주는 바지유를 보게 된다. 그림에 등장하는 르누아르는 왼쪽에 앉아서 프랑스 소설가이자 극작가인 에밀 졸라와 대화를 나누고 있다. 그림 속 피아노 앞에는 그들의 음악가 친구 중 하나인 에드몽 메트가 앉아 있다. 화실 벽에는 바지유의 알려진 세 작품 〈그물을 든 어부The Fisherman with a Net〉, 〈화장La Toilette〉, 〈가족 모임Family Reunion〉이 걸려 있다. 벽에는 르누아르의 〈두 사람이 있는 전경Landscape with Two People〉과 모네의 그림으로 보이는 것도 걸려 있다. 이 그림은 아마도 바지유가 이들에게서 산 그림일 것이다. 특히 〈두 사람이 있는 전경〉은 이후 소실되었지만 감사하게도 바지유의 이 그림과 르누아르의 친구 쥘 르쾨르의 스케치 덕분에 이렇게나마 보존되었다.

잠시 이 작은 화실에서 어떤 일이 벌어지고 있었는지 생각해 보라. 일곱 명이 넘는 세계 최고의 화가들이 이곳에 모여 작업을 했다. 나아가, 그들은 하나의 공동체를 이루었다. 그들은 예술의 방향에 관해 같은 시각을 품고 있었다. 바지유는 이 시각을 이렇게 정리했다. "거대한 고전 구도는 끝났다. 일상의 평범한 광경이 훨씬 더 재미있다."[8] 이 화가들은 새로운 흐름과 새로운 기법을 시도하고 있었다. 기존의 틀을 거부하는 그 어떤 시도도 거부하고 비웃는 시대에 그들은 새로운 뭔가를 탄생시키기를 원했다.

이 화가들은 홀로가 아니라 공동체로서 활동할 수밖에 없었다. 서로가 필요했고, 함께 어울려야 했다. 모여서 마음껏 이야기할 수 있는 공동의 공간이 필요했다. 각자 작업하는 작품을 보여 주며 피드백과 격려와 질책을 받을 수 있는 공간이 필요했다. 자신들이 하려는 것을 이해해 주는 동료들이 필요했다. 자신들이 바보가 아니라는 확신이 필요했다. 혹시 자신들이 정말로 바보라면 함께 바보의 길을 걸을 수 있는 공동체가 필요했다. 그들은 그런 공간이 필요했고, 바로 그런 공간을 바지유가 제공했다.

바지유를 비롯한 동료 화가들은 독특한 예술 기법을 개발하면서 점점 '인상파 화가들'이 되어 가고 있었다. 물론 당시는 그 명칭이나 협회 같은 건 존재하지 않았지만 말이다. 바지유는 조금 뒤 설명할 이유들로 인해 오늘날 이 그룹 내에서 덜 알려진 화가가 되었지만, 그의 작품은 모네, 르누아르, 마네, 세잔, 피사로, 드가처럼 훗날 각자 일가를 이룬 거장들과 어깨를 나란히 했다.

전 세계 미술관에서 앞다투어 이 화가들의 작품을 전시하려고 하기 전에도 그들은 공동체를 이루어 함께 작품을 그린 친구들이었다. 그들은 서로를 필요로 했다. 파리 미술계의 문지기들을 통과하려면 팀을 통한 협력이 필요했다.

살롱과 무명 예술가 협회

인상주의 초기에는 파리 살롱이 프랑스의 미술계를 지배했다. 살롱은 200년도 더 전인 1667년에 설립되었다. 당시 프랑스 정부는 미술 후원을 위한 공인 창구로서 순수미술아카데미의 국가 공식 전시회인 살롱을 설립했다. 프랑스 정부는 화가를 가치 있는 직업으로 여겼고, 미술 발전을 위한 일련의 경쟁 시스템을 만들었다. 말콤 글래드웰에 따르면, "이 교육의 각 단계마다 경쟁이 있었다. 실력이 없는 이들은 떨어졌다. 잘하는 이들은 상과 함께 명성 높은 회원 자격을 얻었다. 이 직업의 꼭대기에는 유럽 전체에서 가장 중요한 미술 전시회인 살롱이 있었다."[9]

살롱은 원래 아카데미 졸업생들의 작품을 전시하기 위해 만들어졌다. 하지만 곧 다양한 화가들의 작품을 소개하는 장으로 확장되었다. 살롱은 '초대작만' 전시되는 행사였다. 사람들이 요즘 어떤 미술 작품이 인기 있는지 알고 싶고 어떤 작품이 좋은지 분별하고자 한다면 살롱을 찾아가면 됐다. 화가와 학자, 평론가들로 이루어진 심사위원들은 매년 살롱 전시회에서 어떤 작품을 전시할지 결정했다. 또한 그들은 각 작품의 순위도 매겼다.

심사위원들은 인상주의 화가들을 좋아하지 않았다. 모네, 마네, 르누아르 같은 화가들이 작품을 제출하면 으레 퇴짜를 받았고, 혹시 통과되더라도 사람들이 보기에 너무 높은 자리에 전시되곤 했다.

에두아르 조셉 단탄
〈1880년 살롱의 한 코너
A Corner of the Salon in 1880〉

1880년, 캔버스에 유채
97.2 × 130.2 cm

모네는 살롱의 높은 벽을 이렇게 정리했다. "우리 중 몇몇, 나와 내 친구들은 심사위원들에게 조직적으로 거부당했다. 그림을 아무리 잘 그려도 팔아야 먹고살 수 있다. 거래상들은 우리에게 관심을 보이지 않았다. 하지만 우리는 전시해야 했다. 하지만 어디서? 홀을 빌려야 하나? 하지만 우리끼리 아무리 돈을 모아 봐야 클루니 극장 자리 하나도 살 만큼이 못되니."[10]

결과적으로 그들은 홀을 빌릴 필요가 없었다. 나다르란 이름으로 통하던 프랑스 사진가가 이 공동체의 팬이 되어 자신의 화실 건물 2층을 모네와 친구들에게 사용하게 해 주었기 때문이다. 그들은 그곳에서 전시회를 열 수 있었다. 1874년 모네, 드가, 르누아르, 피사로, 그리고 베르트 모리조라는 여류 화가는 '무명 화가, 조각가, 판화가 협회Cooperative and Anonymous Society of Painters, Sculptors, and Engravers'를 형성했다. 협회의 특징은 세 가지였다.

프랑수아 조세프 에임
〈1824년 살롱전이 끝날 때 상을 수여하는 샤를 10세
Charles X Distributing Awards to the Artists at the Close of the Salon of 1824〉

1827년, 캔버스에 유채, 173 × 256 cm
루브르 박물관, 파리

1. 심사위원이나 상 없이 누구나 무료로 작품을 전시할 수 있는 조직. 2. 이 작품들의 판매. 3. 미술만 관련된 잡지를 통해 최대한 빨리 발표. 작품을 보여 주는 것만으로는 충분하지 않았다. 적절하게 보여 주어야 했다. …… 작품을 잘 전시한 다음 단계는 판매하는 것이었다.[11]

이 무명 예술가 협회는 살롱에서 거부당한 이들의 모임이었다. 이 무리의 화가들은 열세 명의 화가들의 작품을 소개하는 여덟 차례의 인상주의 전시회를 열어 165점의 작품을 매물로 내놓았다. 1874년 전시회 당시 모네는 〈인상, 해돋이〉를 전시하여 우연치 않게 "인상주의"라는 명칭을 탄생시켰다. 인상주의자들은 초기의 인디 예술가들이었다. 그들은 주류를 탈피해 자신들만의 공연을 했다. 그들은 함께라면 난관을 극복하고 충분히 먹고살 수준에 이를 수 있다고 믿었다.

그들은 이 길을 진지하게 여겼다. 이 난관을 극복하려면 작품을 만들어야 했다. "또한 작품에 관해서 이야기해야 했다. 화가의 기법을 설명했다. 대중의 마음을 얻어야 했다. 이것은 평론가와 언론의 역할이었다. …… 다른 옹호자들이 필요했다."[12] 그들 스스로 성공의 발판을 만들어야 했을 뿐 아니라 자신들을 따라올 이들을 위해 길을 닦아야 했다.

에밀 졸라는 이렇게 말했다. "그들은 자연에 관한 관점이 거의 비슷한 동질 집단을 형성했다. 그들은 자신들에 관해 사용되던 '인상주의자들'을 받아들여 기치로 사용했다. 그들은 놀림조로 인상주의자라고 불렸지만, 이 인상주의자들은 그 같은 공격에도 살아남았다."[13] 밑바닥에서 일어난 이 용감한 공동체는 미술계를 뒤엎었다. 오늘날 전 세계 미술관은 인상주의 작품 전시에만 코너 한쪽을 다 사용한다.

하지만 장 프레데릭 바지유는 이 무명 협회에 속하지 못했다. 그는 〈바지유의 화실; 콩다민 거리 9번지〉를 완성한 해에 프로이센-프랑스 전쟁에 참전했다. 친구들은 극구 말렸지만 소용이 없었다. 1870년 11월 28일 지휘관이 전쟁에서 쓰러지자 바지유는 남은 병사들을 이끌고 독일의 한 진지를 공격했다. 그때 그는 두 방의 총을 맞고 전장에서 이슬로 사라졌다. 그때 그의 나이 스물여섯이었다.

같은 해, 바지유가 자신의 화실을 그렸을 때 그나 그의 동료 화가 중에 파리에서 성공하거나 존경받는 이들은 없었다. 하지만 그들은 친구였다. 그들은 생각과 미술 도구, 화실 공간을 공유하며 오늘날 세상에서 사랑받는 작품들을 그려 낸 화가들의 공동체였다. 그리고 그들은 서로 격의 없이 지냈다. 〈바지유의 화실; 콩다민 거리 9번지〉를 보면 계급의 흔적이 없다. 리더처럼 보이는 인물도 없다. 각자의 재능을 사용하여 의미 있는 뭔가를 만들기 위해 함께 노력하는 사람들만 보인다.

바지유는 아버지에게 보낸 편지에서 자신을 그린 인물이 지팡이를 들고 모자를 쓴 인물인 에두아르 마네라고 말했다.[14] 마네는 바지유의 큰 덩치를, 자신과 모네가 높이 평가하는 그림 앞에 두었다. 그래서 우리는 그 그림을 볼 수 없다. 대신 우리는 바지유만 볼 수 있다. 마네가 이렇게 한 것은 자신과 바지유가 친구이기 때문이기도 하지만 바지유를 존경했기 때문이기도 하다. 이 화가들의 그룹은 친구 바지유의 재능을 믿어 의심치 않았다. 카미유 피사로는 바지유를 "우리 중에 가장 재능이 뛰어난 인물 중 한 명"으로 묘사했다.[15]

한계와 고난투성이 인생길에서

사람의 잠재력이 온전히 실현되면 어떻게 될까? 전쟁, 슬픔, 고통, 죽음 같은 것들이 우리의 길을 막지 않는다면? 우리의 가장 뛰어난 부분이 조금도 방해받지 않고 고스란히 개발된다면? 이런 생각을 해 봐야 한다. 바로 이것이 예수 그리스도 안에서 우리에게 주신 소망이기 때문이다.[16]

나는 잠재력이 아무런 방해도 받지 않고 꽃피우는 것을 상상하곤 한다. 지금 우리는 한계가 있는 세상 가운데 살고 있다. 아무도 이 세상에서 잠재력을 온전히 발휘하지 못한다. 미켈란젤로는 이미 누군가의 손으로 잘못 쪼개진 돌로 작업해야 했다. 카라바조는 예술 재능과 육체적 욕구 사이의 균형을 유지할 수 없었다. 베르메르에게는 재정적인 한계와 이른 죽음이 제약으로 작용했다. 바지유는 이른 나이에 전쟁터에서 목숨을 잃었다.

우리 모두는 수많은 제한을 마주하고 산다. 이것을 이상하게 여기지 말아야 한다.[17] 우리 모두는 인생에서 선택해야 한다. 하나를 선택하면 다른 것을 선택할 수 없다. 물론 이것이 항상 나쁜 것만은 아니다. 예를 들어, 모든 이성을 포기하고 오직 한 배우자만 선택하는 것은 좋은 일이다. 미시시피강 동쪽에 직장을 얻으면 서해안 지역에서 생활하는 것이 불가능하다. 일과 양육에 전념하다 보면 예전처럼 창의적인 열정이나 운동에 많은 시간을 쏟을 수 없다. 다른 관심사를 개인적인 책임 앞에 최소한 부분적으로라도 내려놓아야 한다.

공동체가 그토록 중요한 이유는 이렇다. 공동체가 없으면 우리만 한계와 고난을 겪고, 그렇기 때문에 홀로 이겨 내야 한다고 생각하기 쉽다. 하지만 공동체 안에 들어가면 고난당하는 다른 사람들과 가까이 지내며 우리가 혼자가 아님을 안심하게 된다. 우리가 길 잃은 숲을 그들은 잘 알기에 우리에게 지혜를 나누어 줄 수도 있고, 우리가 고난 중에 얻은 경험과 통찰에서 그들이 도움을 받을 수도 있다.

그날 바지유가 전쟁터에서 죽지 않았다면 어떻게 되었을까? 그가 세상에 무언가 더 줄 수 있었을까? 그가 친구들, 나아가 조르주 쇠라, 폴 고갱, 빈센트 반 고흐 같은 후배들에게 계속해서 어떤 영향을 미쳤을까?

이런 질문에 대한 답을 우리는 알 수 없다. 하지만 바지유의 삶이 그가 속했던 공동체에 미친 영향과 그 공동체가 세상에 미친 영향은 잘 알고 있다. 그의 삶에서는 누가 그 역할을 했는가? 들라크루아가 작품에 매진하는 모습은 다가올 세대, 곧 인상주의자들에게 영감을 주었다. 그는 연습하고 또 연습했다. 가스통 바지유는 '아들의 열정'과 '생계를 유지하기 위한 기술의 필요성' 사이에서 저울질을 했다. 그는 아들을 인도하고 양육했다. 그는 아들에게 의사의 길에 최선을 다해 도전해 보라고 강권했지만, 아들의 재능이 다른 길에 있다는 사실이 분명해졌을 때는 물심양면으로 지원을 아끼지 않았다. 에밀 졸라는 저널리스트이자 시인으로서 펜을 들어 도와주었고, 나다르는 자기 화실의 2층을 빌려주었다. 카미유 피사로, 폴 세잔, 귀스타브 쿠르베, 에드가 드가, 오귀스트 르누아르, 클로드 모네, 에두아르 마네는 화가들 사이에서 보기 드문 우정을 나누었다.

물론 인상주의가 탄생한 직접적인 이유가 바지유라고 주장할 수는 없다. 모네 등이 성공한 이유가 바지유라고 단정할 수도 없다. 하지만 그가 세상에서 가장 유명한 미술 학파 중 하나의 탄생에 중요한 역할을 한 것만은 분명하다. 그는 아름답고 의미 있고 오래가는 뭔가를 탄생시키기 위해 분투하는 공동체에 값진 것을 기여한 인물이었다.

그는 우정을 주었다. 그는 공간을 제공했다. 그는 미술 도구를 공유했다. 그는 모임을 주최했다. 그는 친구들이 그린 그림을 사 주었다. 그리고 절대 잊지 말아야 할 사실은 그가 동료를 위해 싸우다

가 죽었다는 것이다. 예수님에 따르면 친구를 위해 목숨을 내놓는 것은 가장 고귀한 형태의 사랑이다.[18]

우리는 선과 진리와 아름다움을 필요로 하는 공동체 안에서 살고 있다. 그리고 우리는 우리를 진정한 인간으로 만들어 주는 영원한 것들을 추구하는 데 각자의 역할을 다해야 한다. 그리고 다른 사람을 위해 그것들을 관리해야 한다. 우리는 "무엇에든지 경건하며 무엇에든지 옳으며 무엇에든지 정결하며 무엇에든지 사랑받을 만하며 무엇에든지 칭찬받을 만"한 것들의 불씨를 살리는 데 각자의 역할을 해야 한다.[19] "무슨 덕이 있든지 무슨 기림이 있든지 이것들을 생각하라." 그리고 그것들에 참여하라.

그렇게 하면 또 무슨 일이 일어날지 누가 알겠는가!

빈센트 반 고흐
〈붉은 포도밭 The Red Vineyard〉

1888년, 캔버스에 유채, 75 × 93 cm
푸시킨 미술관 Pushkin Museum of Fine Arts, 모스크바

Vincent van *Gogh*

빈센트 반 고흐,
분투하는
인생

◇◇◇◇◇◇◇◇◇◇◇◇◇◇◇◇◇◇◇◇◇◇◇◇◇◇◇◇◇◇

손에 잘 들어오지 않는 만족의 속성

✳

모든 강물은 다 바다로 흐르되 바다를 채우지 못하며

강물은 어느 곳으로 흐르든지 그리로 연하여 흐르느니라

모든 만물이 피곤하다는 것을 ⋯⋯

전도서 1장 7-8절

말년의 빈센트 반 고흐를 상상해 보라. 미술 도구를 구매하고, 색깔을 섞고, 붓을 다듬고, 캔버스를 펼쳐서 준비하는 그를 보라. 마치 하나의 레시피처럼 이젤 옆 테이블 위에 보이도록 놓인 그의 스케치를 상상해 보라. 그의 손톱 아래, 턱수염, 옷의 깊은 솔기 속에 깊이 배인 색들을 상상해 보라. 그 자체가 하나의 그림이다. 색, 형체, 질감, 냄새, 구도의 감각적인 세상에 깊이 몰두해 있는 그를 상상해 보라. 어디서부터 사람이고 어디서부터 그림인지 분간하기 어려울 지경이다.

1889년 11월 15일 자 편지가 발신인과 수신인이 보이지 않도록 뒤집어진 채 창문 옆 테이블에 놓여 있었다. 브뤼셀 미술 전시회 Brussels Art Exposition 설립자인 옥타브 마우스가 보낸 초청장이었다. 내용은 이러했다. "참석 인원 숫자가 엄격히 제한되어 있으니 초대에 응하신다면 최대한 빨리 협회에 알려 주시기를 요청합니다. 카탈로그에 실리기를 원하신다면 12월 15일 전까지 알려 주십시오."[1]

브뤼셀 미술 전시회는 그로부터 6년 전인 1883년에 설립되었다. 파리에서 살롱의 힘이 워낙 막강하다 보니 살롱에서 거절당한 화가와 화풍은 대중에게 다가가기 어려웠다. 이에 화가이자 법률가인 옥타브 마우스는 다른 열 명의 화가들을 이사회로 모아 자신들의 작품을 전시했다. 인상주의자들의 무명 예술가 협회와 비슷했다. 그들은 해외에서 아홉 명의 화가를 초청해 그들 작품도 전시하기로 했다. 그들은 스스로를 "스물The Twenty"이라고 불렀다.

1889년 '스물'은 1890년 전시회를 계획하면서 어떤 화가들을 섭외할지 논의했다. 그들은 폴 세잔, 폴 시냑, 앙리 드 툴루즈 로트레크, 알프레드 시슬레, 폴 고갱, 그리고 빈센트 반 고흐를 초청하기로 협의했다.[2]

생전에 팔린 단 한 점의 그림

고흐는 마우스의 편지를 볼 때마다 고민했다. 〈꽃 핀 과수원 The Orchard in Blossom〉과 〈해바라기Sunflowers〉, 좋지. 하지만 〈별이 빛나는 밤〉은 아니야. 나의 초상화도 그렇고. 〈삼나무가 있는 밀밭〉도 별로야. 혹시 〈붉은 포도밭The Red Vineyard〉? 바로 이거야! 〈붉은 포도밭〉.'

고흐는 주제를 정한 뒤 붓을 내려놓고 종이를 꺼내 써 내려갔다.

선생님, 초청을 기쁘게 받아들입니다. ……
다음과 같은 그림 목록을 제안합니다.

1. 해바라기   4. 꽃 핀 과수원^{아를}

2. 해바라기   5. 밀밭. 떠오르는 해^{생 레미}

3. 담쟁이덩굴   6. 붉은 포도밭^{몽마주르}

(이 모든 캔버스는 30번 캔버스입니다.)
4미터 공간이 넘을 것 같습니다. 하지만 위와 같이 선택한 6점이 다채로운 배색 효과를 내리라 생각하니 작품이 놓일 공간을 마련해 주시면 감사하겠습니다.

_ 빈센트 반 고흐 올림[3]

〈해바라기 Sunflowers〉

1888년, 캔버스에 유채, 92.1 × 73 cm
국립 미술관 National Gallery, 런던

〈해바라기 Sunflowers〉

1888년, 캔버스에 유채, 91 × 72 cm
노이어 피나코테크 Neue Pinakothek, 뮌헨

〈담쟁이덩굴 The Ivy〉

1889년, 캔버스에 유채, 92 × 72cm
현재 소재 불명

〈꽃 핀 과수원 Orchard in Blossom〉

1889년, 캔버스에 유채, 72 × 92 cm
노이어 피나코테크, 뮌헨

〈떠오르는 태양과 밀밭 Wheat Field with Rising Sun〉

1889년, 캔버스에 유채, 91 × 72 cm
개인 소장

〈붉은 포도밭 The Red Vineyard〉

1888년, 캔버스에 유채, 75 × 93 cm
푸시킨 미술관 Pushkin Museum of Fine Arts, 모스크바

마우스의 초청을 받기 1년 전인 1888년 10월 2일, 고흐는 친구이자 동료 화가인 유진 보흐에게 편지를 썼다. 고흐는 이 편지를 쓸 때 그가 지나가는 투로 언급한 보흐의 누나 안나와 몽마주르 근처의 포도밭이 나중에 자신의 삶에 중요한 일부로 엮이게 될 줄 전혀 몰랐다. 그 편지의 일부는 다음과 같다.

> 자네의 탄광 스케치 중 하나를 내 것과 바꾸자는 말을 꼭 하고 싶네. ……
> 자네의 누나^{안나}도 탄광을 그릴 계획인가? 그곳에서 두 사람이 작업하고 있겠지. 자네 둘 다 자네 집에서 그림을 그리는 것은 대단한 행운이라고 생각하네.
> 아, 참, 나는 몽마주르 근처 포도밭에서 작업해야 하네. 파란 하늘 아래가 온통 자줏빛을 띤 황록색이네. 아름다운 색의 주제이지. 자네의 일에 행운과 성공을 비네.
>
> 자네의 영원한 친구,
> 고흐[4]

고흐가 언급한 포도밭은 그가 생전에 판매한 유일한 그림인 〈붉은 포도밭〉의 주제가 되었다. 그 그림을 산 사람은 보흐의 누나인 안나였다. 안나와 보흐는 고흐의 작품을 흠모했다. 하지만 무엇보다도 그들은 고흐의 친구였다. 고흐는 보흐의 초상화를 그린 다음, 자신의 유명한 작품인 〈침실The Bedroom〉에서 벽에 걸린 그림 중 하나로 그 초상화를 포함시켰다. 안나는 저명한 벨기에 인상주의 화가였으며, 1885년 옥타브 마우스는 '스물'의 첫 여성 회원으로 그녀를 초빙했다.

안나와 고흐의 친분은 마우스가 고흐를 1890년 브뤼셀 미술 전시회에 초청한 이유까지는 아니었지만 분명 그 결정에 영향을 미쳤을 것이다. 하지만 고흐가 전시회장에서 4미터의 전시 공간을 얻은 것은 그 친분 때문만은 아니었다. 바로 그의 그림 때문이었다. 그에게 전시회 문을 열어 주고 〈붉은 포도밭〉이 팔리게 만든 것은 세상이 막 주목하기 시작한 화가로서의 그의 재능 때문이었다.

고흐 그림, 무엇이 다른가

사람들은 고흐를 생각하면 흔히 〈해바라기〉나 〈아이리스Irises〉, 〈별이 빛나는 밤〉을 떠올린다. 〈붉은 포도밭〉 이야기를 이해하려면 고흐의 작품 전체 세계를 보고 화가 자신을 이해해야 한다.

〈붉은 포도밭〉은 고흐의 다른 다섯 개 작품과 함께 모스크바 푸시킨 미술관에 걸려 있다. 〈붉은 포도밭〉은 고흐 스타일의 모든 특징물감을 두껍게 바르는 것, 가는 붓질, 기하학적인 윤곽을 갖추고 있지만, 푸시킨 미술관에 전시된 그의 작품 중 특별히 가장 눈에 띄지는 않는다.

푸시킨 미술관에서 〈붉은 포도밭〉을 보면서 옆에 달린 작품

해설 명판을 보지 않으면 관람객은 고흐 생전에 판매된 유일한 작품이라는 사실을 그냥 지나칠 수 있다. 관람객의 시선은 전시실 벽을 따라가 그의 특이하고도 자전적인 〈죄수들의 원형보행(도레의 작품을 따라)Prisoners Exercising(After Doré)〉에 끌리기 쉽다. 마치 바구니 가장자리에 달린 자벌레처럼 교도소 마당에서 원형으로 걷는 죄수들 가운데 고흐 자신을 그려 넣었으니 끌릴 만도 하다. 하지만 〈붉은 포도밭〉 이면을 들여다보면 화가의 비전과 과정에 관한 훨씬 흥미로운 점들을 발견하게 된다.

고흐는 1888년 11월 4일, 불과 단 며칠 만에 〈붉은 포도밭〉을 그렸다.[5] 그림은 방다주라고 알려진 프랑스 남부에서 해마다 이뤄지는 포도 수확을 묘사하고 있다. 네덜란드 출신인 빈센트는 방다주에 매료되었다. 수확의 리듬에는 인간과 땅의 조화에서 오는 안정감이 있었다. 사람들은 열심히 일했고 노동의 대가를 즐겼다. 한 학자는 이렇게 썼다. "이 포도를 수확하는 일꾼들은 자연을 거스르지 않고 자연의 리듬에 따라 자연과 협력하고 있었다. 그래서 반 고흐는 이들과 통할 수 있다고 느꼈다."[6] 이 그림에서 포도를 수확하는 일꾼들은 삶에 찌들어 보이지 않는다. 그들은 오후 햇살의 따스함을 만끽하며 자기 일에 만족해 있다. 고흐는 이 모습이 아름답다고 생각했다. 저들 중 하나가 되어도 좋겠다고 생각했다.

1888년, 〈붉은 포도밭〉을 그릴 때 고흐는 색채만으로 사람들의 마음과 상상력을 사로잡을 아름다움을 탄생시킬 수 있다는 개념을 실험하는 중이었다. 그는 색의 과학적 적용이 다른 자연법칙과 비슷하다고 믿은 조르주 쇠라의 예술과 글을 통해 색 이론을 연구하고 있었다. 쇠라는 눈과 귀가 서로 어떻게 소통하는지를 알면 색조, 색, 명암, 형체의 배열에 따라 새로운 예술 언어를 창출할 수 있다고 믿었다. 그는 예술이 영혼을 향해 말하는 것처럼 보이는 데는 과학적 이유가 있다고 믿었다.[7] 이 이론에 공감했던 고흐는 보이는 대로 그릴 뿐 아니라 그림에 생명력을 불어넣기 위해 색을 사용했다. 오늘날 〈붉은 포도밭〉이나 〈별이 빛나는 밤〉 같은 그의 작품 앞에 서면 그가 사용한 색채의 활력과 움직임이 작품에 생명력을 불어넣는 느낌을 실제로 경험할 수 있다.

고흐는 〈붉은 포도밭〉을 그리기 전 보흐에게, 또 다 그린 후에 테오에게 그 그림에 관해 말할 때 추수 자체보다 색에 관해서 더 많이 말했다. 그의 관심은 온통 색에 있었다. 그는 보흐에게 이렇게 썼다. "파란 하늘 아래가 온통 자줏빛을 띤 황록색이야. 아름다운 색의 주제이지."[8] 그림을 완성하고 이틀 뒤 그는 테오에게 쓴 편지에서도 이렇게 말했다. "하지만 네가 일요일에 우리와 함께 있었다면 좋았을 텐데! 우리는 레드와인처럼 붉은 포도밭을 보았어. 멀리서 보면 노란색으로 변했지. 그리고 해가 쨍쨍한 초록 하늘. 보랏빛 들판. 비가 온 뒤에는 석양이 비추어 여기저기가 노란색으로 반짝거렸어."[9]

고흐는 방다주의 색들이 서로 어떻게 배치되었는지를 기억해서 그림에 담아냈다. 많은 화가들이 그렇듯 그의 구도는 캔버스로 옮겨지기 전 이미 그의 머릿속에서 완성되었다. 그의 편지들을 보면 그는 자기 앞에 펼쳐진 세상을 늘 연구하는 사람이었다. 그는 항상 생각하고 상상하고 다음 작품을 계획했다.

일상 속 평범한 광경들이 고흐의 마음을 움직였다. 그는 이렇게 썼다. "나는 자주 혼돈에 빠지지만 내 안에는 여전히 고요하고 순결한 조화와 음악이 있다. 지극히 가난한 작은 집, 그 집의 지극히 더러운 구석에서 나는 그림을 본다. 그리고 내 마음은 거부할 수 없는 충동처럼 그 방향을 향한다."[10]

고흐는 세상을 무미건조한 사물들의 집합으로 보지 않았다. 그는 인류 역사의 드라마를 보았으며, 그에게는 가슴 아픈 이야기였다. 테오에게 쓴 편지에서 다리를 그림 주제로 삼으며 다리를 거니는 이들의 슬픔을 보려 한 그의 마음을 확인할 수 있다.

> 나는 론의 풍경을 품고 있어. 하늘과 강이 압생트 색깔인 트랭크타유 철교, 라일락 색깔인 부두, 검은색에 가까운 난간에 기대어 있는 사람들, 강렬한 파란색의 철교, 배경으로 밝은 오렌지색의 음표와 강렬한 베로니스 그린 색의 음표, 완성과는 거리가 먼 시도를 또다시 한다. 하지만 적어도 나는 더 비통한, 더 가슴 아픈 뭔가를 시도하고 있어.[11]

고흐에게 철과 돌로 세워진 다리는 색으로 가득한 구조물이었다. 그리고 그는 제방 위에 서 있으면서 다리 한쪽에서 다른 쪽으로 건너가는 모든 사람들 안에 깃든 슬픔을 보았다. 그가 본 색은 감정을 지녔고 그 감정으로 인해 색은 생동감이 넘쳤다.

〈붉은 포도밭〉은 거의 빨간색과 노란색 사이 색으로만 이루어져 있다. 일부러 시도한 고흐의 도전이었다. 당시 눈에 보이는 그대로가 아닌 기억을 더듬어 상상으로 특정한 범위의 색으로만 풍경을 그리는 것은 퇴보적인 것이었다. 많은 화가들은 이젤과 물감을 들고 밖으로 나가 눈에 보이는 것을 담아냈다. 그러나 고흐는 본 것을 기억해서 그 느낌을 담아내고 싶었다. 이것이 바로 인상주의의 본질이다. 인상주의는 눈에 보이는 것을 완벽하게 옮기는 것이 아니라 그것의 '인상'을 옮기는 것이다. 인상주의는 화가가 본 것에 대한 인상과 느낌을 담아내는 것이다.[12]

짧지만 강렬했던 화가로서의 시간

고흐는 강렬한 색을 사용하면 덜 현실적인 그림이 되지만 생동감이 넘친다고 믿었다. 그리고 그의 그림을 본 많은 사람이 그 생각에 동의했다. 실제로 색, 구도, 주제를 적절히 결합하면 불가해한 방식으로 사람들과 연결된다. 이것은 미술의 신비롭고도 초월적인 속성이다. 오일과 물감만으로 이루어진 그림 속 뭔가가 갑작스럽고 이해하기 힘든 방식으로 인간의 영혼을 파고든다.

이 초월성은 미술관 관람객으로 하여금 그날 본 특정한 그림을 떠나기 전 마지막으로 한 번 더 보기 위해 돌아가게 만든다. 이유는 모르지만 왠지 돌아가야만 할 것 같다. 그래서 돌아간다. 그림을 다시 보고는 마침내 발걸음을 돌리지만 못내 아쉬워서 그 그림을 기억하기로 한다. 그리고 마음속에 간직하는 것이다. 이제 그 그림은 평범한 미술 작품이 아니라 관람객 '자신의' 것이 된다. 그가 그 그림을 처음 보았을 때 그 그림은 세상에 속했다. 하지만 그 그림을 보고 발걸음을 돌리는 사이에 이제 그 그림은 그에게 속한다.

어떤 이들은 렘브란트와 베르메르의 르네상스 시대 작품들을 통째로 가슴에 간직하고 있다. 어떤 이들은 눈을 감으면 파리 인상주의자들인 모네, 마네, 바지유의 작품을 떠올릴 수 있다. 어떤 이들은 어릴 적 성경 암송 대회나 초등학교 시절 학교 발표회 때문에 외웠던 성경이나 셰익스피어 희곡 대사를 줄줄 외울 수 있다.

이것은 손으로 만져지지 않는 천재성이다. 캔버스나 책장을 넘어 사람의 마음속까지 들어가 아름다움에 대한 갈망을 일으키고 슬픔을 달래 주는 작품들. 고흐는 바로 이런 작품을 만들고자 했다. 자신의 이젤에서 나와 다른 누군가의 영혼 속으로 들어가 상한 마음에 치유의 연고가 되어 주는 작품.

고흐는 순수 예술가로서 미술에 접근했다. 그는 창조라는 신성한 작업에 깊은 관심을 가졌지만 불가피해 보이는 상업화는 혐오했다. 그는 자신의 독특한 스타일이 미술계에 새롭고 값진 뭔가를 더해 준다고 믿었다. 하지만 동시에 그는 모든 세대의 예술가들이 알았던 긴장을 이해했다. 그것은 상업적 성공을 해야 작품 활동을 계속해서 할 수 있다는 점이었다. 예술을 하려면 시간과 돈이 들었다.

고흐 역시 명성을 간절히 원했다. 그는 이렇게 썼다. "내 그림 이 팔리지 않으면 아무것도 할 수 없다. 하지만 내 작품이 그림을 그리는 데 드는 비용, 생계를 유지하기 위한 비용보다 더 큰 값어치 가 있다는 사실을 사람들이 알아줄 날이 올 것이다. 사실, 지금 그 비용은 정말 빈약하다."[13] 그는 상업적 성공을 거두지 못해 낙심했 다. 그림이 천직이라 믿고서 10년 가까운 세월을 투자했는데 수입 이 시원찮으면 누구라도 낙심할 것이다.

고흐는 우울증과 정신병에 자주 시달렸다. 가장 심한 경우는 자신의 귀를 자르고 생 레미 드 프로방스에 있는 정신병원에서 1년 가까이 보냈을 때일 것이다. 그의 심리적·정신적 질환은 상업적 실패로 인한 의기소침을 더욱 악화시켰다. 1890년 7월 오후, 그가 절망에 빠져 방아쇠를 당겼을 때 그 안에서 어떤 일이 벌어지고 있 었는지 정확히 아는 사람은 없지만[14] 직업적인 좌절감이 한몫했을 것이 분명하다.

자살로 인한 죽음이라는 비극이 더 안타까운 것은 그가 그토 록 원했던 명성이 생각보다 더 가까이에 있었다는 점이다. 그는 자 신의 작품이 곧 브뤼셀 미술 전시회에서 주요 전시품이 될 줄 전혀 몰랐다. 그는 자신의 사후 불과 24년 뒤인 1914년에 자신이 테오 에게 썼던 편지가 세 권짜리 세트로 출간될 줄 전혀 몰랐다. 그가 그때까지 살았다면 60대 초반일 것이다. 그는 그로부터 20년 뒤인 1934년에 어빙 스톤이 그 편지들을 바탕으로 《빈센트, 빈센트, 빈센트 반 고흐*Lust for Life*》라는 베스트셀러 전기 소설을 쓰고, 그로부터 다시 22년 뒤인 1956년에 커크 더글러스가 어빙 스톤의 책을 원작으로 한 영화에서 그를 연기할 줄 전혀 몰랐다.

물론 고흐의 삶이 그토록 비극적으로 끝나지 않았다면 이런 일은 일어나지 않았을지도 모른다. 하지만 그의 마지막 나날들에도 미술계에서 그의 명성은 높아지고 있었다. 그의 작품을 접한 뒤 그를 떠오르는 스타로 여기는 사람들이 점점 늘고 있었다. 그는 1888년에 몇몇 작품을 전시했는데 그때 동료 화가인 조셉 제이콥 아이작슨이 그 작품들에 주목했다. 아이작슨은 1889년 8월 17일, 암스테르담 주간 간행물 〈드 포르트피유*De Portefeuille*〉에 고흐의 작품에 찬사를 보내는 글을 기고했다.[15]

고흐는 자신의 천재성에 대해 인정받기를 원했지만 정작 누군가가 인정해 주었을 때는 뜻밖의 반응을 보였다. 그는 대중의 찬사를 부담스러워했다. 고흐는 아이작슨의 칭찬하는 글을 읽고서 그에게 다시는 자신에 관한 글을 쓰지 말아 달라고 부탁했다.[16] 하지만 너무 늦었다. 소문은 퍼져 가고 있었다. 1890년 1월, 브뤼셀 미술 전시회 직전, 미술 평론가 알베르 오리에는 고흐의 작품을 칭찬하는 장문의 글을 썼다. "내 의견에는 빈센트 반 고흐의 경우, 가끔 작품이 이상한 쪽으로 흐르긴 하지만 편견이 없고 지식이 있는 관람자라면 그의 작품이 소박하고 솔직하다는 점과 그의 비전이 독창적이라는 점을 부인하거나 그것에 의문을 제기하기란 어려울 것이다."[17]

고흐가 세상을 떠난 다음 해인 1891년, 미술 평론가 옥타브 미르보는 고흐를 그 이전 시대의 네덜란드 거장인 렘브란트와 비교했다. 그는 이렇게 썼다. "반 고흐는 그 네덜란드 거장처럼 균형미나 절제미를 항상 갖추지는 못했지만 생동감을 연출하는 능력과 설득력은 못지않다."[18]

같은 해, 파리와 브뤼셀 모두 고흐의 회고전을 열었다. 이후 1890년대 내내 덴마크, 노르웨이, 스웨덴, 핀란드, 독일에서 그의 회고전이 열렸다. 그로 인해 1900년대에 접어들 무렵, 고흐는 유럽에서 가장 유명한 화가 중 한 명이 되었다. 그가 몇 년만 더 살았다면 이 영광을 보았을 것이다.

하지만 생전에 고흐는 이런 일을 상상도 할 수 없었다. 그래서 그의 작업은 고되기만 했다. 상업적인 성공을 거두지 못한 세월이 길어질수록 그는 더 미친 듯이 그림을 그렸다. 작품이 쌓일수록 그의 실패는 점점 더 크게 보였다. 1890년, 그 밀밭에서 방아쇠를 당겼을 때 그는 그가 떠나려고 했던 세상이 이제 막 그를 화가로서 사랑하기 시작했다는 사실을 전혀 몰랐다.

둘로 나뉜 평가

1889년, 고흐는 여섯 점의 그림을 전시회에 보냈고, 때가 되자 브뤼셀 미술 전시회는 그 그림들을 그가 요청한 대로 진열했다.

그의 작품은 폴 세잔, 폴 시냑, 앙리 드 툴루즈 로트레크, 폴 고갱의 작품들과 나란히 전시되었다. 그들은 모두 후기인상주의를 이끄는 화가들이었다. 나중에 고흐는 후기인상주의 화가 중에서 가장 유명해지게 된다. 이들 화가들의 이름이 동시에 초청 화가 리스트에 올랐다는 사실은 1860년대와 1870년대 인상주의 화가들이 그 전의 사실주의와 낭만주의 화가들을 앞지른 것처럼 후기인상주의 화가들이 곧 인상주의 화가들을 넘어 유럽의 미술계를 이끌게 될 것을 의미했다.[19]

고흐를 향한 찬사가 줄을 이은 것은 개인적인 사건이 아니었다. 그는 미술 사조의 흐름의 일부였다. 하지만 그는 분명 두각을 나타냈다. 그가 후기인상주의의 간판이 된 이유 중 하나는 그의 작품이 그 시대의 특징을 가장 예리하게 보여 주었다는 것이다. 그 시대의 특징은 물감을 두툼하게 바르는 것, 생동감 넘치는 색, 기하학적 구도, 세부적인 표현의 왜곡이었다. 고흐는 이 모든 특징을 사용했다. 새로운 시대의 첨단에 서 있는 모든 예술가들이 그렇듯, 그의 작품은 흥미롭고 신선하다는 평을 받는 동시에 기존 틀을 존중하지 않는 젊음의 치기에서 탄생한 열등한 작품 취급을 받기도 했다.

'스물'의 회원 중 한 명인 벨기에 상징주의 화가 앙리 드 그루는 고흐의 작품을 그렇게 취급했다. 그는 고흐의 작품을 너무 혐오해서 그것을 "빈센트 선생의 혐오스러운 해바라기 화분"이라고 부르며 자신의 작품과 나란히 놓는 것을 거부했다.[20] 그의 반대는 사람들에게 빠르게 알려졌다. 하지만 '스물'의 다른 회원들은 고흐를 형편없게 보지 않았다. 나중에 전시회 개회 만찬에서 드 그루가 고흐를 "무식한 엉터리"라고 부르자 큰 소동이 벌어지기도 했다.[21]

옥타브 마우스는 그 상황을 이렇게 기술했다. "테이블의 반대쪽 끝에서 로트레크가 갑자기 벌떡 일어나 팔을 허공에 휘두르며 그토록 위대한 화가를 비판하는 것은 무도한 짓이라고 고함을 질렀다. 그러자 드 그루가 반박했다. 순간, 장내가 난리법석으로 변했다. 두 번째 출전 선수는 정해졌다. 〔폴〕 시냑은 로트레크가 죽는다면 자신이 나설 것이라고 싸늘한 어조로 선포했다."[22] 그날 밤, '스물'은 드 그루를 전시회에서 쫓아냈다. 이튿날 드 그루는 돌아와서는 모자를 벗어 사과했고, '스물'은 그가 자신의 작품을 챙겨서 가도록 허락했다.

고흐는 당시 그곳에 없었기 때문에 이런 일이 일어난 줄 전혀 몰랐다. 그는 자신이 존경하는 화가들이 자신의 명예를 지키고 자신의 탁월함을 옹호하기 위해 나선 줄 전혀 몰랐다.

드 그루와의 소동에서 전시회에 참여한 다른 화가들이 고흐를 옹호하긴 했지만, 그 소동을 본 다른 사람들은 고흐의 작품이 과연 대중에게 통할 수 있을까 생각했다. 당시 상업적 취향에 고흐가 맞지 않았기 때문이다.[23] 하지만 옥타브 마우스의 '스물'은 상업적 성공만이 아니라 새로운 대화를 일으킬 예술에도 관심이 있었다. 바로 고흐의 작품이 그런 대화를 일으켰다. 고흐의 그림은 그 전시회에서 가장 많이 논의된 작품 중 하나였다. 행사가 끝나기 전 '스물'의 일원이자 고흐의 친구인 보흐의 누나 안나 보흐는 〈붉은 포도밭〉을 400프랑에 구매했다. 오늘날 가치로 약 2,000달러에 해당하는 액수다.

폭발적인 작품량

고흐는 〈붉은 포도밭〉의 판매 소식을 듣고 낙심해서 어머니에게 이런 편지를 썼다. "테오를 통해 제 그림 중 하나가 브뤼셀에서 400프랑에 팔렸다는 소식을 들었어요. 네덜란드의 그림들을 비롯해서 다른 작품들 가격에 비하면 높지 않은 가격이에요. 싼값에 먹고살려니 많이 일할 수밖에 없어요. 손으로 먹고 살려니 고생을 많이 해야 해요."[24]

특히 세상을 떠날 무렵의 작품량을 보면 그의 천재성과 생산성이 얼마나 엄청난지, 그리고 〈붉은 포도밭〉의 판매가 얼마나 중요하게 작용했는지를 알 수 있다. 그는 보통 사람은 버티지 못할 만큼 고생했다.

고흐는 평생 약 860점의 유화를 완성했다.[25] 또한 수채화, 스케치, 판화는 1,240점이고, 그가 쓴 편지도 900통 이상이나 된다. 그중 자신의 형제이자 후원자인 테오에게 쓴 편지가 무려 650통이다. 모두 합치면 고흐의 그림과 글은 3,000편이 넘는다.

빈센트 반 고흐의 작품들

860 — 완성된 유화

1,240 — 수채화, 스케치, 판화

900 — 편지(650통은 테오 반 고흐에게)
————————
3,000 — 총 작품 수

이토록 많은 작품을 완성하기 위해서는 얼마나 많은 시간이 걸릴까? 비교를 위해서 편지, 수채화, 스케치, 판화를 빼고 860점의 유화만 생각해 보자. 이 작품량은 다른 유명한 화가들의 작품량과 비교해서 어느 정도 수준일까? 렘브란트는 40년 넘게 화가로 활동하는 동안 약 600점의 유화를 완성했다. 고흐와 동시대 인물인 클로드 모네는 60년 동안 약 2,500점의 그림을 그렸다. 폴 세잔은 40년 동안 900점의 그림을 그렸다. 렘브란트는 평균적으로 한 해에 15점의 그림을 완성했다. 모네의 작업량은 한 해 평균 42점이었고, 세잔의 경우는 23점이었다.

몇 십 년 동안 작업한 렘브란트, 모네, 세잔 등은 시간이 많았다. 하지만 고흐는 그렇지 못했다. 그가 화가로 활동한 기간은 1881년 말에서 1890년 7월까지 겨우 9년이었다. 그것이 전부다. 고흐는 28세에서 37세까지 그림을 그렸다. 그 전에는 삼촌 회사에서 예술품 판매상으로 일하고 선교사로도 활동했다.

고흐는 화가로 활동하던 기간 중 절반인 1881년에서 1884년까

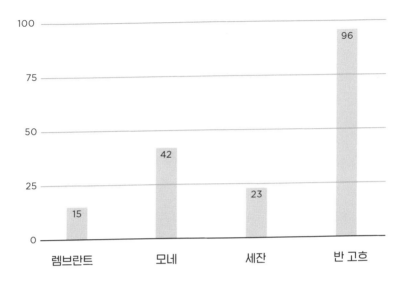

렘브란트, 모네, 세잔, 고흐의 연간 평균 작품량 비교

지 한 해 평균 21점의 그림을 그렸다. 하지만 나머지 절반인 1885년에서 1889년까지 기간에는 작품량이 한 해 130점으로 크게 늘었다. 5년 연속으로 3일에 한 점을 완성한 셈이다. 그가 1885년에서 1889년까지 두어 번 이사를 하고, 개인적인 위기와 건강상의 문제로 몇 주일간 붓을 놓은 일을 고려하면 이 수치는 더욱 놀랍다.

작품량뿐 아니라 건강 측면에서도 화가로서 고흐 인생에서 가장 왕성한 해는 마지막 해였다. 그해는 그가 〈붉은 포도밭〉을 판 1890년이었다. 그는 그해 7월 29일, 스스로 복부에 쏜 총상의 합병증으로 세상을 떠났다. 그 반년 동안 그는 108점의 그림을 완성했

고흐가 화가로서 일할 동안 완성한 작품량

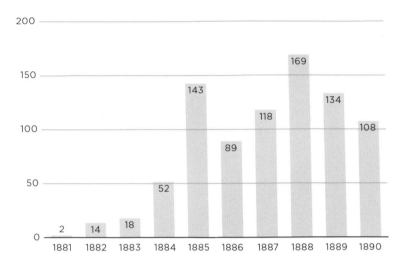

다. 그 숫자는 그가 가장 많은 작품을 완성했던 1888년 〈붉은 포도밭〉을 완성한 해 보다 61점, 1889년보다 26점이 적지만, 1890년의 108점은 생산량이 줄어든 것이 아니라 오히려 급격히 늘어난 것이다. 그는 여름에 죽었다. 따라서 그해의 페이스는 거의 200점을 완성할 만한 페이스였다.

1890년 초반에 그의 작품량이 급감한 것이 특이하다. 1월부터 4월까지 그는 총 18점의 그림만 그렸다. 이는 이후 3개월간은 먹고 자고 그림 그리는 것 외에 아무것도 하지 않았다는 뜻이다. 1890년 5월부터 7월까지 그는 엄청난 속도로 작업했다. 작품 숫자를 보면 알 수 있다. 세인트루이스 미술관St. Louis Art Museum 인상주의 갤러리에는 고흐가 1890년 6월에 그린 〈오베르가 보이는 포도밭Vineyards with a View of Auvers〉이 있다. 그 그림의 왼쪽 아래 구석에 물감을 두툼하게 바른 부분에는 다른 캔버스의 그물눈 음영 자국이 있다. 이는 그 그림을 완성하고 나서 완전히 마르기 전에 다른 그림들과 겹쳐놓았다는 뜻이다. 이 그림은 고흐가 그 한 달 동안 그린 약 42점의 그림 중 하나다. 그는 그해 5월, 24점의 그림을 완성했고, 7월에도 그러했다. 이는 그가 죽기 전 3개월 동안 그해 전체 작품량인 108점 중 90점을 그렸다는 뜻이다. 3개월 동안 평균 하루에 한 점을 그리고 완성한 셈이다.

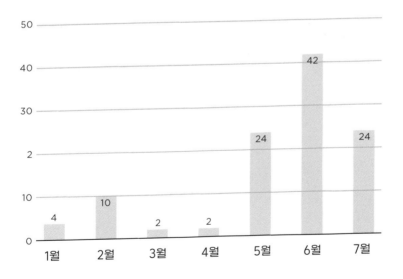

생의 마지막 해, 고흐의 작품량

죽기 전 몇 달간의 고흐를 상상해 보라. 색을 섞고 캔버스를 펴고 붓의 모양을 잡는 그를 떠올려 보라. 3개월 동안 평균 하루에 한 점의 그림을 완성하느라 격렬하게 작업하면서 그의 손가락 밑과 턱수염, 옷에 영구적으로 스며든 색들을 보라.

여기에 그가 그 9년 동안 완성한 2,140편의 수채화와 스케치, 판화, 편지까지 더하면 놀라지 않을 수 없다. 그는 세상을 담아내려는 무한 욕구에 사로잡힌 동시에 세상과 어울리지 못한 사람이었다. 그 괴리가 그를 죽음으로 몰아가지 않았나 싶다.

고흐의 다음 말은 그의 고통을 가장 잘 정리해 주고 있다. "우리가 피곤하다면 그것은 이미 먼 길을 왔기 때문이지 않은가? 이 땅에서 인간의 삶이 고통이라는 말이 사실이라면 피곤한 기분과 지끈거리는 머리가 우리가 고생했다는 증거가 아닌가?"[26]

한 줄기 연기 너머, 영원한 영광을 엿보며

고흐 이야기를 어떻게 바라보아야 할까? 모든 창조적인 활동에 뒤따라 보이는 허무함은 무엇인가? 고흐는 이렇게 말했다. "영혼 속에 큰 불을 품고 있는 사람이 있는데 아무도 그 불을 쬐러 오지 않고 행인들은 그에게서 그저 작은 연기만을 본다."[27] 우리 모두의 안에서 큰 불이 타고 있는데 다른 사람은 그저 우리에게서 가늘게 피어오르는 연기 그 이상을 보지 못한다.

오늘날 고흐의 작품은 역사상 가장 큰 찬사를 받는 작품의 반열에 올랐다. 세계 대도시 미술관의 한쪽 벽면이 그의 작품으로 도배되어 있다. 그가 이후 세대의 화가들에게 미친 영향은 실로 막대하다. 그의 이야기를 논할 때 그의 사후 상업적 성공을 언급하지 않을 수 없다. 그가 죽은 지 100년이 지난 1990년, 그의 〈가세 박사의 초상Portrait of Dr. Gachet〉은 8,200만 달러에 팔렸다. 그로부터 3년 전에는 그의 〈아이리스〉가 1억100만 달러에 팔렸다. 하지만 현재 그의 작품들의 가치를 다 합치면 얼마일지 계산하는 것은 중요한 문제가 아니다. 그가 고민했던 것은 그의 작품들의 가치가 아니었기 때문이다. 그는 자신이 이 땅에서 사는 시간 동안 '초월하는 아름다움'을 만들어 낼 수 있을지를 고민했다. 사람들이 자신에게서 그저 연기만이 아니라 자기 안에서 타오르는 불을 볼 수 있을지가 그의 가장 큰 고민거리였다.

C. S. 루이스는 이렇게 말했다. "이 우주에서 우리가 낯선 자로 취급당하고 있는 느낌, 인정받고 어떤 반응을 얻어 내고 우리와 현실 사이의 간극을 메우려는 갈망은 우리의 위로할 길 없는 비밀이다."[28] 안나 보흐가 왜 〈붉은 포도밭〉을 샀는지 정확히 알 길은 없지만 그녀가 그 그림이 마음에 들어 기꺼이 400프랑을 냈다고 말하는 것은 너무 단순화한 것이다. 물론 그녀가 400프랑을 낼 만큼 그 그림을 마음에 들어 한 것은 분명하다. 하지만 그녀가 고흐의 이야기를 알았다는 점도 중요하다. 그녀는 동생과 고흐, 자신과 고흐의 우정을 생각했다. 그녀는 고흐의 정신병을 생각했다. 그녀는 인정

을 받고 반응을 얻는 예술가들 틈에 들어가려는 고흐의 끊임없는 몸부림을 생각했다. 그녀는 그의 위로할 길 없는 비밀을 생각했다.

고흐의 비밀은 우리의 비밀이기도 하다. 그것은 인류 역사만큼이나 오래된 비밀이다. "내 삶이 이 세상에 가치를 더해 주고 있는가?" 전도서는 이 질문을 시로 표현했다.

> 내가 해 아래에서 한 모든 수고에 대하여 내가 내 마음에 실망하였도다 어떤 사람은 그 지혜와 지식과 재주를 다하여 수고하였어도 그가 얻은 것을 수고하지 아니한 자에게 그의 몫으로 넘겨주리니 이것도 헛된 것이며 큰 악이로다.[29]

고흐는 자신의 그림을, 그 그림을 그리는 데 전혀 수고하지 않은 우리가 즐기도록 내주었다. 하지만 우리는 단순히 예술로 인해서만 그를 기억하지 않는다. 우리는 그의 말, 그의 삶, 그의 고생으로 인해 그를 기억한다. 우리에게 그의 상황은 남 이야기 같지 않다. 그는 전도서에 나온 수고하는 사람이다. 그는 해 아래서 살고 움직이고 숨 쉬면서 수고하는 것이 헛되다는 사실을 직접적으로 경험하고 있었다. 모든 것이 바람을 잡으려는 것 같음을 체험했다.[30] 그는 피조물이 "허무한 데 굴복하는 것"을 경험하며[31] 만물이 새로워지길 갈망하고 있었다.[32]

이것이 예술의 힘이다. 예술은 시간과 공간 속에서 이루어지지만 영원을 가리키고 있다. 예술은 지금 이 땅에 흩어진 사물과 개념을 찾아 시간 밖에 있는 세상에 속한 뭔가를 빚어내는 일이다. 예술가들은 자신의 작품이 팔리든 팔리지 않든 바로 이 일이 자신이 하는 작업의 진정한 본질이라는 사실을 믿어야 한다.

고흐는 성자가 아니었다. 그를 성자의 대열에 넣을 수는 없다. 폴 고갱 같은 사람들과의 관계를 보면 그는 어울리기 힘든 사람이었음이 분명하다. 그리고 그의 편지를 보면 그는 자주 화를 내고 주변 다른 화가들과 사람들을 깔보며 매춘부들을 통해 자신의 욕구를 풀었던 것을 알 수 있다. 그런 못된 성질이나 부도덕성, 교만을 무시하고서 그를 미화해서는 곤란하다. 하지만 그의 불완전하고 부도덕한 모습만 보고서 그가 지옥에 갔다고 단정 지을 수는 없다.

그는 평생 그리스도를 향한 자신의 사랑을 이야기해 왔다. 그의 삶, 그의 말, 그의 작품은 많은 혼란과 고통, 분노 가운데 시달리면서도 인간 안에 내재된 아름다움, 경이, 가치를 누구보다도 분명하게 보았다. 그는 이생에서 찾지 못할 뭔가를 찾고 있었다. 그것을 이생에서 찾지 못한 것은 그가 일찍 죽었기 때문이 아니라 그가 갈망했던 영광, 사랑, 아름다움, 사랑은 이 세상에 속한 것이 아니었기 때문이다.

하지만 그것들은 분명 실재한다. 그것들은 지극히 실질적이다. 고흐는 C. S. 루이스가 "만물의 핵심 속으로의 환영"이라고 말한 그 문을 두드리며 예술가로서의 삶을 살았다. 이것은 영광으로 가는 문이다. 그리고 복음의 약속은 그리스도를 믿는 이들에게 "우리가 평생 두드려 왔던 문이 마침내 열리게 되는" 것이다.[33] 고흐는 그리스도를 믿었던 것으로 보인다. 고흐의 미술을 통해 우리는 문 건너편에서 타오르는 영원한 영광을 엿볼 수 있다. 우리는 그의 미술을 통해 연기 너머의 진짜 영광을 보기를 갈망한다. 이것이 우리가 그에게 끌리는 이유다. 우리는 그 안에서 타오른 불의 일부를 보았다.

애니 딜라드에 따르면 우리가 할 수 있는 가장 중요한 일 가운데 하나는 아름다움과 은혜가 나타날 때 그것을 느끼려고 노력하는 것이다.[34] 우리가 영광의 문 앞에 서는 것은 건너편에 경이가 있다는 것을 알기 때문이다. 우리는 영광을 직접 보기를 원하고, 다른 사람에게도 보여 주기를 원한다. 바로 이것이 예술가의 일이다. 예술가는 영광의 문 앞에 서서 두드린다. 그리고 가능할 때마다 그 영광의 빛을 조금이나마 추출해서 다른 사람이 보고 믿을 수 있게 도와준다. 어둠 속 빛 외에 달리 우리가 서로에게 영광을 비쳐 줄 방법이 있는가? 타오르는 커다란 불의 흔적인 연기를 통해서가 아니면 다른 사람이 어떻게 우리 안의 영광을 볼 수 있는가? 지금은 이것만으로 충분하지 않은가? 더 큰 뭔가가 있다는 사실을 증명해 보이는 것만으로 충분하지 않은가?

아마도 고흐가 남긴 가장 큰 선물 중 하나는 우리가 영광을 기다리고 있는 이 세상이 추하지도 허망하지도 않다는 확신일 것이다. 이 확신은 평범한 사람들과 장소들을 담은 그의 그림들에서 그대로 드러난다. 그가 알았던 세상은 영광스러웠다. 그 세상은 색, 질감, 경이로 살아 있었다. 그는 우리가 그것을 보고 더 참되고 더 큰 영광에 대한 소망을 품게 도와주었다. 고흐는 우리에게 밤하늘을 보며 하늘을 수놓은 별을 보라고 가르쳐 주었다. 아이리스의 그림을 통해서는 겨울 동안 죽은 것 속에 생명이 있음을 기억하며 만개를 고대하라고 가르쳐 주었다. 개양귀비 밭에 이슬이 내릴 때는 수많은 작은 빛들로 반짝이는 그 이슬을 보라고 가르쳐 주었다.[35]

가을에 프랑스 남부에 가 보면 당신도 눈을 들어서 보게 될지 모른다. "우리는 레드와인처럼 붉은 포도밭을 보았어. 멀리서 보면 노란색으로 변했지. 그리고 해가 쨍쨍한 초록 하늘. 보랏빛 들판. 비가 온 뒤에는 석양이 비추어 여기저기가 노란색으로 반짝거렸어."[36]

고흐 덕분에 우리는 예상했던 것보다 더 깊은 영광을 마주할 수 있다. 하지만 여전히 우리는 실제 영광의 작은 일부밖에 보지 못한다. 가늘게 피어오르는 한 줄기 연기밖에 보지 못한다. "모든 만물이 피곤하다."[37]

Henry Ossawa Tanner

헨리 오사와 타너
〈수태고지 The Annunciation〉

1898년, 캔버스에 유채, 57 × 71-1/4 인치
필라델피아 미술관 Philadelphia Museum of Art, 필라델피아

CHAPTER 8

헨리 오사와 타너, 상상과 편견 너머를 보는 눈

호기심이라는 겸손한 힘

호기심은 가장 순수한 형태의 반항이다.

블라드미르 나보코프

1800년대 말 빈센트 반 고흐와 조르주 쇠라의 인상주의와 후기인상주의가 유럽에서 뿌리를 내릴 당시, 미국도 나름대로 화가, 미술 학계, 후원자, 전시회의 네트워크를 구축하고 있었다. 많은 이들에게 미국은 가능성의 땅이었다. 하지만 당시 미국은 한창 남북전쟁 중이었다. 만인을 위한 기회의 땅이 되기까지는 아직 갈 길이 한참 먼 상태였다.[1] 백인 화가들에게 쉽게 열린 문이 다른 피부색을 가진 화가들에게는 잘 열리지 않았다. 설령 그 문이 열린다 해도 흑인 화가들은 자신들의 작품에 관한 이야기에서 항상 피부색이 언급된다는 현실과 싸워야 했다.[2] 백인들은 자신들과 다른 피부색을 가진 화가의 작품을 칭찬하더라도 언제나 인종을 언급하면서 뜻밖의 성과로 치부했다. 헨리 타너는 이런 현실의 벽을 뚫기 위해 몸부림을 쳤다.

미국에서 프랑스 파리로

헨리 오사와 타너는 1859년 6월 21일 펜실베이니아 주 피츠버그에서 태어났다. 그는 아프리칸감리감독교회African Methodist Episcopal Church 목사인 벤저민 터커 타너와 백인 농장주의 노예이자 손녀였다가 지하 철도 조직Underground Railroad〔남북전쟁 전 노예 해방을 도운 비밀 조직-편집자〕을 통해 탈출한 새러 엘리자베스 밀러 타너 사이에서 아홉 자녀 중 첫째로 태어났다.

타너 가족은 중산층 미국 흑인 집안이었다. 그들은 흑인이라는 사회적 굴레에서 벗어나는 최선의 길은 교육이라고 믿었다. 그래서 벤저민과 새러는 자녀들을 교육시키는 데 사활을 걸었다. 그들에게 세상은 그냥 거주할 곳이 아니라 발견되어야 할 곳이었다. 즉 그들은 자녀들에게 호기심을 키워 주기 위해 노력했다. 그들은 문화를 사랑했다.

헨리 타너는 펜실베이니아 순수미술아카데미Pennsylvania Academy

of Fine Arts에 입학하여 미국 사실주의 화가 토머스 에이킨스 아래서 수학했다. 당시에는 역사, 성경, 신화를 다룬 풍속화가 다시 상업적으로 인기를 끌고 있었다. 타너가 처음 시도한 풍속화는 안드로클레스의 신화였다. 안드로클레스는 체포당하지 않으려 사자 굴에 숨었던 로마의 노예로, 사자 발에 박힌 가시를 빼 준 덕에 그 사자와 친구가 되었다. 나중에 그는 로마인들에게 체포되어 키르쿠스 막시무스의 콜로세움에서 짐승들에게 잡아먹힐 운명에 처했다. 곧 사지가 찢겨 대중에게 즐거움을 선사할 희생자의 운명이었다. 그런데 지하 통로에서 나온 사자는 다름 아닌 그가 도와주었던 그 사자였다. 사자는 그를 알아보고는 그 앞에 엎드렸다. 이를 본 군중은 그가 신의 총애를 받는다고 생각했고, 결국 그와 사자가 함께 풀려났다는 신화 속 이야기다.

화가들은 자신이 아는 것과 자신이 지나온 삶에서 소재를 끌어낸다. 도망친 노예의 아들이었던 타너는 노예 주인들을 피해서 도망친 노예들의 이야기를 자주 들으며, 또 자신의 아버지와 어머니가 1800년대 중반 미국에서 흑인으로 살면서 견뎌야 했던 수많은 위험을 직접 두 눈으로 보면서 자랐다. 안드로클레스 이야기는 타너에게 노예들의 인권과 함께 노예제도의 악함을 알리며 노예들을 향한 연민과 공감을 이끌어 낼 수 있는 길을 마련해 주었다.

그는 그 신화를 바탕으로 두 점의 스케치를 그렸다. 하나는 벌거벗고 초췌해진 채로 감옥에 갇힌 안드로클레스를 그린 그림이었고, 다른 하나는 자신의 발을 핥는 사자를 그린 그림이었다. 하지만 그는 당시 기술로는 실제 그림을 그리는 것이 "너무 야심 찬" 시도라고 고백했다. 그는 그림을 공부하는 데 시간과 돈과 관심을 쏟았지만 그가 그린 것은 겨우 스케치 두 점이 전부였다. 그나마 그 그림도 완성하지 못했다.[3]

토머스 에이킨스는 젊은 화가 타너에게 능력의 한계를 느낀 경험을 성장의 계기로 삼으라고 강권했다. 헨리는 그의 강권에 감사함을 느꼈다.

> 이즈음, 펜실베이니아 순수미술아카데미에서 나를 가르친 토머스 에이킨스 교수님은 나를 질책했다. 그 질책은 당시나 지금이나 내게 큰 도움이 되고 있다. 그 질책은 내가 살아갈 삶의 모든 점에 적용된다. 나는 스케치를 하기 시작했다. 그 스케치는 그리 나쁘지 않았다. 아니 내가 그때까지 그린 스케치 중에서 최고였다. 교수님은 나를 격려했지만 나는 그 스케치를 더 향상시키기 위해 노력하지 않고 그것을 망칠까 봐 두려워서 그 주 남은 시간 내내 작업을 전혀 하지 않았다. 결국 교수님은 화가 나서 이렇게 말했다. "뭘 한 건가? 더 향상시키지 않으면 더 나빠지는 걸세. 중간은 없어."[4]

에이킨스가 타너를 몰아붙인 것은 그에게서 큰 잠재력을 보았기 때문이다. 그는 타너가 자신의 목소리를 가지면 세상에 뭔가 대단한 것을 보여 줄 수 있다는 사실을 알았다. 두 사람은 평생의 친구가 되었다. 나중에 에이킨스는 타너의 초상화를 그렸다. 이는 스승과 제자 사이에 상호 존중이 있었다는 증거다.

타너는 필라델피아에서 기술을 연마했다. 하지만 그 도시는 그에게 상업적인 성공의 길을 내주지 않았다. 그는 단순히 그림만 그리고 싶지 않았다. 화가로서 인정받으면서 살고 싶었다. 1889년, 그는 "사업과 미술을 결합하기 위한" 시도로서 애틀랜타로 넘어가 사진관을 열었다.[5] 그 사업은 몇 달 만에 실패했지만 그 기간에 그는 감리감독교회Methodist Episcopal Church의 감독인 조셉 크레인 하트젤을 만났다. 타너의 작품에 반한 하트젤은 타너가 애틀랜타 클라크대학Clark University에서 그림을 가르칠 수 있도록 도와주었다. 타너가 그곳에 있는 동안 하트젤은 그가 신시내티에서 열린 한 전시회에 작품을 전시하도록 연결해 주었다. 그의 그림은 한 점도 팔리지 않았지만 전시회가 끝나고 하트젤과 그의 아내는 그의 작품 전체를 구입했다. 덕분에 타너는 유럽에서 미술을 공부한다는 평생의 꿈을 이룰 수 있게 되었다.

고흐가 세상을 떠난 다음 해인 1891년, 헨리 오사와 타너는 프랑스로 가는 배에 몸을 실었다. 계획은 프랑스에서 다시 로마로 가서 미켈란젤로와 라파엘로 같은 르네상스 시대 거장들의 기법을 배우는 것이었다. 하지만 그는 파리에 들렀다가 그곳 미술에 너무 깊은 감명을 받아 기존 계획을 변경했다. 그는 이렇게 말했다. "이상하게도 파리에서 일주일간 머문 뒤에 그곳이 너무 마음에 들어 뉴욕을 떠날 때 로마에서 공부하기로 계획했다는 사실을 완전히 망각했다. 파리가 로마로 가는 기착지였다는 사실을 까마득히 잊어버렸다."[6]

타너의 관심을 사로잡은 것은 파리의 미술만이 아니었다. 인종 편견이 거의 없다는 점도 매력적이었다. 미국과 달리 프랑스는 타너를 받아 주었다. 예를 들어, 그의 명성이 올라갈 때 유럽 평론가들은 그의 인종을 거의 언급하지 않았다. 그는 이렇게 말했다. "파리에서는 아무도 나를 희한하게 보지 않는다. 나는 그냥 미국인 화가 타너일 뿐이다. 아무도 내 선조의 피부색을 알지 못하고 신경도 쓰지 않는다. 나는 완벽한 사회적 평등 속에서 살고 일한다."[7]

타너는 파리에 거처를 마련하고 줄리앙아카데미Académie Julian에 등록하여 장 폴 로랑 밑에서 수학했다. 프랑스는 그와 너무 잘 맞았다. 결국 그는 남은 생애를 거기서 보내면서 브리타니와 노르망디 예술가들과 어울렸다. 줄리앙아카데미에서 공부할 당시 그는 세 점의 주요 프랑스 풍속화 시리즈를 완성했다. 1892-1893년작 〈백파이프 수업The Bagpipe Lesson〉, 1895년작 〈백파이프 연주자The Bagpipe Player〉, 1895년작 〈나막신을 만드는 어린아이The Young Sabot Maker〉가 그것이다. 이 세 그림은 프랑스와 미국에서 전시되었다. 펜실베이니아 소매업계의 거물 존 워너메이커는 〈백파이프 수업〉을 매우 높이 평가해서 그 그림을 즉시 구매했다. 타너에 대한 워너메이커의 호감은 나중에 타너에게 큰 도움이 된다.

새로운 시각을 제시하는 그림

줄리앙아카데미에 있는 동안 타너는 미국 미술 학생 클럽
American Art Students Club의 회원이 되었다. 워싱턴 국립 미술관National
Gallery of Art이 짚어 주었듯이 그가 "미국과 깊은 관계"를 유지하기를
원했고 "평등을 위한 미국 흑인들의 사투에 계속해서 관심을 갖고
있었기" 때문이다.[8] 그는 수시로, 특히 자신의 작품이 전시될 때마
다 미국으로 돌아갔다. 한번은 미국을 방문하면서 시카고에서 열
린 1893년 세계 아프리카 회의World's Congress of Africa에서 '미술계의
미국 흑인The American Negro in Art'이라는 제목으로 강연했다. 그는 젊
은 학생 시절 미국에서 자리를 잡기 힘들었던 시절을 강조하면서
이렇게 말했다. "이 나라가 '평등한 기회'의 땅인 사람들은〔교육의 기
회를 찾는〕이 문제가 제게 얼마나 힘들었는지, 제가 화실을 돌 때마
다 얼마나 불안해했는지를 모르실 겁니다. 문제는 제가 원하는 선
생님이 아무것도 모르고 돈도 거의 없다는 꼬마를 받아 줄까 하는
것이 아니었습니다. 선생님이 제가 누구인지 알고서도 받아 줄 것
인가, 혹은 내치지 않을 것인가가 문제였습니다."[9]

헨리 타너는 흑인들에 대한 사람들의 편견을 바꾸기 위해 자
신의 목소리와 미술을 사용하는 것이 자신의 의무라고 생각했다.
1890년대 초, 타너는 〈감사 기도를 드리는 가난한 사람들The Thankful
Poor〉과 〈밴조 수업The Banjo Lesson〉 두 점의 풍속화에 그의 신념을 담
아냈다. 〈밴조 수업〉은 "흑인 화가가 흑인들을 그린 풍속화 중에서

처음으로 인정받은 그림"이었다.[10] 이 두 작품은 한 세대에서 다음 세대로 기술을 전수하는 교육의 중요성을 강조한다는 점에서 그가 프랑스인을 그린 〈백파이프 수업〉과 〈나막신을 만드는 어린아이〉를 보완하는 작품들이다.

　겨우 두 점에 불과한 타너의 흑인 풍속화들이 그토록 혁신적인 이유는 흑인들을 광대처럼 우스꽝스럽게 묘사한 당시 전형적인 표현 방법들과 달리 흑인을 자연스럽고 품위 있게 그렸다는 것이다. 타너는 미국 흑인 가족들, 특히 남성들의 인간적인 모습, 애환, 조용한 가업을 보여 주고 싶었다.[11]

헨리 오사와 타너
〈감사 기도를 드리는 가난한 사람들 The Thankful Poor〉

1894년, 캔버스에 유채, 35.5 × 42.4 cm
개인 소장

헨리 오사와 타너
〈밴조 수업 The Banjo Lesson〉

1893년, 캔버스에 유채, 124.4 × 90.1 cm
햄프턴대학 미술관 Hampton University Museum, 버지니아

타너는 〈밴조 수업〉과 〈감시 기도를 드리는 가난한 사람들〉에 관해 3인칭으로 쓴 글에서 다음과 같이 말했다.

> 그는 유럽에서 돌아온 뒤로 주로 흑인들을 그렸다. 그는 그것이 새로운 분야이기도 하고 그들 삶의 진지하고 애처로운 측면을 보여 주고 싶기도 했으며 다른 조건이 동일하다면 그들에게 가장 큰 연민을 품은 사람이 최상의 결과를 얻을 수 있다고 생각했기에 그들에 관한 그림에 끌리고 있다. 그가 볼 때 흑인의 삶을 보여 준 많은 예술가들은 우스꽝스러운 측면만 볼 뿐, 그런 투박한 겉모습 속에 있는 따뜻하고 너른 마음에 대한 공감과 이해는 없었다.[12]

1800년대-1900년대
흑인들을 묘사한 광고의
전형적인 모습

타너는 〈백파이프 수업〉, 〈밴조 수업〉, 〈감사 기도를 드리는 가난한 사람들〉, 〈나막신을 만드는 어린아이〉에 담은 교육적 주제를, 사람들의 마음속에 몰래 파고들어 편견을 바꾸는 일종의 트로이 목마로 여겼다. 예술은 예부터 언제나 사람들의 마음과 정신을 빚는 수단이었다. 한 세대에서 다음 세대로 문화와 지식을 전달하는 모습을 보여 주는 그림들은 "보는 이들에게 익숙하면서도 낯선 친족 관계의 형태들을 상징적으로 표현할 수 있게 해 주었다."¹³ 타너에게 가르침과 배움은 누구나 할 수 있는 존엄한 경험이었다. 우리 모두는 앞서간 사람들, 우리에게 투자한 사람들, 우리에게 기술을 가르쳐 준 사람들, 우리에게 신념을 전해 준 사람들, 우리가 어릴 적에 우리에게 사랑을 쏟아 준 사람들의 영향을 받는다.

타녀는 당시의 고정관념을 뒤집은 풍속화를 통해 보는 이들의 마음을 움직이고자 했다. 메인 주 베이츠대학Bates College의 종교 연구 교수 마커스 부르스는 다음과 같이 말했다.

〈밴조 수업〉은 〔타녀가〕 당시 고정관념을 뒤집은 하나의 예다. 그는 흑인 풍속화를 통해 미국 흑인들을 바라보는 새로운 시각, 다른 시각을 제시했다. 타녀의 그림은 음악만 아는 사람들이라는 미국 흑인들에 대한 만연한 인종적 고정관념과 밴조 연주에는 기술이 거의 혹은 전혀 필요하지 않다는 믿음을 뒤흔든다. 그 그림은 깊은 사고와 공부를 필요로 하는 '교육적 상호작용'과 전수 행위에 참여하는 두 인물에 대한 묘사로 그런 고정관념과 믿음을 허문다. 〈밴조 수업〉 같은 그림을 보면 타녀가 그림을 통해 무엇을 하고 있는지를 알 수 있다. 그를 둘러쌌던 눈에 보이는 문화와 사회적 세상의 관행은 특히 미국 흑인들의 능력, 기술, 지능과 관련해서 그의 그림의 묘사와 상반된다. 그럼에도 그 그림은 사람들에게 눈앞의 묘사를 받아들이고 믿으라고 '초대'한다.[14]

타녀는 사람들에게 새로운 시각을 가르치고 싶었다.

1894년 파리로 돌아온 타녀는 파리 살롱에 〈백파이프 수업〉과 〈밴조 수업〉을 제출했고, 살롱은 두 작품 모두를 받아들였다. 그런데 미술 평론가 듀이 모스비는 "브르타뉴 사람들이 등장한 〈백파이프 수업〉은 상을 받은 반면 인종적 영향과 성격이 뚜렷한 그림들은 무시당했다"는 점을 지적했다.[15] 타너는 여기서 아이러니를 보았다. 미국 흑인이 프랑스 현지인을 묘사한 그림은 "뚜렷한 인종적 영향"을 지니지 않은 것이고, 화가가 자신과 같은 인종의 사람들을 묘사한 그림은 그런 영향을 지닌 것이라니, 아이러니가 아닐 수 없었다.

〈백파이프 연주자〉와 〈밴조 수업〉에 대한 살롱의 반응은 헨리 타너로 하여금 창작의 기로에 서게 만들었다. 흑인 화가로서 그는 이 세상에 어떤 영향을 미치고 싶었을까? 어떤 길로 가는 것이 다른 서양의 후배 화가들에게 가장 큰 도움이 될까? 미국 흑인 풍속화로 유명한 흑인 화가가 되기 위해 좀 더 노력해야 할까? 아니면 현존 세계 최고의 화가 중 한 명으로 널리 인정받기 위해 노력해야 할까? 그가 미국 흑인 풍속화에 집중하면 그렇게 될 수 있을까? 그의 미술에서 인종은 항상 중요한 역할을 하겠지만 그는 인종에만 초점을 맞춘 틈새시장 화가가 되고 싶지 않았다. 그는 유럽 거장들의 분야에서 기법을 연마하고 싶었다. 이런 이유로 그는 미국 흑인 풍속화로 돌아가지 않았다.

신앙인이었던 타너는 한 인종이 다른 인종을 평등과 사랑으로 대하도록 설득하는 것이 신학적 노력이라고 믿었다. 그것은 모든 사람이 하나님의 형상을 따라 창조되었기에 외모와 상관없이 모두가 내재적 존엄성과 가치를 지닌다는 성경적 시각을 필요로 하는 노력이다. 그는 파리와 미국에서 성공한 덕분에 적잖은 명성을 얻어 가고 있었다. 어떻게 이 인기를 발판으로 자신이 믿는 원칙들을 이야기하면서도 상업적인 성공을 이어 갈 수 있을까? 그는 "보편적인 인간으로서의 그리스도를 상상함으로써, 인종차별적 사고에 대한 강력하지만 현재 무시되고 있는 새로운 사고"를 제시하기로 했다.[16] 고심 끝에 마침내 그는 성경을 그리기로 했다.

붓으로 복음을 전하다

타너가 프랑스와 미국 흑인 풍속화에서 성경적인 주제의 종교화로 전환한 것은 현명한 처사였다. 그는 유럽과 미국 모두에서 종교 예술이 부상할 당시에 이런 조치를 취했다. 그는 당시 인기가 있을 뿐 아니라 자기 정체성의 중요한 일부인 주제를 발견했다. 그는 이렇게 말했다. "내가 종교 화가가 되기로 선택한 것은 우연이 아니다. …… 물론 나는 종교적 정서를 물려받았다. 이 점에 대해서 감사한다. 하지만 나는 이 정서 때문이 아니라 나 자신의 확신에 따라 지적인 신앙을 품기로 결심했고, 그런 신앙을 얻게 되리라 소망하고 있다."[17]

타너는 종교화에서도 계속해서 교육적인 주제를 사용했다. 〈수태고지The Annunciation〉와 〈니고데모Nicodemus〉, 〈엠마오의 순례자들The Pilgrims of Emmaus〉이 그런 경우다. 어린 예수님이 어머니 마리아와 함께 앉아 두루마리 성경을 공부하는 〈읽는 법을 배우시는 그리스도Christ Learning to Read〉라는 감동적인 작품도 있다. 타너는 자신의 예술적 재능이 강력한 전도 도구라는 사실을 깨달았다. 그는 이렇게 말했다. "다른 사람에게 복음을 전해 줄 능력을 받아서 기쁘다. …… 내 안에서 그리스도의 영이 드러나시도록 초대했다."[18] 타너는 사람들이 익숙한 이야기에서 새로운 뭔가를 보고, 이전에 생각했던 뭔가를 다시 생각하며, 무엇보다도 성경을 만나 더 깊은 신앙으로 들어가기를 바랐다.

타너의 첫 번째 종교화는 지금은 사라진 〈사자 굴 속의 다니엘Daniel in the Lions's Den〉이다. 아마도 이전에 안드로클레스의 신화를 그리려고 했던 시도의 연장선이 아닐까 싶다. 이 그림은 1896년 파리 살롱에서 호평을 받았다. 살롱의 공식적인 인정이 있고 나자 미술계는 이제 그의 말에 귀를 기울이기 시작했다.

타너는 그해 여름과 가을 동안 그의 걸작 중 하나인 〈나사로의 부활The Raising of Lazarus〉을 그렸다. 그는 나사로가 죽음에서 살아나던 순간의 인간적인 모습과 친밀함을 담아내고 싶었다. 이 그림에서 예수님과 무리는 나사로가 묻힌 동굴 무덤 근처에 모여 있다. 그는 나사로의 죽음을 더 생생하게 보여 주기 위해 성경 텍스트에서 벗어나 예술적인 상상력을 발휘했다.[19] 죽은 자에게 입혔던 옷들은 바닥에 널부러져 있다. 예수님 오른편에는 내향적인 마리아가 슬픔으로 고개를 떨구고 있으며, 왼편에는 외향적인 마르다가 주님이자 친구인 예수님과 대화를 나누고 있다. 한때 죽었다가 이제는 살아 있는 나사로의 고개를 누군가 안아 들고서 앉히려 하는 중이다. 나사로는 깨어났지만 무슨 일이 일어났는지 모르겠다는 표정이다.

〈백파이프 수업〉을 구입했던 존 워너메이커의 아들 로드먼 워너메이커는 1896년 말 사적인 자리에서 〈나사로의 부활〉을 보고 끌림과 동시에 혼란을 느꼈다. 타너의 이 작품은 보기 드문 사실주의를 담고 있었다. 로드먼 워너메이커는 이렇게 말했다. "이 〈나사로의 부활〉에는 오리엔탈리즘이 있다. 하지만 이것은 좋은 우연이었다."[20]

타너는 성지에 직접 가 보지 않고도 그곳을 실로 생생하게 그려 냈다. 인물들의 외양들과 그 장면을 유럽 모습으로 그리지 않고 진정성 있게 재현했다. 이에 워너메이커는 타너가 이스라엘을 직접 가 보고 나면 성경적인 작품이 훨씬 더 위대해질 것이라고 생각했다. 타너는 워너메이커가 말한 대로 "성지를 직접 보는 것이 유익하겠다고 생각했고, 그리하여 1897년 2월 이집트와 팔레스타인을 직접 가 보게 되었다."[21] 워너메이커는 타너가 카이로, 예루살렘, 포트사이드, 야파욥바, 예리코여리고, 사해, 알렉산드리아를 여행할 수 있도록 경비를 지원해 주었다. 덕분에 타너는 성경 속 지명의 지형, 건축물, 빛, 사람들의 옷, 관습을 직접 확인할 수 있었다.

타너는 이렇게 말했다. "내게 팔레스타인은 언제나 크나큰 비극의 땅이었다."[22] 성경 페이지마다 담긴 이야기는 그가 미국에서 흑인으로 살며 겪은 차별과 고난을 떠올리게 만들었다. 성경은 인종적 차별, 자신을 이웃보다 고귀하다고 여긴 사람들, 마음속에서 이웃을 불경한 자로 여긴 사람들에 관한 이야기로 가득하다.[23] 우주의 하나님 이야기는 그분의 백성에게 나그네, 가난한 사람, 고아,

과부 즉 미국 땅에 사는 모든 노예들과 같은 처지를 돌보라고 말한다.[24] 하나님 이야기는 이러한 거룩한 소명을 따라 겸손하게 사는 그분의 백성들의 이야기다.

사람들이 다른 사람에 대한 자신만의 상상과 편견에서 벗어난다면 얼마나 좋을까? 우리가 서로를 과장된 편견의 눈으로 바라보지 않고 서로의 진짜 모습을 보면 얼마나 좋을까? 우리가 삶에 대한 진정한 호기심으로 그들을 알려고 노력하면 얼마나 좋을까? 그렇게 된다면 우리를 분열시키는 수많은 힘들이 와해될 것이다. 우리가 주변 사람들에게서 기쁨과 슬픔, 사랑과 상실, 실패와 승리라는 공통된 인간 경험을 보고, 그 모든 경험을 소중하게 여기게 될 것이다. 이해가 무지를 몰아낼 것이다. 존중이 적대를 극복할 것이다.

타너는 단순히 사람들이 자기 주변의 흑인을 봐 주는 것을 원하지 않았다. 화가이자 그리스도인으로서 그는 흑인들의 진짜 모습을 보여 주고 싶었다. 그는 사람들에게서 편견을 몰아내고 호기심이라는 겸손한 힘을 불어넣고 싶었다. 바로 이것이 그가 〈밴조 수업〉과 〈감사 기도를 드리는 가난한 사람들〉을 통해 세상에 주고 싶었던 것이다.

성경 장면을 그리는 화가로서 타너는 사람들이 성경을 단순하게 보기를 원하지 않았다. 그는 성경 속 실제 장면들을 사람들에게 보여 주고 싶었다. 바로 이것이 예술가의 역할이다. 그는 사람들이 익숙한 이야기들의 현장을 진짜 모습에 가깝게 보았으면 했다. 그는 상상을 뛰어넘어 성지를 직접 밟아 보고 그곳에 익숙해졌다. 그는 단순히 관광객이 아닌 학생으로서 그 땅을 밟았다. 그는 그곳에서 살고 돌아가시고 부활하신 그리스도의 제자였다. 그곳에서 역사상 가장 중요한 사건인 예수 그리스도의 부활 사건이 있었고, 그 사건은 그의 삶의 방향과 그의 영원한 운명을 180도로 바꾸어 놓았다.

헨리 타너는 "붓으로 복음을 전하고" 싶었다.[25] 그는 화가들이, 자신이 "이런 주제에서 얻은 개인적인 신앙의 고취를 대중에게 전달해" 주어야 한다고 생각했다. 또 그것이 그가 "이런 주제를 선택하는 주된 이유"라고 말했다.[26] 다시 말해, 그는 자신의 영혼을 감동시켰던 성경이 다른 사람의 영혼도 감동시키기를 원했다. 그는 이렇게 말했다. "내 노력은 성경 사건들을 본래의 배경 속에 둘 뿐 아니라 그 사건들을 왜곡시키지 않으면서도 친근하게 느낄 수 있도록 인간적인 터치를 가하는 것이었다."[27] 그가 사람들에게 성경의 진리를 보여 준 것은 편견을 몰아내고 복음을 선포하기 위한 그만의 방법이었다.

타너가 이스라엘에 있을 때 〈나사로의 부활〉은 1897년 파리 살롱에 제출되어 3등 메달을 수상했다. 메달 자체로도 큰 영광이었지만, 그 수상으로 프랑스 정부는 현대 미술의 국가 공인 보관소였던 뤽상부르 미술관Luxembourg Gallery을 위해 그 작품의 구매를 요청했다. 타너는 파리로 오는 길에 오르기 전까지는 그 그림의 수상 소식이나 프랑스 정부의 구매 요청에 관해 알지 못했다. 파리로 오는 길에 그는 친구에게 긴급 전보를 받았다. "타너, 어서 와서 자네 그림 앞에 모인 군중을 봐."[28] 타너는 이렇게 말했다. "그 그림을 정부에 판매하라는 요청을 받았다고 들었다. 알아내려고 해 봤지만 그것이 사실인지 확실히 알 수 없었다. 정말 놀라운 일이었다. 내 인생에서 놀라운 일이었다."[29]

〈나사로의 부활〉은 평론가들을 놀라게 했다. 그들은 그 그림을 렘브란트의 그림과 비교했고, 타너를 렘브란트의 "뜻밖의 제자"라고 불렀다.[30] 런던의 한 신문은 그 그림을 "크기는 작지만 렘브란트의 특성을 완벽히 갖춘, 발전시킬 가치가 충분한" 작품이라고 평했다.[31] 미국의 한 신문은 그 장면이 "렘브란트 시대에서 우리 시대까지 자주 그려져 왔던 것이지만 이보다 더 강력하거나 더 독창적인 적은 없었다"[32]고 썼다. 타너의 작품은 네덜란드 르네상스 시대 거장만큼이나 성경의 주제를 친밀하고 익숙하게 그려 냈다. 타너는 그 비교를 흐뭇해하며 이렇게 말했다. "렘브란트, 좋다. 그는 인간을 진심으로 그린 화가였다."[33]

〈나사로의 부활〉의 인기에 힘입어 타너는 근동 지방을 여행하면서 수북이 쌓인 스케치와 메모를 갖고 다음 종교화인 〈수태고지〉를 작업하기 시작했다.

마리아의 방으로

헨리 타너의 〈수태고지〉는 우리를 마리아의 방으로 안내한다.

그 방은 그의 작품에서 흔한 평범한 가정적인 환경이다. 아치형의 기둥, 선반, 벽돌 바닥. 이것들은 그가 밟은 거룩한 땅에서 본 그대로였다. 태피스트리와 양탄자는 그가 그 땅에서 가져온 것들이었다. 그 장면은 진중하면서도 익숙하고 친밀하다. 그 그림을 보다 보면 성경의 현장에 그렇게 가깝게 다가가도 될까 하는 생각이 들 정도다.

마커스 부르스는 이렇게 썼다. "잉태와 계시의 순간에 관한 타너의 해석을 보면, 그는 종교적인 주제들을 사용하여 사람들에게 자신과 자신의 경험을 바라보는 새로운 시각을 제시했다. 그의 해석에 따르면 특별한 사건들은 가장 뜻밖의 장소에서 가장 뜻밖의 사람들 가운데서 일어난다."[34]

요셉이라는 목수와 약혼했을 때 마리아는 평범한 처녀였다. 그들은 나사렛에 살았으며 가정을 이루기 위해 열심히 사는 소박하고 솔직한 사람들이었다. 하지만 이 모든 상황은 천사의 방문으로 달라진다. 천사는 마리아에게 나타나 역사의 물줄기를 바꿀 사실 하나를 알려 주었다.

천사는 마리아에게 이렇게 말했다. "은혜를 받은 자여 평안할지어다 주께서 너와 함께하시도다"[35]

마리아는 하나님의 말씀에 익숙한 민족의 일원이었다. 그녀는 아브라함, 이삭, 야곱, 요셉, 모세, 다윗, 하나님이 약속하신 메시아에 관한 선지자들의 약속에 관해 배우며 자랐다. 그녀는 하나님에게서 온 분이 그분의 백성들을 고통과 죄에서 구해 주실 것이라는 약속을 잘 알고 있었다. 모든 사람은 메시아가 어떻게 오실지 궁금해했다. 하나님의 구원이 무시무시한 분노 가운데 찾아올까? 빛나는 갑옷 입은 전사 같은 왕이 강한 군대를 이끌고 내려와 로마를 멸망시킬 것인가? 수 세대 동안 사람들은 구원의 방법을 상상했다.

그러던 어느 날 밤, 다니엘을 인도했던 천사인 가브리엘[36]이 "순결과 준비를 모두 상징하는 약혼한 처녀"인[37] 마리아에게 나타났다. 이 세상 것처럼 보이지 않는 빛나는 옷을 입은 천사가 두려워하지 말라고 말하니 이상했을 것이 분명하다. 특히, 하나님이 자신에 관해 생각하셨다는 사실은 더 이상했을 것이다.

하나님은 마리아를 아셨다. 하나님은 그녀가 보물처럼 마음속에 간직해 온 소망을 아셨다.[38] 가브리엘은 단순히 메시아가 오신다는 사실을 알리기 위해 그녀에게 나타나시지 않았다. 그는 그녀가 그 메시아의 어머니가 될 것이라고 말했다. 그녀는 천사에게서 기적적인 탄생에 관한 소식을 들은 첫 번째 사람은 아니었다. 그 사건을 처음 경험한 사람은 이삭의 어머니 사라였다.[39] 삼손의 어머니와[40] 세례요한의 아버지 사가랴도[41] 비슷한 일을 경험했다. 하지만 하나님의 백성을 죄에서 구원할 그리스도를 잉태할 것이라는 말은 오직 마리아만 들었다.

하나님은 이미 그리스도의 이름도 정해 놓으셨다. '하나님은 구원이시다'라는 의미의 "예수"라는 이름이었다. 가브리엘이 마리아에게 한 말은 단순히 하나님이 인간사를 주목하신다는 것을 의미하지 않는다. 그의 말은 하나님이 인간사에 직접 관여하신다는 것을 의미한다. 마리아의 아들은 세상을 구속할 임무를 띠고 세상 속으로 들어올 것이었다.

천사의 메시지는 아무런 대가 없이 찾아오지 않았다. 그 메시지로 인해 마리아와 요셉은 편집증적이고 무자비한 로마 통치자를 피해 한동안 도망자로 살아야 했다.[42] 아울러 마리아는 순결과 인격을 의심한 주변 사람들의 의심스러운 눈총을 견뎌야 했다. 결국, 시므온이라는 나이 든 제사장이 나중에 예언한 것처럼 이 천사의 소식에 따른 고통스러운 결과들은 마치 날카로운 칼날처럼 마리아의 영혼 깊숙이 찔러 댔다.[43] 이 모든 일이 닥쳐오고 있었다.

천사의 메시지는 계속되었다. 마리아의 아들은 자라서 구주요 왕으로 하나님의 백성을 다스리게 될 것이었다. 오래전 다윗의 왕위가 견고하고 끝이 없을 것이라고 약속하신[44] 하나님은 이 처녀를 통해 이스라엘의 왕위 계승자를 보내서 그 옛 언약을 지키실 것이었다. 마리아는 이렇게 물었다. "하지만 저는 아직 처녀인데 어떻게 이런 일이 일어날 수 있습니까?"[45] 그녀가 아들을 낳기 위해서는 임신을 해야 한다. 하지만 남자와 잠자리를 하지 않은 여자가 어떻게 아이를 가진단 말인가?

천사는 자연을 지으신 분이 자연의 법칙을 바꾸실 수 있다고 설명했다. 성령이 이 처녀에게 임하면 그녀는 예수님의 어머니가 될 것이었다. '어떻게' 이런 일이 일어날지보다 이런 일이 일어날 것이라는 사실이 중요했다. 그 일은 하나님이 하실 것이었다.

천사는 마리아가 믿을 수 있도록 증거를 주었다. 평생 아이가 없던 마리아의 나이 많은 사촌 엘리사벳은 그즈음 출산을 불과 몇 개월 앞두고 있었다. "그녀를 찾아가서 보라." 가브리엘이 말했다. 이것이 바로 하나님으로서는 불가능이 없다는 사실을 이해하도록 돕기 위한 증거였다.[46]

마리아는 불가능해 보이는 뜻밖의 충격적인 선포에 심오한 대답으로 반응했다. "주의 여종이오니 말씀대로 내게 이루어지이다."[47]

이사야는 그리스도의 오심이 흑암 속에서 살던 사람들이 큰 빛을 보게 되는 이야기라고 말한다.[48] 어둠과 빛은 이 이야기를 관통하고 있다. 하늘의 천사들이 밤에 양 떼를 치는 목자들에게 나타났다.[49] 동방에서 온 학자들은 별의 빛을 따라 예루살렘에 이르렀다.[50] 천사는 요셉의 꿈에도 나타났다. 예수님이 탄생하시던 밤 내내 "빛이 어둠에 비치되 어둠이 깨닫지 못"했다.[51]

타너는 빛과 어둠을 사용하여 이 장면에 대한 기존의 전통적인 접근법을 획기적으로 변화시켰다. 그가 그린 가브리엘은 대부분의 그림에서 표현된 천사 하면 떠오르는 날개 달린 천사가 아니라 형체 없는 환한 빛줄기였다. 이 접근법이 놀라운 것은 천사가 찾아온 이 뜻밖의 가장 장엄하면서도 두려운 순간을 빛줄기만으로 상상이 가능하게끔 그렸다는 것이다. 그가 그린 천사는 강력한 빛과 힘의 근원을 이루고, 이 빛은 힘센 근육질보다 훨씬 더 큰 두려움을 자아낸다.

동시에 그는 이 두려운 천사에게 시선이 쏠리지 않도록 솜씨를 발휘했다. 빛으로 등장한 가브리엘은 방 안 가득 훤히 비추고, 빛이 비추는 곳에 여인이 보인다. 젊은 여인. 믿기 어려운 일에 의문이 가득한 얼굴, 정숙함, 자세와 표정에서 볼 수 있는 금방 자다가 깨어난 흔적. 옷깃을 여미며 자신을 방어하듯 옷을 두르고 있는 그녀는 이 뜻밖의 상황을 어떻게 받아들여야 할지 모르겠다는 표정이다.

미술사학자 제임스 로메인은 타너의 구도가 서로 연관된 두 가지 의도를 보여 준다고 말했다. 첫째, 그는 "성경 주제들을 예술적으로 완성도 있으면서도 영적으로 이해하기 쉽게 보여 줌으로써 현대 관람객들에게 성화를 부흥시키기를" 원했다. "타너의 두 번째 목적은 영적 변화의 순간의 동정녀 마리아 같은 개인들을 묘사함으로써 신앙의 힘을 보여 주는 것이었다."[52]

변화는 타너의 소망이었다. 그래서 그는 그 순간에 하나님이 아닌 인간에게 초점을 맞추었다. 그는 삶을 송두리째 변화시킨 그 만남이 마리아에게 어떻게 다가왔을지를 고민했다. 세상의 죄를 없앨 하나님의 아들을 낳게 되리라는 사실을 알게 되었을 때 마리아는 어떤 기분이었을까? 타너는 그 순간을 우리에게 보여 주려고 했다. 그는 하나님이 어떻게 "그의 여종의 비천함을 돌보셨"는지를 우리에게 보여 주고자 했다. "이제 후로는 만세에 나를 복이 있다 일컬으리로다 능하신 이가 큰일을 내게 행하셨으니 그 이름이 거룩하시며 긍휼하심이 두려워하는 자에게 대대로 이르는도다 그의 팔로 힘을 보이사 마음의 생각이 교만한 자들을 흩으셨고 권세 있는 자를 그 위에서 내리치셨으며 비천한 자를 높이셨고."⁵³ 그는 이 일이 어떻게 이루어졌는지를 우리에게 보여 주고자 했다.

타너가 경험한 수태고지 사건

타너는 1898년 파리 살롱에서 〈수태고지〉를 발표했다. 그리고 이듬해, 필라델피아 미술관Philadelphia Museum of Art이 그 그림을 샀다. 이로써 그 그림은 미국 미술관에 자리 잡은 그의 첫 작품이 되었다. 그때부터 그의 작품 여러 점이 세계 곳곳 미술관에 자리를 잡았다. 늘 기술을 향상시키고 현장을 더 분명히 알기 위해 세계를 돌아다닌 덕분에 그는 베테랑이 되었다.

1899년, 타너는 미국 샌프란시스코 출신의 여성과 결혼했다. 그녀는 스칸디나비아 혈통의 미국 여배우인 제시 마카오리 올센이었다. 다른 인종 간의 결혼은 파리에서도 흔치 않았던지라 극복해야 할 사회적 갈등이 있었다. 제시의 미국인 친구들도 두 사람의 결혼에 탐탁히 여기지 않았다. 1967년까지 국제결혼은 완벽히 합법화되지 않았다. 하지만 파리 예술계에 깊이 몸담았던 타너는 미국으로 돌아갈 생각이 전혀 없었다.

헨리와 제시Jessie에게는 제시Jesse라는 아들이 있었다. 타너의 아내와 아들은 여러 작품 중에서도 특히 〈읽는 법을 배우시는 그리스도〉를 위해 포즈를 잡았다. 1900년대 초, 그의 화풍은 성숙해지

262

고 초점은 날카로워졌다. 그는 성경 속 장면들을 정확하고 친밀하게 담아내어 보는 이들에게 감동을 주고자 노력했다. 〈니고데모〉를 보면 이 점을 잘 느낄 수 있다. 이 그림에서 그리스도의 신성은 가슴에서 발산되는 열로 묘사되어 있다. 1909년 미국 국립디자인 아카데미National Academy of Design는 인상주의 화가 메리 카사트와 함께 헨리 오사와 타너를 준회원으로 받아들였다.

제1차 세계대전 발발에 타너는 일도 제대로 하지 못할 정도로 큰 충격을 받았다. 주변에서 많은 사람이 희생되자 그의 창작 활동은 거의 마비되었다. 1914년, 그는 후원자에게 보낸 편지에서 이렇게 말했다. "친구들은 제가 곧 작업할 수 있을 거라고 말하죠. 하지만 어떻게요? 제가 그럴 권리가 있을까요? 제가 편안하게 작업이나 하고 있을 권리가 있을까요? …… 이 기다림 …… 기다릴수록 매일 빛이 희미해지고 있습니다. 절망으로 삶의 빛이 모두 사라질 때까지 기다림이 계속되고 있습니다. 이것이 제가 일할 수 없는 이유입니다."[54]

1917년, 미국이 전쟁에 참전했다. 당시 55세였던 타너는 부상에서 회복 중인 병사들을 모아 병원 정원에서 채소를 키우는 적십자 지부를 설립하여 국가에 기여하고자 했다.

1923년, 프랑스는 타너에게 프랑스 최고 훈장인 레지옹 도뇌르 훈장을 수여했다. 그로부터 2년 뒤 그는 아내를 떠나보냈고, 대공황 시대에 심각한 재정적 손해를 겪었다. 그의 말년은 고생의 연속이었다. 하지만 그는 계속해서 그림을 그렸다. 그의 그림 기법과 작품은 계속해서 진화했다.

1927년, 미국 국립디자인아카데미는 그를 정식 회원으로 승격시켰다.

1937년, 그는 파리 외곽 마을에 있는 집에서 눈을 감았고, 아내 곁에 묻혔다.

무엇이 화가라는 직업으로 예술가를 이끄는가? 무엇이 그의 마음을 그토록 사로잡기에 평생 창작의 길을 걷는 것일까?

펜실베이니아 주 필라델피아 페어마운트 공원에 있는 아홉 살의 헨리 타너를 머릿속에 그려 보자.

캔버스 앞에 한 남자가 서 있다. 그는 나무를 그리고 있다. 어린 타너는 아버지와 함께 공원을 거닐다가 나무를 그리는 그 화가를 보고 발걸음을 멈춘다. 화가의 캔버스에서 벌어지는 변화에 그는 정신없이 빨려든다.

그날 어린 타너는 페어마운트 공원에서의 그 화가와의 만남이 어떤 미래로 이어질지 전혀 알 수 없었다. 그 부자 외에도 그날 그 공원을 거닌 모든 사람은 같은 나무를 보았다. 그날 그 앞을 지난 다른 모든 사람도 그와 똑같이 그 나무를 분명하게 봤지만, 그는 여느 사람들과 다른 뭔가를 느꼈다. 그 나무를 그리던 화가를 보았을 때 말로 표현하기 힘들지만 존재 깊숙한 곳에서 느껴지는 뭔가가 타너를 사로잡았다.

타너에게 이 만남은 일종의 수태고지였다. 그때 거기서 그는 화가가 되기로 결심했다. 그날 밤 그는 부모를 졸라 받은 15센트로

첫 물감과 붓을 샀다. 그는 이렇게 말했다. "이 단순한 사건이 내 안에 불을 붙였다. …… 그때부터 나는 열정으로 불타올라서 방과 후 남는 시간마다 그림을 그렸고, 곧 학교에서 화가가 될 거라고 자랑스럽게 떠들고 다녔다."[55]

그리고 그는 끝내 화가가 되었다. 프랑스와 미국에서 널리 이름을 알리는 화가로서 그의 작품은 백악관, 루브르, 메트로폴리탄 미술관을 비롯한 세계 최고 미술관들에 전시되어 있다. 그는 유럽에서 당시 화가들에게, 그리고 그 후 지금까지 미국 흑인 화가들에게 지대한 영향을 미쳤다.

솔직한 고백

나는 흑인 화가들을 찾다가 헨리 오사와 타너를 발견했다. 나는 미술을 평생 독학해 왔다. 내가 워낙 미술을 사랑하고 호기심이 많다 보니 좋은 작품을 찾아 감상하기 위해 평생을 노력했다.

얼마 전 나는 SNS에서 '수요 미술'이라는 온라인 시리즈를 통해 수요일마다 특정한 화가나 주제에 따라 일련의 그림이나 작품을 소개하는 프로젝트를 시작했다. 내가 초기에 소개한 작품들은 대개 백인 화가들이 그린 것이었다. 나는 이것을 바로잡고 싶었다. 하지만 당시 나는 나와 다른 피부색을 가진 다양한 인종의 화가들에 관해서 잘 몰랐다. 그래서 탐구를 시작한 결과, 타너를 발견했다.

내가 본 타너의 첫 번째 그림은 〈감사 기도를 드리는 가난한 사람들〉이었고, 그다음에는 〈밴조 수업〉을 보았다. 흑인들의 삶을 감동적이고도 존엄성 있게 그린 흑인 화가를 발견했다는 생각에 몹시 설레었다. 어서 그의 다른 작품들을 찾고 싶었다.

솔직히 그가 그린 흑인 풍속화가 단 두 점이라는 사실을 알고서 적잖이 실망했다. 아마 이번 장을 읽은 독자 중에서도 비슷한 감정을 느낀 독자들이 있을 것이다. 그 감정은 무엇일까? 왜 나는 흑인 풍속화를 더 그리지 않았다는 사실에 실망했을까?

나의 주된 소명은 목회다. 나는 성경을 가르치는 목사다. 나는 헨리 타너를 누구보다도 감동적인 종교화를 그린 화가라고 느꼈다. 그러면서도 마음 한편으로 그가 다른 주제, 특히 흑인 관련 주제들을 더 그렸으면 하는 아쉬움을 느꼈다. 왜일까?

마음속에서 나는 이 질문과 씨름했다. 내가 느끼는 긴장감의 이유이자 내가 타너 이야기를 통해 전하고자 한 요지는 그가 흑인 풍속화를 손에서 놓고 종교화로 방향 전환을 한 것이 무엇보다도 인종 편견 때문이라는 점이다. 그가 계속해서 흑인 풍속화를 그렸다면 흑인들을 그리는 흑인 화가라고만 알려지고 세계적인 수준에서 명성을 얻지는 못했을 것이다.

처음 타너를 발견했을 때 나는 내심 그가 끝까지 흑인을 그리는 흑인 화가였기를 바랐다. 나중에 이 책에서 타너에 관한 내용을 다루기로 결심했을 때 쉬운 내러티브를 전하고 싶지 않았다. 무엇을 주제로 삼을지부터 어디에서 살지까지 직업 화가로서의 모든 굵직한 결정을 내릴 때 인종 문제를 고려해야 했던 한 남자의 이야기를 전하고 싶었다.

　이번 장에서 나는 풀기 어려운 복잡한 이야기를 전하고자 했다. 타너는 내가 가장 좋아하는 화가 중 한 명이다. 나는 다른 어떤 화가보다도 타너 작품의 모작을 많이 소장하고 있다. 그의 이야기는 복잡하고 안타깝고 슬프다. 그의 이야기는 우리 자신이 품고 있는 가정과 기대를 점검하게 만든다. 내가 그를 처음 발견했을 때 품었던 충족되지 않은 기대를 고백하고 싶다. 그가 흑인들을 그리는 흑인 화가이기를 원했던 나의 바람은 그가 평생 극복하기 위해 애써 왔던 것과 똑같은 편견에서 비롯한 것이었다. 그가 내가 평생 가르쳐 왔던 성경 장면들을 그렸다는 사실은 내 죄책감을 더해 준다.

　당신도 지금의 나처럼 헨리 오사와 타너를 사랑하게 되기를 바란다. 내가 이 책에서 소개한 다른 모든 화가들과 함께 그의 작품들을 당신의 애장품으로 삼기를 바란다. 동시에 이번 장을 통해 더 이상 그의 이야기를 쉬운 이야기로 보지 않게 되기를 바란다. 모든 흑인 화가 이야기에는 유럽과 미국의 여느 백인 화가들은 생각할 수도 없는 막대한 희생이 포함되어 있다. 타너의 이야기를 제대로 알려면 그가 인종 때문에 무엇을 극복하고 희생하고 선택해야 했는지를 이해해야 한다. 그렇게 하지 않으면 그를 하나의 상징으로 전락시킬 위험이 있다.

헨리 오사와 타너

에드워드 호퍼
〈뉴욕 영화관 New York Movie〉

1939년, 캔버스에 유채, 81.9 × 101.9 cm
현대 미술관 Museum of Modern Art (MoMA), 뉴욕
Asar Studios / Alamy Stock Photo
© 2022 Heirs of Josephine N. Hopper / Licensed by Artists Rights Society (ARS), NY

CHAPTER

9

에드워드 호퍼,
현대인의
짙은 외로움

◇◇◇◇◇◇◇◇◇◇◇◇◇◇◇◇◇◇◇◇◇◇

연결의 욕구

＊

위대한 예술은 예술가의 내면의 외적 표현이다. ……

인간의 내면은 방대하고 다채로운 영역이다.

에드워드 호퍼

누구에게나 이야기가 있다. 그리고 그중에 단순한 이야기는 단 하나도 없다.

파란 유니폼을 입은 젊은 안내원은 주어진 역할에 따라 벽에 기대어 누군가를 기다리며 서 있다. 그녀가 서 있는 후미진 구석 반대편에는 극장영화관 관객들이 빨간 벨벳 의자에 앉아 눈앞에서 상영되는 영화를 감상하는 데 몰입해 있다. 이것이 바로 그들이 이곳에 온 이유다. 그들은 문명사회만큼이나 오래된 의식에 참여하고 있다.

바로 공동체로 모여 인간 삶의 드라마와 희극, 모험에 푹 빠져드는 것이다. 극장의 목적은 우리가 누구인지를 기억하는 공동의 경험을 촉진하는 것이다. 극장은 그런 경험을 즐기도록 만들어졌다.

두터운 수직 파티션이 관람객과 안내원 사이를 가르고 있다. 그들 모두 같은 공간에 있지만 그곳에 온 이유는 캔버스 위에 그려진 그들 사이의 선보다도 더 강하게 그들을 갈라놓고 있다. 관객은 즐기기 위해서 왔지만 안내원은 일하러 왔다. 관객은 시내에서 그 밤을 보내려 좋은 옷을 골라 입고 왔지만 안내원은 회사 유니폼을 입고 있다. 관객은 어둠 속에 앉아 있지만 안내원은 빛 가운데 서 있다. 관객은 다른 누군가가 쓴 이야기에 함께 빠져들고 있지만 안내원은 홀로 자신의 생각에 잠겨 있다. 관객은 안내원의 존재를 의식하지 않지만 안내원은 관객이 아니면 그곳에 오지 않았을 것이다.

영화가 끝나고 불이 들어오면 안내원은 관객을 바깥으로 안내하고, 그들이 떠난 자리를 정리할 것이다. 이것이 그녀의 역할이다. 또한 이는 에드워드 호퍼의 결혼 생활을 암시하고 있다.

호퍼의 〈뉴욕 영화관New York Movie〉은 뉴욕 현대 미술관MoMA 5층의 잘 보이는 자리에 걸려 있다. 그 그림 옆에는 앤드루 와이어스의 〈크리스티나의 세상Christina's World〉이 걸려 있고, 그보다 멀지 않은 곳에 빈센트 반 고흐의 〈별이 빛나는 밤〉이 걸려 있다. 영화가 끝나기를 기다리는 안내원에 관한 그림이 어떻게 엘리트 화가들 그림과 나란히 견주어 큰 인정을 받는 것일까? 풀리처상을 받은 작가 마크 스트랜드의 말처럼 "우리는 그림을 보는 것이 아니라 그림

안을 들여다보기" 때문이다. 그런 시각으로 보면 "자기 내면을 들여다보는 안내원에 대한 우리의 공감이 설명될 수 있다."[1]

이 그림은 실제 삶에서 펼쳐지는 드라마를 보여 준다. 이 장면에서 영웅적인 것이라곤 아무것도 없다. 우리가 알 수 있는 사실은 안내원이 극장에서 일하고 있다는 것이 전부다. 그녀는 스크린을 빛내는 스타가 아니라, 그 밤의 질서를 유지하고 관객을 좌석으로 안내하며 그들이 간 뒤 정리를 하는 안내원이다.

우리는 그녀의 이름은 모른다. 그녀의 희망이나 꿈, 두려움, 사랑을 모른다. 그녀가 그 밤에 누구에게 갈지, 그녀를 기다리는 사람은 있는지도 모른다. 그녀의 마음속에 무엇이 있는지는 더더욱 모른다. 하지만 호퍼가 누구를 모델로 이 젊은 여성을 그렸는지는 안다. 그 모델은 바로 그의 아내 조세핀 니비슨 호퍼다. 그리고 그림 속 안내원처럼 그녀에게도 기다림이 삶의 일부였음을, 그녀도 홀로 자신의 생각에 잠겨 있을 때가 많았음을 안다. 또한, 그녀가 누구와 살았는지도 안다.

호퍼와 니비슨의 만남

에드워드 호퍼와 조세핀 니비슨은 1900년대 초 뉴욕의 미술 학교에서 만났다. 하지만 둘이 부부가 되기까지는 20년의 세월이 걸렸다. 니비슨은 20대 초반에 로버트 헨리의 지도를 받으며 공부하기 시작했다. 이 기간 동안 그녀는 뉴욕 지역 학교에서 교사가 되었지만 헨리와의 친분을 유지했고, 1907년 헨리 및 몇몇 학생들과 함께 파리, 네덜란드, 이탈리아에서 미술을 공부하기 위해 유럽으로 갔다. 그 후 그녀는 뉴욕에 있는 한 연기 회사에 들어갔다. 그녀는 극장을 사랑했다. 창조적인 협력, 연기하는 배우들에게서 뿜어져 나오는 에너지, 관객이 배우의 경험에 공감하는 마법과도 같은 순간들. 니비슨은 영화의 창조적인 과정에 푹 빠져들었다.

니비슨은 제1차 세계대전 동안 잠시 해외의 한 병원에서 일했고, 1918년 고국으로 들어와 교사 일과 미술에 전념했다.[2] 그녀는 뛰어난 화가였기 때문에 곧 뉴욕 미술계를 주름잡았다. 그녀의 이름은 조지아 오키프와 존 싱어 사전트 같은 유명인사의 이름과 나란히 언급되었다. 그녀는 〈뉴욕 트리뷴New York Tribune〉, 〈이브닝 포스트Evening Post〉, 〈시카고 헤럴드 이그제미너Chicago Herald-Examiner〉에 자신의 그림을 팔았다. 또한 만 레이, 모딜리아니, 피카소, 마그리트와 나란히 자신의 유화와 수채화를 전시했다. 그녀는 촉망받는 신예였다.

반면, 호퍼는 한창 성장할 20-30대 시기에 자기 그림의 방향에 관한 분명한 비전을 얻지 못하고 고전했다. 광고 카피에 넣을 일러스트를 그림으로써 생계를 유지했지만 자신의 작품은 하나도 팔지 못했다. 그는 자기만의 세계에서 살고 있는 화가였다. 그가 그린 〈브루클린의 방Room in Brooklyn〉을 보라. 우리는 2층 창문 앞에 앉아 있는 한 여성 앞에 서 있다. 햇볕이 내리쬐는 꽃병 하나와 오른쪽으로 살짝 기울어져 있는 여성의 고개. 그 자세와 각도로 보아 그녀는 창문 밖을 보는 것이 아니라 책을 읽거나 상념에 잠겨 있는 듯 보인다. 그녀가 뭔지 모를 일에 전념하고 있다는 사실은 우리에게 그 앞에 있어서는 안 된다는 느낌, 그 앞에 오래 머물지 말아야 한다는 느낌을 준다. 마치 우리가 그녀를 방해한 것마냥 느껴진다. 사실, 그녀는 사람들이 흔히 하는 행동 즉 자기만의 세계에 빠져 있다. 바로 호퍼가 하고 있는 행동이기도 했다.

호퍼는 창작의 가뭄에 자주 시달렸다. 그는 이렇게 썼다. "나는 무엇을 그리고 싶은지 결정하기가 어렵다. 때로는 그것을 찾지 못한 채 몇 개월이 흘러가곤 한다. 그 기간이 천천히 간다."[3] 그의 동료 일러스트레이터 월터 티틀은 호퍼가 헤매는 모습을 자주 보았다고 말했다. "극복할 수 없는 긴 무기력의 기간 동안, [그는] 손을 들어 마법을 깨지 못하고 우울한 모습으로 이젤 앞에 꼬박 며칠씩 앉아만 있었다."[4]

호퍼는 무기력을 떨치기 위해 뉴잉글랜드 전역의 화가 모임을 찾아가 창조적 영감을 얻고자 했다. 1923년, 매사추세츠 주의 한 화가 모임에서 그는 니비슨과 재회했다. 그때 니비슨은 그에게 한눈에 반했다. 그녀는 호퍼를 춤추기에 딱 맞는 다리를 가진 수줍음 많은 남자로 묘사했다. 호퍼는 아침 일찍 일어나서 니비슨의 하숙집에 찾아가 창문에 돌을 던져 그녀를 깨우곤 했다. 그리고 나서 둘은 숲속으로 몰래 사라져 오전 내내 함께 그림을 그렸다.

니비슨은 호퍼의 미술 세계를 주목했다. 호퍼가 유화를 마지막으로 판매한 지 10년이 지났건만 니비슨은 그의 재능을 믿었다. 조금만 자극하면 활짝 꽃을 피우리라 믿었다. 그래서 니비슨은 호퍼에게 수채화를 시도해 보라고 권했다. 호퍼는 수채화가 상업적인 작품에나 어울린다며 무시했다. 하지만 니비슨의 권고에 그는 수채화를 새로이 순수미술로서 바라보게 되었고, 그러자 뭔가 영감이 떠올랐다. 곧 그도 뉴욕 미술계의 주목을 받기 시작했다. 그해에 니비슨은 브루클린 미술관Brooklyn Museum 단체 전시회에 그녀의 수채화를 출품해 달라는 부탁을 받았을 때 호퍼의 수채화도 전시하도록 미술관을 설득했다. 그리하여 미술관은 호퍼의 수채화 여섯 점을 전시하기로 동의했고, 전시회가 끝나고 그중 하나인 〈맨사드 지붕 Mansard Roof〉을 100달러에 구입해서 영구 소장 목록에 추가했다.

이것은 동정에 따른 구입이 아니었다. 평론가들은 호퍼의 작품에 매료되어 그를 윈슬로 호머와 비교하기 시작했다. 한 평론가는 이런 찬사를 보냈다. "이 얼마나 생명력 넘치고 강력하며 사실적인가! 가장 수수한 주제로 무엇을 할 수 있는지를 보라."[5] 〈맨사드 지붕〉이 판매된 직후 브루클린 미술관은 단독 전시회로 호퍼를 다시 초청했다. 그때 그는 전시한 모든 작품을 팔았다. 이후로 그는 일러스트레이터로서의 삶을 완전히 버리고 평론가들의 절대적인 지지를 받으며 화가로서의 삶에만 전념하기 시작했다.

니비슨이 자신의 명성을 사용해 호퍼를 도와준 것만으로도 사람들의 호기심을 일으키기에 충분했다. 사람들은 그녀가 그토록 그를 높이 평가하는 이유를 궁금하게 여겼다. 그리고 결국 그들은 그 이유를 발견했다. 그것은 바로 비전이었다. 니비슨은 그 비전을 "불확실성에 대한 꾸준한 응시, 끝까지 말하지 않은 채로 남는 것에 관한 오랜 대화"로 표현했다.[6]

호퍼와 니비슨은 이듬해인 1924년에 결혼했다. 당시 둘의 나이는 모두 41세였다.

다른 곳, 잃어버린 것, 바라던 것

에드워드 호퍼는 1882년 뉴욕 나이액에서 부유한 집안의 두 아들 중 둘째로 태어났다. 호퍼의 증조할아버지는 침례교 목사였고, 그의 부모는 신자였다. 주일학교에서 어린 호퍼는 예의, 분별, 검약, 절제를 중시하도록 배우며 자랐는데, 그 영향을 받아 평생 그는 내향적인 삶을 살았다.[7] 나중에 그는 신앙을 버리고 종교를 다소 경멸하게 되었으나 어릴 적 교회에서 배운, 이를테면 겸손과 절제 같은 보수적 원칙들은 평생 그의 삶을 이끌었다.[8]

호퍼는 미술에 재능 있는 훌륭한 학생이었다. 10대 후반에 그는 뉴욕미술디자인학교New York School of Art and Design에 들어가 6년간 유화 기법을 공부했다. 니비슨과 마찬가지로 그도 로버트 헨리 밑에서 수학했는데 헨리는 학생들에게 이렇게 말했다. "중요한 것은 주제가 아니라 그것에 관한 너희의 느낌이다. …… 미술은 잊고 그냥 너희 삶에서 관심이 있는 것을 그려라."[9] 호퍼는 이 조언을 가슴에 새겼고, 수년 뒤 화가로서의 삶을 시작할 때 이 조언에 따랐다.

　　호퍼는 소탈한 성격답게 자신의 미술에 관해서 많은 말을 하지 않았다. 무엇을 그리려고 노력하는지 묻는 질문에 그는 이런 식으로 답하곤 했다. "답은 캔버스 안에 다 담겨 있습니다."[10] 구도 선택에 관해서는 애디슨 미국 미술관Addison Gallery of American Art 관장이었던 찰스 소여에게 보낸 편지에서 이렇게 말했다. "제가 특정한 주제들을 선택하는 이유는 저도 정확히 모릅니다. 단지 그것이 제 내적 경험 전체를 가장 잘 전달할 수단이라는 생각이 들 때가 있을 뿐입니다."[11] 호퍼는 스승의 조언에 따라 주제보다 감정 전달에 더 관심을 가졌다.

　　호퍼는 현장이 아니라 화실에서 기억, 스케치, 상상력을 조합해 그림을 그렸다. 이런 접근법의 흥미로운 결과물 중 하나는 빛을 적용하는 방식이다. 마크 스트랜드는 호퍼의 빛이 "특이하다"라고 평했다. "그 빛은 공중을 채우는 것처럼 보이지 않고 벽과 사물에 붙어서 마치 그것들에서 나오는 것처럼 보인다. 신중하게 구상하고 배치한 사물들의 배색에서 나오는 것처럼 보인다. …… 호퍼의 그림에서 빛은 형체에 비추이지 않는다. 반대로, 빛이 만들어 낸 형체에서 그림이 나온다."[12] 이렇게 빛이 사물에 붙는 효과로 인해 그의 작품은 존 업다이크가 말한 "죽음 같은 불길한 고요함"의 특성을 지닌다.[13] 그의 작품에는 반 고흐와 렘브란트가 빛의 풍부한 사용을 통해 담아낸 극적 드라마가 없다. 그의 작품은 그의 성격답게 억제되고 절제되고 외롭고 신중하다.

호퍼의 작품에는 감상적인 면이 없다. 그는 향수병을 일으키는 방식으로 자신이 살고 있는 시대를 그리지 않았다. 그렇다고 해서 세상을 거창하게 그리지도 않았다. 에이드리언 설은 이렇게 말했다. "부사나 형용사는 거의 없다. 그는 단순한 서술어로 세상을 그렸다."[14] 호퍼의 구도는 주로 넓다. 마치 방을 일부러 비우고 꼭 필요한 것들만 배치한 것처럼 보인다. 업다이크는 호퍼가 "우리로 하여금 다른 곳, 잃어버린 것, 바라던 것을 의식하도록 만드는 능력이 탁월하다"라고 말했다.[15]

에드워드 호퍼가 인물을 그린 그림에 특별한 기술은 없다. 그가 그린 인물들은 주로 각자의 자리에서 특별한 일을 하지 않고 있는 고독한 사람들이다. 그들은 창문 밖을 내다보거나 반쯤 마신 커피 잔을 응시하거나 침대 가장자리에 앉아 상념에 잠겨 있다. 그의 인물들은 평범한 상황의 구경꾼들인 동시에 우리가 바라보던 구경의 대상이기도 하다. 그들은 우리가 보는 것을 알지 못한다. 이것이 그들의 위계와 입은 옷이 다양한 이유다.

호퍼는 운송 수단의 발달로 도시의 풍경이 이제 막 달라지기 시작할 무렵 화가로서의 삶을 시작했다. 대중교통 시스템을 구축한 도시는 점점 늘어난 자동차로 삶이 편리해졌다. 1900년대 초, 자동차 소유주가 10년마다 세 배로 늘어나자 도로, 주유소, 고속도로, 호텔 같은 인프라도 더 많이 필요해졌다. 이런 이동의 편리성은 인류 역사상 유례가 없었다. 처음으로 사람들은 금요일에 여행을 떠났다가 월요일 출근에 지장이 없도록 제때 집으로 돌아올 수 있었다. 이제 사람들은 마음껏 돌아다니는 게 가능해졌다.

호퍼 부부 역시 여행을 좋아했고, 호퍼의 많은 작품은 도시의 풍경에 초점을 맞추었다. 그가 그린 많은 장소는 사람들이 다녀가지만 살지는 않는 곳이었다. 이를테면 극장, 현관, 식당, 자동판매식 식당, 한밤의 사무실, 호텔 로비 등이었다. 그림 속 모든 사람이 이동을 하고 아무도 정착하지 않는다. 각자의 속에 있는 생각과 관심사를 좀처럼 드러내지 않는다. 호퍼의 말처럼 위대한 예술이 예술가의 방대하고 다채로운 내면을 드러낸다면 그가 자신에 관해 우리에게 보여 주는 것은 세상과 크게 동떨어진 느낌이다.

철도 옆에 살았고 기차를 좋아했던 호퍼는 기차를 사용하여 이런 고립감을 표현했다. 하지만 그의 기차 그림 대부분은 기차 자체보다 기차 안 텅 빈 공간과 주변에서 벌어지는 상황에 초점을 맞춘다. 〈293호 열차 C칸Compartment C, Car 293〉에서 호퍼는 우리를 열차 안으로 데려가지만 열차 안은 고립된 여행 경험을 보여 주는 배경 역할만 한다. C칸에 홀로 앉아 있는 여성은 그저 담담하게 책을 읽고 있다. 또 다른 기차 그림 〈특등 객차Chair Car〉에서는 한 열차칸에 네 사람이 각자 흩어진 채 아무도 다른 사람과 소통하지 않는다. 그저 뭔가를 읽거나 무심하게 무언가를 응시한다. 빛줄기마저 오른편과 왼편 사람들 사이를 가르며 바닥에 선을 긋고 있다. 세상과 거리를 두려는 듯 그 누구도 창문 밖으로 스쳐 가는 풍경조차 바라보지 않는다. 호퍼는 관람객에게도 밖에서 어떤 일이 벌어지고 있는지를 알려 주지 않는다. 그 일은 그림 속 인물들에게 중요하지

에드워드 호퍼
⟨밤을 지새우는 사람들
Nighthawks⟩

1942년, 캔버스에 유채
84.1 × 152.4 cm
시카고 미술연구소
Art Institute of Chicago
시카고

않기 때문이다.

　　호퍼의 작품에는 외로움이 깃들어 있다. 그것은 복합적인 외로움이다. 그의 그림 속 인물들이 사회에서 버림받아 공동체를 이룰 수 없는 사람들은 아니다. 그들의 관심은 오로지 자기 자신을 향해 있고, 그들의 주변 세상도 마찬가지다. 제임스 피콕은 이렇게 말했다. "호퍼의 작품들에서는 심지어 북적거리는 도시도 고립을 치료해 주기는커녕 오히려 강화시킨다."[16]

　호퍼가 뉴욕을 그린 모습에서 이런 고립감을 볼 수 있다. 그의 그림 속에서 뉴욕은 텅 비어 보인다. 사람들이 함께 있어도 서로 의미 있는 상호작용을 하지 않는다. 그 그림들은 그 안에서 구체적으로 어떤 일이 벌어지는지를 우리에게 알려 주지 않는다. 아마도 이 세 가지 특징을 모두 갖춘 그의 가장 유명한 그림은 〈밤을 지새우는 사람들Nighthawks〉일 것이다.

에드워드 호퍼

281

이 그림에서 맨해튼 그리니치 빌리지 거리는 텅 비어 보인다. 길모퉁이 식당에서 네 명의 사람들은 각자 자기가 앉은 자리에서 거리를 두고 자기 세계에 빠져 있다. 관람객이 보는 각도에서 식당은 배의 앞부분을 닮아 있고, 관람객은 마치 부두에 서서 보는 것처럼 보게 된다. 분명 우리가 넘기 힘든 간격이 존재한다. 관람객은 그 사람들을 문도 없고 입구도 없는 유리병 속 세상에 있는 것처럼 들여다본다.

〈밤을 지새우는 사람들〉에서 이런 사실이 공공연하게 드러나는 것은 아니다. 단지 그들의 모습은 서로 단절된 느낌을 준다. 마크 스트랜드는 이렇게 말했다. "호퍼의 그림들은 분리된 짧은 순간들이 하나의 색조로 이어지는 구조를 지니고 있다. 내용이 아니라 색조가 이어진다. 그래서 증거가 아니라 암시만 있다. 그의 그림들은 암시로 가득하다."[17]

또 존 업다이크는 이렇게 말했다. "에드워드 호퍼의 가장 뛰어난 작품들에서 보이는 조용함과 평이함은 해석을 거부한다. 그 그림들이 말하려는 것은 시각 언어로 전달된다. 말로 옮기면 복잡하고 부자연스럽다."[18] 우리가 호퍼의 작품에 끌리는 것은 이야기의 부재가 아니라 이야기의 가능성 때문이다. 인간으로서 우리는 이야기가 '반드시' 있어야 한다는 것을 본능적으로 알기 때문이다. 모든 것에는 이야기가 있다. 모든 사람에게는 이야기가 있다. 그리고 모든 이야기는 신성하다.

C. S. 루이스는 이 점을 다음과 같이 표현했다.

'평범한' 사람은 없다. 우리가 이야기를 나눈 사람들은 한낱 죽을 수밖에 없는 존재들이 아니다. 국가, 문화, 예술, 문명, 이런 것은 다 죽는다. 이것들의 삶은 우리 삶에 비하면 모기의 삶에 불과하다. 하지만 우리가 농담을 나누고, 함께 일하고, 때론 무시하고, 착취하는 사람들은 불멸의 존재들이다. 불멸의 끔찍한 존재가 되거나 영원한 광채가 될 이들. 그렇다고 해서 우리가 끝없이 엄숙하기만 해야 한다는 뜻은 아니다. 우리는 놀아야 한다. 단, 우리의 즐거움은 처음부터 경솔함과 우월감, 건방짐 없이 서로를 진지하게 여기는 사람들끼리 나누는 즐거움이 되어야 한다. ^{사실,} 이렇게 해야 가장 즐겁다.[19]

호퍼는 이야기의 암시만을 전해 주고 있지만, 그는 사람들을 "진지하게" 여겼다. 아니, 그는 모든 것을 "진지하게" 여겼다.

심지어 아이들도 이 점을 느낀다. 〈뉴욕 타임스〉 기사에서 전직 영어 교사 로버트 콜스는 운동장에서는 자신의 학생들이 "놀랍도록 설득력 있고 활발한 이야기꾼들"이었다고 말한다. "하지만 글을 쓰라고 하면 똑 부러지지 못한 모습, 심지어 두려워하는 모습을 보였다. '글은 쓸 수 없어요'가 녀석들의 단골 멘트였다."[20] 콜스는 자신의 영어 수업을 비공식적인 미술 세미나로 바꾸어 아이들에게 피카소, 피사로, 레밍턴, 르누아르, 호퍼의 작품들을 슬라이드로 보여 주기 시작했다.

콜스는 이렇게 썼다. "아이들은 눈으로 본 것을 이야기로 연결하고 싶어 하는 모습을 보였다. 내가 호퍼의 작품을 슬라이드로 차례로 보여 주는 동안 아이들은 이야기를 구상했다. 마치 이 20세기의 미국 사실주의 화가가 …… 어떻게든 아이들에게 말을 걸었고, 이 아이들에게 각자 자신의 다양한 경험을 이야기함으로써 그의 그림에 반응하고 싶은 열정을 불어넣은 듯했다."[21]

콜스의 학생들은 호퍼의 그림 속 인물들에게서 뭔가 단절된 느낌을 받았다. 그들은 그 인물들이 불행하고, 넋이 나가고, 외로우며, 주변 세상으로부터, 심지어 손 닿을 거리에 있는 이들에게서도 단절된 것처럼 보였다고 말했다. 한 학생은 〈철학으로의 여행Excursion into Philosophy〉 속 남자와 여자를 보고 이렇게 말했다. "저 사람들은 야외로 나가서 산책해야 해요. 그러면 긴장이 풀릴 거예요."[22]

요란한 결혼 생활

"화가 아내와 함께 사니 좋지 않나요?"

니비슨이 묻자 호퍼가 대답했다. "지긋지긋하오."

호퍼 부부는 절제된 삶을 살았다. 그들은 결혼 생활 내내 석탄을 때는 그리니치 빌리지의 워싱턴 스퀘어 아파트 3층에서 살았다. 그곳은 개별 욕실도 없었다. 같은 층에 있는 입주민들과 공용 욕실 하나를 같이 써야 했다. 호퍼 부부는 그 아파트에 있는 방 하나를 화실 공간으로 바꾸었다. 그중 절반은 호퍼의 것이었고 나머지는 니비슨의 것이었다. 그들은 뉴욕의 화려한 음식과 엔터테인먼트를 즐기면서도 집에 있는 것을 좋아했다. 결혼 생활 내내 거의 매일 함께했고, 대개 '단둘이' 있었다.

호퍼 부부는 답답한 날이면 자동차를 타고 드라이브를 즐겼다.[23] 서쪽에 있는 뉴멕시코로 가서 케이프 코드의 별장에서 여름을 보내곤 했다. 또한 그들은 영화광이었다. 호퍼는 단순히 영화 자체를 사랑한 것이 아니라 극장에 가는 경험을 사랑했다. 모두 같은 방향을 보고 앉아 있는 좌석 열의 일관성, 화려한 커튼과 조명, 놋쇠로 된 시설물들, 어둠 속에 앉아 있는 관객들. 그는 이런 것을 좋아했다.[24] 그는 창작의 영감이 떠오르지 않을 때 극장에 갔다. 극장은 그가 문화에 푹 빠져들고 동시에 창작의 고통에서 벗어날 수 있는 장소였다. 스크린에서 명멸하는 빛으로 전해지는 이야기는 그의 상상력을 자극했다.

유명 화가로서 호퍼의 성공은 하루아침에 찾아온 것이 아니었다. 천천히 그리고 꾸준히 다음 단계를 밟아 온 결과였다. 그는 기본기를 연습했고 유화 기술을 다듬었다. 다른 모든 화가처럼 자신의 작품을 계속해서 발전시켰지만, 자신을 재창조하기 위해 자신이 지나온 길을 버리지는 않은 것으로 보인다. 그는 이렇게 말했다. "모든 화가의 발전에서 후기 작품의 씨앗은 언제나 이전 작품에서 발견된다. 화가가 자신의 작품을 발전시킬 때 기초는 그 자신이다. 그의 중심적인 자아, 개성, 뭐라 부르든 이것은 태어날 때부터 죽을 때까지 거의 변하지 않는다."[25]

호퍼는 명성이 높아지면서 자아도 높아졌다. 다른 사람에게 자신을 자랑한다기보다는 다른 사람보다 자신을 더 생각하기 시작했다. 이런 면은 아내와의 관계에서 특히 두드러지게 나타났다. 호퍼는 자신의 세계가 정돈된 것을 좋아하는 까다로운 사람이었다. 음식이든 미술 도구든 스포트라이트든 다른 사람과 나누는 것을 싫어했다. 그는 아파트 화실에서 자신의 공간을 정하고 아내에게 들어오지 말라고 하곤 했다.[26] 호퍼의 심술궂음은 부분적으로 20세기 중반 남녀 관계에 관한 시대의 흐름에서 비롯했다. 또한 결혼할 당시 둘 다 40대였다는 점도 한몫했다. 마흔이면 많은 행동과 취향이 이미 확고하게 자리를 잡은 나이다. 하지만 모든 호퍼 전기 작가들이 인정하듯 호퍼는 원체 심술궂고 지독한 면이 있었다.

호퍼와 니비슨은 수시로 다퉜다. 세상에 별 관심 없이 자신의 머릿속에서만 사는 남자와 항상 무대 한가운데 서기를 좋아하는 쾌활한 여성 사이의 결혼 생활은 한시도 편할 리 없었다. 호퍼는 툭하면 폭발했고 냉담하고 이기적이었지만 니비슨은 그에 움츠러들지 않았다. 그녀는 시들지 않는 꽃과 같았다. 니비슨은 호퍼에게 조금도 지지 않고 대응했다. 호퍼는 이렇게 말했다. "한 여자와 사는 것이 두세 마리의 호랑이와 사는 것 같다."[27] 결혼 25주년에 니비슨은 자신들이 지금까지 싸워 온 공로로 훈장을 받아 마땅하다는 농담도 했다. 호퍼는 국자와 밀방망이를 특징으로 삼아 가문의 문장을 디자인함으로써 이에 응수했다.

니비슨은 전통적인 주부 스타일의 여성이 아니었다. 니비슨은 요리를 싫어했고, 자주 외식을 했던 터라 호퍼는 집에서 먹을 때면 아내 요리보다 통조림 음식을 선호했다. 니비슨은 집안일도 싫어했다. 호퍼는 집안일에 관한 아내의 단점을 놀리려고 굴욕적인 스케치를 그려 아내가 볼 수 있도록 주방 탁자 위에 두곤 했다. 그런 그림 중 하나는 그가 뒤집어진 집 꼭대기에서 정원에 물을 뿌리고 있고 그 위에 "니비슨이 지은 집"이라고 쓴 그림이었다. 물론 이런 스케치는 공개하기 위함이 아니라, 아내에게만 전하는 그의 메시지였다.

결혼 생활에 대한 답답함을 묘사한 또 다른 그림에서는 니비슨이 호퍼 쪽으로 몸을 기울여 손가락을 흔들자 호퍼가 고개를 뒤로 젖힌 채 두 손을 모아 기도하듯 애원하고 있다. 그림 아래에는 이렇게 쓰여 있다. "듣는 수밖에 없다." 하지만 니비슨은 남편이 자신의 말을 들어준다고 생각하지 않았다. "남편에게 말하는 것은 우물 속에 돌을 던지는 것과도 같다. 단 하나 차이점은, 돌이 바닥에 떨어져도 쾅 소리가 나지 않는다는 것이다."[28]

호퍼와 니비슨에게는 자녀가 없었다. 대신 니비슨은 남편의 커리어를 키우는 역할을 맡았다. 호퍼의 작품이 팔리기 시작하자 니비슨은 판매 목록을 정리하고, 신문 기사들을 오려서 모으고, 심지어 인터뷰를 싫어하는 남편을 대신해서 인터뷰를 하기도 했다. 결혼 생활을 하는 동안 니비슨은 남편의 작품과 창작 과정을 상세히 기록해서 보관했다. 오늘날 그 문서들은 고흐가 동생 테오에게 보낸 편지와도 같은 역할을 한다. 즉 그 문서들을 통해 우리는 뛰어났지만 다가가기 힘든 한 화가의 삶을 자세히 엿볼 수 있다.

에드워드 호퍼

니비슨은 남편 사업을 관리하는 동시에 그가 예술적 비전을 이루는 과정을 계속해서 도왔다. 그녀는 구도에 관한 그의 아이디어를 끝까지 듣고 난 다음 의견을 제시했고, 소품을 사다 주었으며, 그의 그림 속 장면들의 배경 이야기를 스스로 추측해 보기도 했다. 〈뉴욕 포스트*New York Post*〉 칼럼니스트 라쿠엘 라네리는 이렇게 말했다. "예를 들어, 호퍼의 1930년작 〈숙녀를 위한 테이블*Tables for Ladies*〉에서 그녀는 웨이트리스로 포즈를 취했고, 의상을 구입했으며, 과일과 음식 소품을 골랐고, 그 모든 것을 배치했다."[29] 심지어 그녀는 남편의 그림 속 인물들 이름을 짓기도 했다. "쏙독새Night Hawk"는 그녀가 〈밤을 지새우는 사람들Nighthawks〉에서 카운터에 앉은 남자의 코가 새 부리 같아서 지은 이름이다.

니비슨은 당시에는 몰랐지만 그녀의 결혼 생활과 남은 인생 내내 맡게 될 역할로 깊숙이 들어가고 있었다. 바로 남편을 내조하는 역할이었다. 하지만 호퍼는 그녀의 내조에 보답하지 않았다. 라네리의 말을 들어 보자. "호퍼는 …… 니비슨의 미술을 '유쾌한 작은 재능'이라고 거만하게 부르며 깔보았고, 그녀에게 아무도 그녀의 작품을 좋아하지 않는다고 말했다. 그는 단체 전시회 심사위원으로 앉을 때 가족끼리 다 해 먹는다는 비난^{어쩌면 경쟁}이 두려워 자기 아내의 출품작에 퇴짜를 놓았다."[30]

〈가디언*The Guardian*〉의 개비 우드는 이렇게 썼다. "니비슨은 늘 남편의 그림을 자신들의 '자녀'로 불렀다. 그녀는 남편의 그림 중 하나인 〈뉴욕 영화관〉을 미술품 거래상에게 보여 주었더니 그가 '갓

태어난 후계자처럼 반겼다'라고 썼다. 그녀는 자신의 그림에 대해
서는 '가여운 사산아들', '친구가 없는 작은 신데렐라처럼 되기에는
너무 유쾌한' 같은 표현을 썼다.[31]

많은 사람이 니비슨의 작품을 호퍼의 걸작에서 나온 열등한
파생품 취급을 했다. 호퍼의 가장 중요한 전기 작가로 불리는 게일
레빈에 따르면 니비슨은 "그[호퍼]의 배은망덕과 적대감을 너무 늦
게 깨달았다. 마침내 그녀는 가끔 자신의 작품을 시카고 미술연구
소, 워싱턴 코르코란 미술관Corcoran Gallery of Art, 뉴욕 메트로폴리탄
미술관 같은 중요한 기관에서 열리는 단체 전시회에 출품할 수 있
었다. 하지만 그때 그녀의 정체성은 이미 변한 후였다. 그녀는 더
이상 조 니비슨이 아닌 에드워드의 아내인 조 호퍼였다. 이제 그
녀는 가끔 부스러기만 취할 뿐이었다."[32] 니비슨은 이렇게 말했다.
"그의 빛나는 우월함에 완전히 밀린 적이 여러 번이다. …… 그림도
마찬가지다. 그림에서도 거의 밀렸다."[33]

호퍼 부부를 알고 지냈던 디자이너 아베 러너는 이렇게 말했
다. "그들은 오랫동안 함께 살아온 여느 부부들처럼 감정적으로 서
로 의지하면서도 서로를 공격했다. 그[호퍼]는 말할 때 상대방을 직
접 보지 않았고, 엄해 보였다. 그가 웃는 모습을 한 번도 본 적이 없
는 것 같다. 니비슨은 신경이 매우 예민한 사람이었다. 그녀가 긴장
을 풀고 있는 모습은 거의 기억이 나지 않는다. 호퍼는 과묵이라는
가면 뒤에서 초조해하고 있었다."[34]

가정에 헌신을 다했던 니비슨은 친구에게 이렇게 말했다. "결

혼 생활은 힘들지만 이겨 내야 하는 거야."[35] 결혼으로 화가로서의 그녀의 커리어는 멈추었지만 그녀는 남편에게 분내지 않았다. "우리 중 한 명만 있어야 한다면 그 자리는 당연히 그에게 돌아가야 한다. 그것에 얼마든지 기뻐하고 감사할 수 있다."[36] 그녀는 남편에게 헌신했다. 그것이 그의 그늘 아래 살며 그의 잔인함을 참아 내는 것이라 해도 견딜 수 있었다.

쓸쓸한 호퍼의 세상

호퍼가 세상을 떠난 뒤 니비슨은 자신의 작품과 함께 남편의 그림을 모두 뉴욕 휘트니 미술관Whitney Museum에 위탁했다. 총 3,000점 이상의 작품이었다. 휘트니 미술관은 호퍼의 그림을 자랑스럽게 전시한 반면, 니비슨의 작품은 한쪽으로 치워 놓았다. 많은 사람들은 휘트니 미술관이 니비슨의 작품을 그냥 버렸을 것이라고 생각했다. 하지만 2000년 초, 그녀의 작품 200점이 지하실에서 발견되었다. 최근 여성 미술을 장려하려는 미술관과 기관들은 조세핀 니비슨 호퍼의 그림을 전시하기 시작했다.

그럼에도 어쨌든 니비슨은 화가 혹은 심지어 호퍼의 매니저도 아닌 남편의 그림 속에 등장하는 여성으로 가장 잘 알려져 있다. 그녀는 남편의 그림 모델이었다. 이것이 호퍼가 다른 여자들을 가까이하지 못하게 하려는 그녀의 조치였을까? 아니면 검소한 호퍼가 무료로 전문 배우인 아내를 쓸 수 있는데 군이 돈을 내고 모델을 고용할 필요성을 느끼지 못했던 것일까? 둘 중 어떤 경우인지에 대해서는 학자들 의견이 분분하다. 아마도 두 가지 요인 모두가 작용했을 것이다. 어쨌든 니비슨은 호퍼가 결혼해서 죽을 때까지 계속해서 그린 그림 속 여성이었다.

　　니비슨은 〈여름Summertime〉 속 햇빛 아래 서 있는 여성이다. 〈자동판매식 식당The Automat〉에서는 커피잔을 두 손으로 감싸고 앉아 있다. 〈밤을 지새우는 사람들〉에서 그녀는 카운터에 앉아 있다. 〈케이프 코드의 아침Cape Cod Morning〉에서는 햇빛을 향해 몸을 기울이고 있다. 〈웨스턴 모텔Western Motel〉에서는 어딘가 떠날 준비가 된 것처럼 기다리고 있다. 〈춥 수이Chop Suey〉에서는 한 친구와 식사를 하고 있다. 〈호텔 룸Hotel Room〉에서는 침대 가장자리에 앉아서 뭔가를 읽고 있다. 〈뉴욕 사무실New York Office〉에서는 편지를 펼쳐 보고 있다. 〈뉴욕의 방Room in New York〉에서는 피아노 건반을 건드리고 있다. 〈정오High Noon〉에서는 외로운 집 입구에 서 있다. 〈293호 열차 C칸〉에서는 홀로 여행하고 있다. 그리고 〈뉴욕 영화관〉에서 영화가 끝나기를 기다리는 안내원이다.

　　에드워드 호퍼의 말처럼 그림이 감정을 전달하기 위한 것이었고, 그가 말하려던 것이 전부 그림 속에 있다면, 그는 외로운 사람이었고 그가 본 세상은 사람들을 고립시키는 곳이었다. 이것이 그의 모든 작품을 관통하는 주제다. 그리고 그 세상, 바로 '그의' 세상 속에 니비슨이 서 있다. 주로 그녀는 외로워 보인다. 그것을 보면 그는 자신이 아내를 위해 어떤 종류의 세상을 만들었는지를 무의식적으로 알았던 것이 아닐까? 그림 속 니비슨은 마크 스트랜드가 호퍼의 성품에 관해서 말한 것을 잘 보여 준다. "호퍼의 사람들은 할 일이 전혀 없어 보인다. 그들은 팔다리가 마비되어 어디 갈 곳도 미래도 없이 혼자 기다리는 처지에 갇힌 인물들 같다."[37] 니비슨의 한탄은 이 현실을 이해한 데서 비롯한 것처럼 보인다. "내 세상은 어떻게 된 것인가? 내 세상은 사라져 버렸다. 나는 남편의 세상 주변을 터벅터벅 걷고 있을 뿐이다."[38]

외로움은 악순환을 낳는다. 외로움이 다른 사람에 대한 경멸로 이어지면 사람들과 더 멀어진다. 너무 외롭다는 사실에 분노하고, 그 분노를 가까운 사람에게 퍼붓는다. 우리가 다가갈 수 있는 유일한 사람들이기에 우리의 분노는 그들을 더욱 밀어내고, 그럴수록 우리는 더 외로워진다. 그러면 우리의 분노는 더 활활 타오른다. 프레데릭 비크너는 이렇게 말했다. "단순히 우리가 세상 속에 사는 것이 아니라 세상이 우리 속에 산다."[39] 우리가 원하는 세상, 즉 관심과 사랑을 받고 안전하게 자라날 수 있는 세상이 우리 손에 잡히지 않는 악순환에 갇히면 우리에게 진실을 보여 주려고 노력하는 그 사람들에게 화를 퍼붓게 된다. 우리의 분노와 고통 너머를 볼 능력을 상실하고, 예수님의 말씀처럼 우리에게 허락된 선지자들을 죽이게 된다.

이스라엘 백성을 위해 십자가로 가시기 전 예수님이 그들에게 하신 마지막 말씀은 이것이었다. "예루살렘아 예루살렘아 선지자들을 죽이고 네게 파송된 자들을 돌로 치는 자여 암탉이 그 새끼를 날개 아래에 모음같이 내가 네 자녀를 모으려 한 일이 몇 번이더냐 그러나 너희가 원하지 아니하였도다."[40]

이 말씀을 보면 이스라엘 백성들은 외로움에 사무친 사람들이었다. 그들의 외로움은 함께하겠다고 약속하신 하나님께 버림받고 홀로 남겨진 느낌이다. 이제 그들은 그 힘든 상황을 홀로 헤쳐 나가야 한다고 느끼고 있다.

이스라엘 백성들이 그분을 받아들이지 않는 것에 대한 예수님의 탄식은 그들이 낙심할 만한 이유가 있다는 사실로 인해 복잡해진다. 이전 세기의 세상은 그들에게 놀이터가 아니었다. 그들은 많은 고난을 겪었다. 이 세상에서의 삶은 쉽지 않았다. 그들은 타국으로 끌려간 뒤 언제 고향에 돌아갈지 모르는 신세가 되었다. 그래서 고향에 돌아왔을 때 메시아를 기다리기보다는 황폐해진 땅을 재건하고 재정비하는 데 더 희망을 걸고 있었다. 그들은 영적으로 정서적으로 문화적으로 너무 피폐해져서, 예수님은 이렇게 탄식하셨다. "예루살렘아, 예루살렘아, 너희는 너희 자신의 선지자들을 죽이는구나. 지금 하나님이 주시는 말씀을 도무지 듣지 않는구나."

현재 우리 앞에 있는 세상과 우리가 영원히 살아야 할 세상은 완전히 다르다. "암탉이 새끼를 날개 아래에 모으는 것같이 나는 너희를 내 날개 아래로 모으기를 원했다." 예수님의 이 말씀은 이스라엘의 외로움을 인정해 주신 것이다. 세상은 이래서는 안 된다. 하나님은 그들이 느끼는 거리감을 아셨으며 그것을 원하지 않으셨다.

여기서 큰 아이러니는 그들이 자신들을 버렸다고 생각했던 하나님이 사실은 이 거리를 영원히 없애기 위해 육신을 입고 그들 가운데 거하셨다는 사실이다. 하나님은 우리의 외로움을 보기만 하시지 않고 그것을 다루기 위해 움직이신다.

외로움은 우리가 처한 현실 일부를 말해 준다. 외로움은 악한 뿌리에서 나오는 것이 아니다. 그것은 우리가 혼자가 아니라는 사실을 알기 원하는, 하나님이 주신 우리 깊은 곳의 갈망에서 비롯한다. 그것은 만족, 평강, 소속감을 얻으려는 갈망에서 비롯하며, 사랑과 인정을 받으려는 욕구에서 비롯한다. 외로움은 우리 안에서 외로운 상태에 대한 열정적인 저항을 일깨운다.

호퍼의 작품은 외로움의 표현인 동시에 외로움에 대한 저항이다. 니비슨의 존재는 저항이다. 물론 호퍼와 니비슨의 관계는 늘 살얼음판을 걸었다. 호퍼의 직업적 성공에는 니비슨의 희생이 따랐다. 그들 부부 싸움이 얼마나 요란했던지 모르는 사람이 없었다. 그럼에도 불구하고 그들은 깊고도 불가사의한 연합을 누렸다. 활화산 같았던 결혼 생활을 서로 소원해진 사람들이 아니라, 서로 연합한 사람으로서 헤쳐 나갔다. 그들은 여전히 서로 사슬에 묶인 채 낯선 숲을 통과하려는 도망자와도 같았다. 그리고 둘 다 상처를 입었다.

칼럼니스트 개비 우드는 저자이자 미술사학자인 바바라 노박에게서 들은 이야기를 전해 준다. 노박은 1960년대 호퍼 부부의 죽음을 얼마 앞두고서 자신이 주최했던 파티에 관한 이야기를 우드에게 해 주었다.

호퍼와 니비슨이 가장 먼저 도착했다. 둘은 긴 소파에 나란히 앉았다. 주로 큰 성공을 거둔 차세대 화가들로 이루어진 다른 손님들은 우르르 들어오면서 호퍼 부부를 보고 둘만의 행복을 만끽한다고 생각하여 귀찮게 하지 않았다. 파티가 반쯤 지났을 때 노박이 호퍼 부부를 보니 그들이 앉은 소파 주위로 텅 빈 공간이 크게 만들어져 있었다. 그것은 바로 그의 그림 중 하나에서 그대로 튀어나온 이미지였다. 북적거리는 공간 안에서도 그들은 함께, 고립된 분위기를 풍겼다.[41]

그 거실에서 많은 무리 가운데 두 사람만 단둘이 하나의 존재처럼 있는 모습은 아름다워 보일 수 있다. 하지만 그 이야기에서 니비슨은 보조자의 역할로 내려앉았다. 호퍼가 앞장서고 니비슨은 뒷받침하는 작은 역할을 맡았다. 이는 더없이 흔한 이야기다. 그리고 이렇게 되는 도중에 호퍼와 니비슨은 미국의 외로움을 대변하는 인물들이 되었다.

마지막 작품, <두 코미디언>

호퍼와 니비슨이 세상을 떠나기 전해에 찍은 오래된 흑백 영화 한 편이 있다. 영화 속에서 그들은 연약한 노인들로 등장하고, 호퍼의 등이 굽어 있다. 두 사람은 워싱턴 스퀘어 아파트에서 나와

힘겹게 발을 내딛으며 겨우 계단을 내려간다. 거리를 지나 공원의 한 벤치에 도착한 호퍼가 신문을 펼친다. 호퍼는 왼쪽 페이지를 읽고 니비슨은 오른쪽 페이지를 읽는다. 둘은 그렇게 하나다.

니비슨이 없었다면 지금과 같은 화가 에드워드 호퍼는 없을 것이다. 호퍼의 창작 활동이 담보 상태에 빠졌을 때 니비슨이 수채화를 시도해 보라고 권하지 않았다면? 니비슨이 브루클린 미술관을 설득해 자신이 초대받은 전시회에 남편의 작품도 전시하게 해주지 않았다면? 그랬다면 호퍼의 화가 인생은 어떻게 되었을지 아무도 모를 일이다.

호퍼의 마지막 그림 〈두 코미디언Two Comedians〉을 보면 그는 이 사실을 인정하고 받아들였던 것으로 보인다. 이 그림에서 두 사람은 프랑스 광대 분장을 하고 나란히 서서 함께 마지막 갈채를 받고 있다. 이 그림은 두 사람의 오랜 동반과 영화 사랑에 경의를 표하는 의미를 담고 있다. 하지만 무엇보다도 이 그림은 니비슨이 더 이상 구석에서 자신을 뒤치다꺼리나 하는 안내원이 아니라는 점을 인정하고 있다. 그녀는 그의 공동 기획자이자 협력자이며 동반자다.

게일 레빈은 다음과 같이 말했다.

호퍼는 〈두 코미디언〉에 관한 아이디어를 구상할 때 남성은 공중으로 점프하고 다른 한 명은 작은 무대에 올라 있는 장면을 스케치했다. 다른 스케치에서는 남성이 여성의 손을 우아하게 잡아 출구로 안내하고 구경꾼들이 낮은 울타리 뒤에서 나타나는

에드워드 호퍼의 마지막 작품
〈두 코미디언 Two Comedians〉

1966년, 캔버스에 유채, 73.7 x 101.6 cm
개인 소장
Asar Studios / Alamy Stock Photo
© 2022 Heirs of Josephine N. Hopper / Licensed by Artists Rights Society (ARS), NY

장면을 상상했다. 하지만 캔버스에서는 두 사람을 인조 목재를
두른 튼튼한 무대 위로 올렸다. 거기서 두 사람은 한 손을 잡고
인사할 준비를 한다. 잡지 않은 손은 곧 서로에게 경의를 표할
것 같은 자세를 취하고 있다.[42]

43년간 함께 살아온 끝에 호퍼와 니비슨은 서로에게 경의를 표
하고 있다. 호퍼는 두 사람을 한 팀으로, 동등한 관계로 그렸다. 생
전에 혼자 있는 것을 좋아한 호퍼였지만, 죽음 앞에서는 니비슨 곁
에 있기를 원했다. 프랑스 역사학자이자 소설가인 베르나르 샹바즈
는 예리한 지적을 했다. "늘 부재의 화가였던 그가 여기서는 존재를
그리고 있다. 하지만 그것은 곧 사라질 이들의 존재다."[43]

에드워드 호퍼는 1967년 5월 15일, 84세의 나이로 자신의 맨
해튼 아파트에서 눈을 감았다. 니비슨도 그 자리에 있었다. 그녀
는 나중에 이렇게 썼다. "시각을 알리는 소리가 울렸을 때 그는 집
에 있었다. 여기 큰 화실, 그의 큰 의자에. 그리고 1분 뒤 그는 눈
을 감았다. 아무런 고통도 소리도 없이. 눈은 평안했다. 심지어 행
복하고 매우 아름답기까지 한 죽음이었다. 마치 엘 그레코의 그림
처럼."[44]

호퍼의 부고는 〈뉴욕 타임스〉 일면을 장식했다. 〈라이프*Life*〉
는 이런 기사를 냈다. "호퍼는 미국의 얼굴과 풍조를 당대 어떤 화
가보다도 더 솜씨 좋게 증류시켰다."[45]

호퍼와 함께한 니비슨의 삶은 힘겨웠지만, 호퍼가 사망하고

난 뒤 니비슨은 수족이 절단된 기분이라고 말했다. 그녀는 호퍼와 함께한 삶이 "(나름대로 멋지게) 완벽"했으며 "함께는 완벽했는데 이제 혼자가 되니 가슴이 찢어진다"라고 말했다.[46] 그리고 조세핀 니비슨 호퍼는 열 달 뒤 남편 곁으로 갔다.

§

에드워드 호퍼가 세상을 떠나던 날 밤, 그 도시 어딘가에서 회사 유니폼을 입은 한 젊은 안내원이 출근했다. 그녀는 영화가 끝날 때까지 조명 아래서 홀로 생각에 잠긴 채 기다린다. 불이 켜지면 관객들을 밖으로 안내하고 나서 극장을 치워야 한다. 그녀의 이름은 모른다. 그녀의 희망이나 꿈, 두려움, 사랑도 모른다. 그녀가 그 밤에 누구에게 갈지, 그녀를 기다리는 사람은 있는지도 모른다. 그녀의 마음속에 무엇이 있는지는 더더욱 모른다.

우리가 아는 것은 그런 안내원이 세상에 수없이 많다는 것이다.

"Prepared as a bride

adorned for her husband"

릴리아스 트로터
〈신부로서 단장되다 Prepared as a Bride〉

1888년경, 종이에 수채
Used by permission of Lilias Trotter Legacy

CHAPTER 10

릴리아스 트로터,
희생적 순종의
기쁨과 아픔

◇◇◇◇◇◇◇◇◇◇◇◇◇◇◇◇◇◇◇◇◇◇◇◇◇◇◇◇◇◇◇◇◇◇◇◇

우리 생에 대한 평가

＊

내가 진실로 진실로 너희에게 이르노니

한 알의 밀이 땅에 떨어져

죽지 아니하면 한 알 그대로 있고

죽으면 많은 열매를 맺느니라

자기의 생명을 사랑하는 자는 잃어버릴 것이요

이 세상에서 자기의 생명을 미워하는 자는

영생하도록 보전하리라

요한복음 12장 24-25절

에드워드 호퍼 시대 그 몇 십 년 전으로 가 보자. 1888년은 르누아르의 〈카튈 망데스의 딸들The Daughters of Catulle Mendés〉, 모네의 〈건초더미Haystacks〉 시리즈, 피사로의 〈안개의 효과L'île Lacroix, Rouen〉, 드가의 〈바에서 연습하는 무용수들Dancers at The Bar〉, 고갱이 새로운 룸메이트 빈센트 반 고흐를 그린 〈해바라기를 그리는 고흐 The Painter of Sunflowers〉가 탄생한 해다. 같은 해 고흐는 〈붉은 포도밭〉을 그렸다. 그해 유럽 미술계에서 벌어진 상황의 중요성은 아무리 강조해도 지나치지 않다. 당시 인상주의는 최전성기를 맞았고, 오랫동안 상업적 가치를 중시했던 미술계에서 화가들이 창조적 상상력의 나래를 마음껏 펼칠 수 있는 분위기가 조성되었다. 화가들의 호시절이 찾아왔고, 세계의 눈은 런던과 파리로 쏠렸다.

1888년 3월 6일, 빈센트 반 고흐보다 네 달 늦게 태어난 릴리아스 트로터라는 서른다섯 살 여성이 이 모든 화가들이 열심히 작업하고 있는 프랑스를 통과하는 열차에 몸을 실었다. 트로터가 고흐가 살던 곳에서 불과 몇 킬로미터밖에 떨어지지 않은 아를을 통과해서 마르세유항으로 향할 때 고흐는 〈아를의 빨래하는 여인들이 있는 랑글루아 다리The Langlois Bridge at Arles with Women Washing〉를 작업 중이었다. 그 그림은 아직 물감이 채 마르지 않은 상태로 이젤위에 있었다. 그때까지 트로터와 고흐 둘 다 사람들에게 상대적으로 덜 알려져 있었지만 추구하는 목표는 같았다. 바로 아름다운 것들을 보고 만들어 낸다는 소명을 이루는 것이었다.

트로터가 그 목표를 추구하기 위한 다른 길을 선택했다면 고흐에게로 가서 그해에 그가 프랑스 남부에서 형성하려는 화가들의 모임에 관한 논의를 했을지도 모른다. 하지만 그날 그녀가 그곳을 지나친 것을 보면 두 사람은 만날 가능성이 전혀 없었다.

다른 이에게 베풀도록 지음받은 인생

릴리아스 트로터는 어릴 적부터 미술에 재능을 보였다. 가족들은 뭐든 눈으로 본 것을 놀랄 정도로 정확히 종이에 옮기는 그녀의 능력을 진작부터 알아보았다. 그 능력은 타고난 재능이었다. 그녀는 아름다움에 대한 감각을 타고났다. 그녀는 아름다움을 보고 음미할 줄 알았다. 그녀는 어릴 적 알프스산을 처음 보고 눈물을 흘렸다.

1853년 7월 14일, 트로터는 런던에 사는 알렉산더와 이사벨라 부부 사이에서 태어났다. 당시 세상은 급변하고 있었다. 1800년대에는 페니 우편 제도가 자리를 잡았고, 전보의 발명으로 커뮤니케이션이 훨씬 더 쉽고 광범위해졌다. 1840년에만 영국에 10,000킬로미터 이상의 철로가 놓이며 이로써 말과 역마차 시대는 저물고 철도 시대가 왔다.[1]

트로터는 부유한 집안에서 태어났다. 해마다 가족끼리 유럽 대륙으로 여행을 다녔다. 그녀는 대저택에서 살았고, 스스로 방 커튼을 열어 본 적이 없었다. 집에는 프랑스어와 독일어를 가르쳐 주는 가정교사들도 따로 있었다. 전기 작가 패트리샤 세인트 존은 이렇게 썼다. "알렉산더 트로터 가족은 빅토리아 시대 상류층으로 행복하고 잘 교육받은 삶을 살았다. 그들은 경건하고, 진지하고, 가난을 비롯한 모든 불쾌한 상황에 처하지 않되 가난한 이들에게 친절했다. 그래서 릴리아스 트로터는 온실과 같은 안정된 가정에서 아름다움과 문화에 둘러싸여 사랑을 받으며 자랐다."[2]

트로터의 아버지 알렉산더는 부유한 증권 중개인이었다. 그는 첫 아내와 사별한 후 이사벨라를 만났다. 트로터는 알렉산더와 이사벨라 사이에서 태어난 첫째였다. 배다른 형제자매까지 합하면 총 아홉 명 가운데 일곱째였다. 알렉산더는 변함없는 태도, 깊은 신념, 넘치는 매력을 지닌 거구의 남자였다. 그에 관한 편지들은 "알렉산더가 사회적 지위나 서열에 상관없이 모든 개인의 존엄성을 깊이 존중했으며, 다양한 관점을 이해하려고 노력했다는 사실도 보여 준다."[3] 그는 깊은 신앙의 소유자였다. 그 신앙은 그의 인도주의적인 자선 사업에서 분명하게 드러났다. 또한 헌신적인 아버지로서 세상에서 보고 들은 것들을 자녀들에게 알려 주려고 노력했다. 그는 자녀들의 호기심을 키워 주었고 사고를 자극했다. 트로터는 아버지를 존경하며 부모의 보호 아래서 커 나갔다.

그런데 1864년, 비극이 닥쳤다. 아버지 알렉산더가 병마와 싸우다가 이듬해 끝내 세상을 떠나고 말았다. 트로터의 나이 겨우 열두 살 때 일이다. 한순간에 닥친 슬픔에 망연자실해졌지만, 사춘기에 갓 접어든 이 소녀는 놀랍게도 그 슬픔을, 하나님을 알고 따르려는 열정으로 승화시켰다. 훗날 가족들은 트로터가 어딘가에 나가서 노는 줄 알았다가 자기 방에서 무릎을 꿇고 간절히 기도하는 그녀를 발견하고 깜짝 놀랐던 사건을 회상했다.

전기 작가 미리엄 로크니스는 이렇게 썼다. "믿음뿐 아니라 고통에도 전혀 익숙하지 않은 이가 드린 기도의 본질을 우리는 짐작만 할 수 있을 뿐이다. 그것은 분노였을까? 사랑하는 아버지를 잃은 절망이었을까? 든든한 아버지가 없는 미래에 대한 두려움이었을까? 아니면 그저 하늘 아버지께 나아가 자신의 필요와 외로움을 아뢰며 울부짖은 것일까? 자신을 품에 꼭 안고 사랑의 말씀으로 고통을 달래 달라고 요청한 것일까?"[4]

분명한 것은 트로터가 끝없는 사랑과 공감의 은사를 지닌 따스한 여인으로 자라났다는 것이다. 그녀의 언니는 이렇게 말했다. "그 아이는 늘 우리 집에 빛을 비추었다. 가장 힘든 시기에 하나님은 그 아이의 영혼을 활짝 꽃피우셨다."[5] 고통은 오히려 마음을 부드럽게 누그러뜨리기도 한다.

열아홉 살에 트로터는 '더 높은 삶 운동Higher Life movement'에 참여해 더 높은 부르심으로 나아갔다. 이 운동은 1800년대 중반 잉글랜드에서 빈부를 막론하고 광범위하게 번졌던 일종의 영적 부흥 운동으로, 종교가 형식으로 변해 버린 잉글랜드에서 신자의 삶을 깊게 만드는 데 그 목적이 있었다. 이 운동은 사람들 속에 하나님과의 친밀함과 그분을 향한 열정을 불어넣었다.

더 높은 삶 운동에 참여하면서 트로터는 하나님의 은사가 자신만을 위한 것이 아니라 다른 사람을 섬기기 위한 것이라고 믿게 되었다. 그녀는 이렇게 썼다. "우리는 구원하기 위해 구원을 받는다. 우리는 베풀도록 지음받았다. 줄 것을 더 많이 얻도록 모든 것을 주어야 한다. 조약돌은 자기 위에 앉은 빛을 흡수하지만 다이아몬드는 다시 반사한다. 다이아몬드의 모든 면은 빛을 더 많이 흡수하기 위한 수단이 아니라 빛을 더 내보내기 위한 수단이다. 꽃이 피어나지 않으면 그 목적을 상실한 셈이다."[6] 그녀는 자신의 재능이 자신만의 것이 아님을 깨달았을 때 자기 삶의 방향이 하나님의 목적을 향해 고정되었다고 말했다.[7]

존 러스킨에게 인정받은 화가

스물세 살 무렵 트로터는 어머니와 함께 베네치아로 여행을 갔다. 그곳에 도착했을 때 모녀는 옥스퍼드대학교University of Oxford의 초대 순수예술 슬레이드 교수Slade Professor of Fine Arts이자, 예술가요 철학가인 존 러스킨[8]이 같은 호텔에 묵고 있다는 사실을 알게 되었다. 빅토리아 시대 미술의 거장인 러스킨은 19세기의 진정한 유명인사였다. 랭커스터대학교Lancaster University 존 러스킨 도서관 관장 스티븐 와일드먼에 따르면 러스킨은 "영어권 세계에서 가장 유명한 사람 중 한 명이었다. 러스킨은 19세기 문화사에서 더없이 중요한 인물이다. 그의 글은 영어로 된 글의 최고봉이다."[9] 러스킨은 미술, 문학, 건축, 자연 세계에 관한 글로 유럽을 넘어 서구 전체 문화인들에게 막대한 영향을 미치고 있었다. 미술에 관한 그의 권위는 절대적이어서 모두가 그의 의견을 진지하게 받아들였다.

트로터는 평소처럼 스케치북과 미술 도구들을 챙겨 여행을 했는데, 어머니는 그녀를 격려해 줄 기회라 여겨 러스킨에게 딸의 그림에 한두 마디 분석을 해 줄 수 있는지 묻는 편지를 보냈다. 러스킨은 나중에 학생들에게 강의할 때 이 만남을 다음과 같이 회상했다.

> 1876년 베네치아에 있을 때 …… 한 영국인 모녀가 같은 유로파 호텔에 묵고 있었습니다. 하루는 그 어머니가 짧은 편지로 내게 딸의 그림을 봐 줄 수 있냐고 물었습니다.
>
> 나는 마지못해 허락을 했고 그림 몇 점이 왔습니다. 그 그림들은 미술 지식은 거의 없으나 극도로 올바른 마음과 신중한 자세로 그려진 그림들이었습니다.[10]

당시 러스킨은 세계에서 가장 존경받는 미술가이자 철학가 중한 명으로, 영향력이 절정에 가까워져 있었다. 그렇다 보니 빨리 성공하고 싶은 많은 인재들이 그를 찾아왔다. 트로터를 만날 당시 러스킨은 자신의 작품을 그에게 보여 주기만 하면 분명 천재로 인정을 받으리라 확신하는 이상주의자들을 수없이 만난 터였다. 하지만 그들 중 대다수는 그의 눈에 차지 않았다. 그런 그가 트로터의 작품에서 화가로서의 능력뿐 아니라 단순함과 절제미, 순수함의 본능을 보았다. 그것이 단번에 그의 관심을 사로잡았다. 그는 이 젊은 여성에게서 놀라운 잠재력을 보았다.

그의 말을 계속 들어 보자.

> 이 젊은 여성에게 나와 함께 가서 스케치를 그리자고 제안했고,

308

그녀를 산 그레고리오 수도원으로 데려갔다. 그녀에게 햇빛이 비추는 작은 회색 대리석 조각을 스케치하게 했다. 난생처음 그리는 스케치였을 텐데 제대로 그렸다. 그 후에 한 번의 레슨은 받았나? 아니, 두세 번 받았나? 어쨌든 그녀는 뭐든 보자마자 배우는 듯했다. 내가 가르쳐 준 것보다도 훨씬 더 많이 배웠다.[11]

러스킨은 트로터를 세계적인 화가로 키울 수 있다고 확신했다. 많은 사람이 러스킨을 스승으로 탐냈지만 러스킨은 트로터를 제자로 탐냈다. 그는 트로터에게 함께 공부하자고 간청했다.

토기장이 손에서 빚어지는 수많은 좋은 진흙 중에서 자네 안에는 잔모래가 가장 적은 것 같네. …… 어떻게 하면 자네 안에 놀라운 재능이 있다는 점을 자네에게 설득시킬 수 있을지 고민 중이네. 자네 안에 있는 힘을 보지도 느끼지도 못하는 것이야말로 그 재능의 가장 확실하고 귀한 증거라네.[12]

그 전까지 아무도 트로터의 미술 재능을 탐낸 적이 없었다. 그런데 갑자기 미술계에서 가장 입김 센 인물 중 한 명이 그녀를 훈련시키고자 했고, 그녀는 러스킨의 제안을 받아들여 그와 함께 공부하기 시작했다. 처음에는 둘이 많은 시간을 함께 보냈다. 그녀는 가끔 러스킨의 집에 가서 다른 화가들과 함께 작업을 하기도 했다.

러스킨이 트로터의 작품을 높이 평가한 것은 진심이었다. 그는 트로터가 노르웨이에 갔다가 그곳 농부의 삶을 그려 온 수채화 북을 보고 몇 페이지만 달라고 졸랐다. 그리고 그중 여섯 점을 액자에 넣어 옥스퍼드대학교에서 강의할 때 본보기로 사용했다. "누구나 이 그림들을 자세히 보면 이렇게 그리고 싶다는 생각이 들 수밖에 없습니다. 이 그림은 그 방법을 지극히 분명하고도 솔직하게 보여 주고 있습니다. 하지만 솔직히 말하면, 하늘이 도우셔야 이런 그림을 그릴 수 있을 겁니다."[13]

러스킨은 "인간의 영혼이 이 세상에서 할 수 있는 가장 위대한 일은 뭔가를 '보고' 그것을 분명하게 '말하는 것'"이라고 믿었다. "분명하게 보는 것이 시와 예언, 종교, 이 모든 것의 핵심이다."[14]

러스킨과 트로터는 분명하게 보고 그것을 다른 사람에게 전달할 능력을 소유하고 있었다.

트로터는 세상 가운데서 주로 고통을 보았다. 도시의 가난한 여인들을 볼 때 그녀의 마음은 괴로웠다. 당시는 YWCA가 런던의 가난한 여인들을 위한 사역을 시작하고 있을 때였다. 트로터는 역시 빅토리아역 거리에서 생활하는 매춘부들에게 거처를 제공하고 먹고살 기술을 가르치며 사역에 동참했다. 또한 그녀는 런던에서 유일한 여성 전용 레스토랑을 여는 데 도움을 주기도 했다. 당시 대부분의 레스토랑은 부자들만을 위한 곳이어서 일하는 여성들은 집에서 음식을 싸 와서 대개 길가에 앉아서 식사를 하곤 했다. 트로터는 그들에게 육체적으로나 영적으로나 따뜻한 음식과 쉼터를 제공하는 장소를 열며 자원봉사자의 삶에 헌신을 다했다.

그녀는 런던의 여성들을 섬기면서도 계속해서 그림을 그리고 그중 일부를 러스킨에게 보내며 재능을 포기하지 않았다. 러스킨은 그 그림들의 장점을 이야기하고 조언을 아끼지 않았다. 그러다 둘 사이의 연락이 점차 뜸해지자 러스킨은 그녀를 잃을까 걱정되기 시작했다. 트로터 이전에도 많은 여성 화가들을 키워 낸 전력이 있었던 그는 타고난 재능을 지닌 사람을 발견하면 자기 밑으로 데려와 자신이 원하는 방향으로 이끌어 갔다. 오로지 그림만을 바라보며 최선을 다하는 사람이라면 그가 마련한 발판을 계기로 성공할 수 있었다.[15]

　러스킨은 트로터에게 이런 편지를 보냈다. "기차역의 여성들을 돕는 건 좋지만 나를 실망시키고 힘들게 하면 나중에 어떻게 되려고 그러니?"[16]

　이에 트로터는 갈색 종이에 꽃을 그린 새로운 수채화 몇 점을 러스킨에게 보냈다. 그것을 본 러스킨은 탄식했다. "네 삶의 상황으로 인해 색에 대한 감각이 점점 떨어지고 있구나. 지금 네가 일하는 곳에 스며든 회색과 갈색이 그림에도 묻어 나오고 있어. 너 자신을 잃어 가고 있구나. …… 밝은 것들이 튀도록 어두운 배경에 두는 방식이 정말 저속하구나."[17]

　러스킨은 트로터가 오로지 미술에만 집중하기를 원했다. 그가 그녀에게서 알아본 잠재력은 그녀가 오직 미술에 전념할 때만 비로소 열매를 맺을 수 있었다. 그는 그녀의 사역이 그녀의 미술을 방해하고 있다고 느꼈고, 실제로 그랬다. 그는 미술에 전념하기만 하면 "그녀는 유럽에서 살아 있는 화가 중 가장 위대해지고 영원히 기억될 것들을 해낼 것이다"라고 말했다.[18] 그는 트로터가 사역과 미술 중에서 하나만 선택하기를 원했다. 그래서 사역이냐 미술이냐 결정을 내리라고 그녀를 다그쳤다.

트로터는 러스킨이 무엇을 제시하는지 분명히 이해했다. 그것은 그녀 또한 간절히 바라는 바였다. 하지만 그녀의 관심은 미술 너머로 뻗어 가고 있었다. 다른 사람을 궁휼하게 여기던 그녀는 이 결정에 관해서 한 친구에게 편지를 썼다. "요 며칠이 꼭 몇 년 같아."[19] 미술에 전념하고 싶은 마음도 간절했다. 트로터는 이 결정을 놓고 고민하고 기도했다. 가슴에 무거움을 느끼면서 오랜 시간 걷기도 했다. 밥 먹고 자는 시간 외에는 끊임없이 기도했다.

영국의 소설가이자 철학가인 아이리스 머독은 이런 말을 했다. "중요한 선택의 순간에 선택 과정의 대부분은 이미 끝나 있다."[20] 트로터는 어떻게 해야 할지 기도하던 중에 어린 시절의 한 순간을 떠올렸다. 그녀는 교회에 있었다. 헌금 접시에 헌금을 하기 직전이었다. 접시 한중간에는 그리스도의 못 자국 난 손이 새겨져 있었다. 그녀는 그 손을 보면서 지갑 안에 있는 돈을 전부 접시에 털어놓았다. 어찌 그러지 않을 수 있겠는가? 그리스도의 손이 요구하는데 어찌 한 푼이라도 남길 수 있겠는가?

이제 트로터는 그리스도의 손만을 바라보기로 했다. 그 손은 고통받는 세상을 위해 그녀의 삶을 내놓을 것을 요구하고 있었다. 그녀는 이렇게 썼다. "그의 말대로 그림에 전념하면 계속해서 하나님 나라와 그 의를 먼저 구할 수 없다는 사실이 이제 밝은 대낮처럼 훤히 보인다."[21] 트로터는 결정을 내렸다. 가난한 사람들을 섬기는 데 자신을 쏟아붓고, 삶에 지친 사람들에게 존중과 지원, 나아가 그리스도를 얻도록 돕는 일에 필요하다면 자신의 미술 재능을 사용하기로 마음먹었다.

트로터는 존 러스킨과의 친분을 유지했고, 시간이 허락할 때마다 그를 찾아갔다. 하지만 사역을 하기로 마음먹은 뒤에는 전보다 더 강한 열정으로 사역에 헌신했다. 그녀는 이렇게 말했다. "죽음에 관한 이 새로운 교훈을 얻으면 우리 영혼 안에 밀려드는 새로운 부활의 생명이 우리를 강하게 일어설 수 있게 만드는 것처럼 …… 잃을 것이 없는 사람은 지킬 것이 없기에 자유롭다. 하나님만 있으면 '아무것도' 없이도 살 수 있다."[22] 트로터는 마음에서 큰 짐이 떨어져 나가는 것을 느꼈다.

알제리 선교사

이후 10년 동안 트로터는 런던에서 사역에 집중했다. 그녀는 가르치는 능력과 미술 재능을 결합하여 그곳 여성들을 섬겼다. 그녀는 이미지와 텍스트를 사용해 그중 하나로만 전달하는 것보다 훨씬 더 깊은 메시지를 전달하는 재주가 있었다.

하지만 30대 초반에 그녀는 하나님이 자신을 더 깊은 뭔가로 부르시는 것을 느꼈다. 그 뭔가는 바로 머나먼 땅에 있는 사람들이었다. 당시 해외 선교는 상대적으로 새로운 개념이었다. 하지만 트로터는 그 일에 관한 이야기를 듣고 자신이 그 일로 부름받았다고 느꼈다. 자신의 삶을 향한 하나님의 부르심을 놓고 기도하던 중 "북아프리카"라는 단어가 마치 그녀를 부르는 목소리처럼 머릿속에서 울려 퍼졌다. 1887년 5월, 그녀는 알제리 선교에 관한 강연회에 참석했다가 강연자가 "그들은 그리스도의 존재조차 모르는 사람들입니다"라고 말하는 것을 들었다.[23]

트로터는 당시를 이렇게 회상했다. "그 첫 문장에서 하나님의 부르심을 들었다. 알제리에서 1년의 반을 보내고 고향에서 반을 보내도 될 만큼 알제리가 고향에서 가깝다면 바로 그곳이 나를 위한 곳이었다. 아침이 되기 전에 그것이 그분의 계획이라는 사실이 더없이 분명해졌다."[24]

1887년 7월, 트로터는 북아프리카 선교 위원회에 지원서를 보냈지만 건강상의 이유로 거부당했다. 트로터는 체질적으로 약하고, 심장질환이 있어서 쉽게 지쳤던 것이다. 위원회는 이 부유한 빅토리아 시대의 여인이 아프리카 사하라 사막의 혹독한 환경을 견뎌 내지 못할까 걱정했다.

트로터는 그와 상관없이 자신의 힘으로라도 알제리에 가기로 마음을 먹었다. 7개월 뒤인 1888년 3월 5일, 그녀는 친구 리사 루이스와 함께 찬송가 〈면류관 벗어서〉를 부르며 워털루역에서 출발했다. 사우샘프턴에서 그들은 트로터의 친구 블라슈 헤이워스를 만났고, 이후 헤이워스는 30년 이상 트로터와 동역하게 된다. 그들은 고흐와 피사로, 모네, 드가가 열심히 작업하고 있는 프랑스 아를을 통과했다. 3월 9일, 모두 선교 위원회에서 거부당했던 세 여인은 알제항으로 항해를 시작했다. 알제리에 연고라곤 전혀 없었던 그들은 아는 사람이 한 명도 없거니와, 아랍어도 할 줄 몰랐다. 그들을 마중 나올 교회 리더도 없었고, 이문화 교육도 받은 적이 없었지만 하나님께 사역의 문을 열어 주시고 사람들의 마음을 열어 열매를 맺게 해 달라고 기도하며 알제리로 향했다.

배에서 내릴 때 트로터의 나이는 서른네 살이었다. 그녀와 동료들의 첫 사역은 알제(알제리의 수도-편집자) 빈민가의 여성들과 아이들을 돕는 일이었다. 알제리 여성 대부분의 처지가 실로 참담했다. 많은 여성들이 열 살에서 열두 살 사이 어린 나이에 결혼해서 집을 떠나 하렘으로 들어갔으며, 거기서 아이를 낳고 나이를 좀 더 먹으면 버려지고 더 어린 아내들이 대신 들어왔다. 대부분 20대 초반인 이 여성들은 남은 평생을 빈곤하게 살았다.[25]

트로터는 그들을 모아 성경 이야기를 가르쳐 주고 그들의 자녀들도 함께 돌봐 주었다. 그녀는 이 여성들이 경제적 자립을 얻어 아버지와 전 남편의 집을 떠나 홀로 살도록 돕고 싶었다. 그래서 런던에서 사역한 것처럼 그들에게 먹고살 기술을 가르치는 수업을 시작했다. 그녀는 운동을 일으키려는 것이 아니었다. 단지 바로 눈앞에서 보이는 고통을 달래기 위해 뭐라도 하려고 했을 뿐이다.

처음 몇 달 동안 트로터의 심미안은 큰 도움이 되었다. 그녀는 알제리와 그 나라 사람들을 더없이 아름답게 여겼다. 그녀는 일기장에 이렇게 썼다. "이토록 아름다운 곳으로 보냄을 받았으니 얼마나 좋은가."[26] 그녀는 그곳을 사랑했다. 곧 그녀의 일기장은 사람들과 배경을 그린 작은 그림들로 빼곡히 채워졌다. 남이 아닌 오직 그녀 자신을 위해 그린 그림들이었다. 그녀는 자신이 섬기는 사람들의 아름다움을 담아내고 싶었다.

좋은 것에서 더 좋은 것으로

릴리아스 트로터는 존 러스킨이 세상을 떠날 때까지 줄곧 그와 연락을 주고받았다. 가끔 자신의 그림이나 스케치를 그에게 보내기도 했다. 그녀가 미술 대신 사역을 선택한 것은 결코 단순한 선택도 아니요 쉬운 선택도 아니었다. 남은 평생 그녀는 직업 화가의 길을 걷지 못한 것에 아쉬움을 안고 살아갔다. 그것은 한때 자신의 주된 소명이라고 믿었던 것을 버리고 다른 길을 걷게 된 수많은 화가와 운동선수, 음악가, 장인들이 겪는 동일한 아픔이다. 그것은 고귀하면서도 외로운 슬픔이다. '내가 지금의 길을 선택한 것이 현명한 선택이었나, 어리석은 선택이었나? 기존의 길을 걸었다면 어떻게 되었을까?' 이런 질문이 평생 머릿속에 맴돌기 마련이다.

화가들은 인간의 고통과 고뇌를 그리는 작업에 끌린다. 카라바조는 인류가 절실히 필요로 하지만 스스로는 얻을 수 없는 구속을 위해 우주의 하나님이 개입해 주신다는 주제를 그린 〈이삭의 희생〉에 그러한 인간의 고통을 담아냈다. 미켈란젤로는 나라들이 그저 힘 있는 소수의 허세와 불의를 위해 서로 다툰다는 사실을 상기시키기 위해 〈다비드〉를 조각했다. 에드워드 호퍼는 인간의 고통이 우리 모두의 내재적인 분리 상태에서 비롯하며 그 어떤 공동체로도 그 상태를 해결할 수 없다는 점을 전하기 위해 〈뉴욕 영화관〉을 그렸다. 헨리 오사와 타너는 아브라함이 아들 이삭 위로 칼을 들었을 때 받은 구속의 약속을 하나님이 훗날 어떻게 이루셨는지 보여 주기 위해 〈수태고지〉를 그렸다. 렘브란트는 〈갈릴리 바다의 폭풍〉을 우리에게 선물했다. 그림 속 제자들은 그림을 액자에서 도려내는 도둑의 눈을 똑바로 쳐다보며 표정으로 호소했다. "세상이 망가진 것이 느껴지는가?"[27] 이사벨라 스튜어트 가드너도 죽지 않을 뭔가를 세상에 주고 싶어 자신의 미술관을 건립할 때 이 질문을 던졌다.

트로터는 고통을 보았을 때 그 고통의 현장으로 직접 찾아가는 사역으로 반응했다. 하지만 그녀는 그 이전의 수많은 화가들을 그토록 위대하게 만든 특성들을 지니고 있었다. 미켈란젤로처럼 그녀도 아름다움에 매료되었다. 그녀는 영광이라는 것이 실재하고 우리가 그 영광에 참여하도록 지음받았다는 사실을 본능적으로 알았다. 미켈란젤로와 트로터는 둘 다 똑같이 굳은 육신의 마음에서 그 영광을 끌어내려고 노력함으로써 그 영광을 추구했다.[28]

베르메르와 마찬가지로 트로터는 자신보다 먼저 살았던 다른 사람의 빛을 빌려 자신 뒤에 오는 사람들을 위해 새로운 뭔가를 만들어 냈다. 혁신은 그 자체로 하나의 예술이다. 우리는 보는 법을 배워야 한다. 화가의 역할 중 하나는 먼저 본 다음, 그것으로 세상에 관한 진실을 말해 주는 것이다. 베르메르는 광학적 특성을 사용한 그림 기법을 개발했다. 트로터 또한 혁신적인 기법을 사용하여 세계 선교를 위한 새로운 지평을 열었다. 베르메르가 표현한 대상들이 아무도 보지 않는 것처럼 행동했듯이, 트로터도 상대적으로 주목받지 못한 채 사역했다. 그러다 최근에야 미리엄 로크니스와 엘리자베스 엘리엇 같은 사람들이 그녀의 삶을 연구하고 그녀의 이야기를 전하기 시작했다.

헨리 오사와 타너처럼 트로터는 진리를 보전하기 위한 수단으로, 한 세대에서 다음 세대로의 기술 전수를 중시했다. 타너는 자신의 목소리를 사용하여 사람들의 사고를 형성했고 자신이 사랑하는 사람들의 필요를 채워 주었다. 트로터도 마찬가지였다. 그들은 둘 다 미술을 도구로 사용하여 어둠 속에 사는 사람들에게 빛을 비추어 주었다.[29] 그러기 위해 그들은 다른 사람, 장소, 문화에 관해서 배우는 힘든 과정을 기꺼이 마다하지 않았다.

고흐처럼 트로터도 마음속에 가득한 아름다움 덕분에 꿋꿋이 앞으로 나아갈 수 있었다. 그녀는 고흐를 비롯한 수많은 화가들이 그러했듯 위로할 길 없는 비밀을 품고 있었다. 그 비밀은 미래에 대한 보장이 없다는 것이었다. 고흐는 그런 불확실성에 엄청난 그림 생산량과 절망으로 반응했다. 미켈란젤로는 분노와 교만으로 흘렀다. 카라바조는 세상을 한바탕 뒤엎고서 정의를 피해 도망쳤다. 호퍼는 냉담한 태도로 다른 사람과 거리를 두었다. 하지만 트로터는 전혀 다른 길을 선택했다. 그녀는 자신의 삶을 내려놓았고 남은 평생 그 대가代價의 무게를 느끼며 살았다.

트로터의 친구 콘스탄스 패드윅은 말했다. "갈망으로 인한 아픔은 그녀의 마음속에 끝까지 남아 있었다. 스케치를 그릴 때보다는 아랍어 소책자의 커버를 만들기 위해 붓을 들 때 그 아픔이 느껴졌다. 다른 그리스도인이 그녀의 '아름다운 재능의 봉헌'을 이야기하며 흐뭇해할 때 그녀는 방치된 도구들을 보며 그것에 힘과 삶을 쏟았다면 어떤 아름다움이 탄생했을지 잘 아는 화가의 고통을 가장 통렬하게 느꼈다."[30] 그녀의 전기 작가 미리엄 로크니스는 이렇게 말했다. "트로터가 말한 고통은 더 좋게 보이는 것을 위해 좋은 뭔가를 포기하는 희생을 할 때 모든 인간이 필연적으로 경험하는 상실감이었다."[31]

하지만 그 슬픔의 반대편에는 하나님 나라에서의 성공이 얻음을 통해서가 아니라 잃음을 통해 찾아온다는 믿음이 있었다. 트로터는 일기에서 19세기 사제 우고 바시의 말을 인용했다. "얻음이 아닌 잃음으로 삶을 평가하라. 마신 포도주가 아닌 쏟아부은 포도주로 삶을 평가하라. 사랑의 힘은 사랑의 희생에 있으니. 가장 많은 고통을 받는 자가 다른 사람에게 줄 것을 가장 많이 가진 자이니."[32]

트로터는 40년간 알제리 사람들을 섬겼다. 그녀는 2년간 병상에서 누워 있다가 1928년 일흔다섯의 나이로 눈을 감았다. 그 기간 동안 그는 늘 알제리 지도를 보며 자신의 삶을 쏟아부은 사람들을 위해 기도하기 위해 침실 천장에 그 지도를 붙여 놓았다. 그녀가 병상에서 죽어 갈 때 친구들이 모여 무엇이 보이는지 물었다. 그러자 그녀는 이렇게 대답했다. "여섯 필의 말이 모는 전차가 보여." "아름다운 것들이 보이니?" 한 친구가 묻자 그녀가 대답했다. "그래, 아름다운 것들이 많이, 아주 많이 보여."[33]

§

트로터가 화가의 길을 걸었다면 어떤 위대한 작품을 그려 냈을지 아무도 모른다. 만약 하나님 앞에서 양심이 허락하여 그녀가 그림에 전념했다면 그것은 전혀 잘못된 선택이 아닐 것이다. 그녀는 그토록 사랑하는 복음을 다른 방식으로 세상에 전할 수도 있었다.

하지만 그녀는 사막을 선택했다. 그녀는 알제리 문화 속으로 깊숙이 들어가 그곳 사람들에게 깊은 존경을 표하면서 복음을 전했다. 그녀는 그들의 언어를 배우기 위해 피땀 흘려 노력했다. 그렇게 매일 노력하다 보니 하루 일과가 정립되었다. 그 일과대로 그림에 전념했다 해도 미술계의 태두가 되었을 것이다.[34]

아랍어 오전 9:30-11:00

아침 식사 오전 11:30

아랍어 오후 12:30-2:00

차 마시기 오후 2:00

심방 2:30-6:00

저녁 식사 오후 6:30

아랍어 오후 7:00-8:00

시간이 지나자 알제리 사람들은 남녀 할 것 없이 트로터와 그녀의 친구들을 받아들이기 시작했다. 그렇다 해도 트로터는 힘든 길을 선택했고, 그 선택 때문에 고통을 받았다. 그녀는 영국 사람들에게 분개하는 프랑스의 식민지요, 그리스도인들에게 분개하는 이슬람 국가인 알제리에서 살기 위해 익숙했던 모든 것을 버렸다. 교회의 공식적인 파송을 받지 않았던 그녀는 현지 교회에서 지원을 받기 힘들었다. 그녀는 심장도 약하고 체구도 가냘팠다. 그녀가 전도한 사람 가운데 몇몇은 개종했다는 죄명으로 살해당하기도 했고, 그리스도를 영접했지만 극심한 반대에 믿음을 버린 이들도 있었다. 그리고 이 모든 일은 그녀가 아무도 알아주지 않는 곳에서 고군분투하는 중에 일어났다. 하지만 그녀에게 다른 사람들의 인정은 중요해 보이지 않았다.

그녀는 이렇게 말했다. "결과는 이생에서 끝나는 것이 아니다. 교회의 놀라운 연합을 통해, 하나님은 우리가 전혀 모르는 영혼들을 복 주시기 위해 우리 안에서 역사하신 것들을 사용하실 수 있다."[35] 그녀와 동역자들은 알제에 선교 기관을 설립한 뒤에 해안을 따라 몇몇 기지를 구축했다. 그 후에는 내륙의 사하라 사막으로 들어갔다.

릴리아스 트로터는 선교 방식을 지금 우리가 아는 모습으로 혁신했다. 그녀는 해당 언어를 배우기 전에 먼저 복음을 그림으로 그리면서 사역을 시작했다. 한마디로, 무언의 전도 방식을 개발했다. 신뢰를 쌓기 위해 먼저 뭔가 활동부터 하는 이 혁신적인 방식은 그녀가 개발한 뒤로 현재 전 세계에서 사용되고 있다. 그녀가 시작한 사역은 알제리 전역 15개 지부에서 30명의 선교사로 성장했으며, 그 사역은 심지어 지금도 계속해서 성장하고 있다.

하나님을 섬기는 일은 심지어 아무도 알아주지 않는다 해도 결코 헛수고가 아니다. 반드시 하나님이 보고 사용하신다. 트로터에게 이것은 단순한 희망이 아니라 확신이었다. 그녀는 이렇게 말했다. "감히 하나님의 능력을 시험하자. 우리가 불가능한 일을 기쁘게 할 수 있도록 우리 안에 그 일을 향한 열정의 불길을 일으켜 달라고 하나님께 요청하자. 하나님은 그 어떤 일도 불가능하게 보시지 않기 때문이다. 우리도 그러해야 한다. 불가능한 일이 하나님의 은혜로 현실이 되는 날까지 그분과 함께 기쁘게 그 일을 해야 한다."[36]

트로터는 모든 곳에서 아름다움을 보았다. 그녀의 일기를 보거나 그녀의 스케치와 그림을 보면 자신이 사는 세상의 아름다움에 부풀어 오른 가슴이 느껴진다. 가장 혹독한 환경에서도 그녀는 사막에서 피어오른 백합에 놀라워하고, 그 꽃잎 하나하나에서 하나님의 인자하심과 은혜를 보았다. 주변에 가득한 자연의 아름다움

앞에서 그녀는 역사하시는 하나님을 떠올렸다. 하나님이 자신을 통해 역사하신다는 생각은 그녀의 마음속에 기쁨이 가득하게 만들었다.

알제에서 사역할 때 유독 힘든 어느 날, 트로터는 기도하기 위해 일기장을 들고 정원으로 갔다. 거기서 이렇게 썼다. "벌은 그저 여기저기 꽃을 만지기 위해 블랙베리 꽃 위를 맴돌고 있었다. 그런데 녀석은 만지는 곳마다 무의식적으로 생명을 남기고 있었다."[37]

렘브란트 하르먼손 반 레인
〈작업실의 화가 Artist in His Studio〉

1628년경, 패널에 유채, 9.75 × 12.5 인치
파인아트 미술관 Museum of Fine Arts, 보스턴

나는 오늘 무엇을 연습하는가

당신에게는 어떤 재능이 있는가? 특별히 연마하고 있는 기술이 있는가? 그림? 글쓰기? 요리? 자녀 양육? 가르치는 일? 팀을 이끄는 일? 데이터 정리? 혹시나 원하는 속도로 성장이 이루어지지 않는가? 당신보다 더 나은 사람들이 계속해서 나타나는가? 그럴지라도 그만두지 말라. 릴리아스 트로터는 재능을 포기하지 않았다. 직업 화가의 길은 버렸을지 몰라도 미술은 버리지 않았다. 시간이 많지 않아도, 가끔 1-2년 쉬더라도, 당신에게 주어진 재능을 계속해서 다듬으라. "예전에는 좀 했었는데"라는 말은 더 이상 하지 말라. 기타를 배웠는데 한동안 손에서 놓았다 해도 "예전에는 기타를 쳤었는데"라고 말하지 말라. 그냥 기타를 친다고 말하라. 기타를 만진 지 좀 시간이 지났어도 당신은 여전히 기타를 칠 줄 아는 사람이다.

비록 당신의 역할이 미미하더라도 이 세상을 아름답게 하는 법을 배우라. 느리게 배우는 편이면 좀 어떤가? 당신이 돌보는 정원을 아름답게 가꾸는 일을 그만두지만 말라. 당신의 목소리, 당신의 터치, 당신의 비전은 세상에 유익을 끼칠 수 있다.

렘브란트는 자신이 위대한 화가인 줄 알았지만 자신의 한계역시 잘 알았다. 그도 다른 사람이 원하는 대로 해 줄 수 없어서 답답한 적이 있을 것이다. 한번은 그가 이렇게 말했다. "나는 그들이 원하는 대로 그려 줄 수 없고, 그들도 그것을 잘 안다. 물론 당신은 현실적으로 굴어야 한다고 말할 것이다. 그들이 원하는 대로 그려 주려고 노력해야 한다고 말할 것이다. 그렇다면 비밀 하나를 알려 주겠다. 나도 노력해 봤다. 그것도 아주 열심히. 하지만 할 수 없었다. 그냥, 할 수 없다!" 이 네덜란드 거장은 놀라운 재능을 지녔는데도 다른 사람의 비전대로 그림 그리는 것은 할 수가 없었다. 나도 그렇게 할 수 없다. 당신도 할 수 없다.

렘브란트가 우리가 아는 지금의 그가 되기까지 그는 자신만 그릴 수 있는 그림을 그리기 위해 자신의 손을 훈련시켜야 했다. 그러기 위해 기본기를 다져야 했다. 연습을 해야 했다. 이는 그 역시 밑바닥부터 시작해야 했다는 뜻이다. 상상하기 어렵지만 그도 적지 않은 졸작을 그려야 했을 것이다. 그도 그의 어머니가 벽에 걸어 놓은 초기 목탄화 같은 수준을 거쳐야 했다. 밤늦게까지 등을 켠 방에서 홀로 열심히 오일을 섞고, 붓을 다듬고, 생각하고 그리고, 생각하고 그리기를 반복하는 화가의 모습을 상상해 보라.

뭔가에 정통해지면 그것이 훨씬 더 즐거워진다. 가수, 음악가, 화가, 작가, 운동선수, 모든 종류의 예술가는 이 사실을 익히 알았다. 뭔가를 열심히 연습할수록 그것을 더 즐길 수 있다. 렘브란트도 알았다. 그래서 그는 이렇게 조언했다. "이미 아는 것을 열심히 연습하면, 지금은 알 수 없는 숨은 것들을 나중에 발견하게 된다. 아는 것을 연습하면 지금 모르는 것을 알게 될 것이다."[2] 애니 딜라드는 조금 다르게 표현했다. "누가 내게 글쓰기를 가르칠까? 바로, 끝이 없는 백지들이다."[3]

렘브란트가 할 수 있는 것은 그리고 또 그리고 또 그리는 것뿐이었다. 그는 다른 화가가 될 수 없었다. 오직 렘브란트만이 될 수 있었다. 그래서 밤낮없이 렘브란트이기를 추구했고, 렘브란트가 되는 법을 완벽히 터득하기로 했다. 렘브란트 그림 앞에 서면 나는 뼛속 깊은 곳까지 숙연해진다. 물론 어디까지나 인간의 손끝에서 만들어진 작품이지만 그 솜씨가 너무 좋고 정교해서, 한 분야에 정통한 대가가 될 때 찾아오는 기쁨에 관해서 최소한 생각이라도 해보게 된다.

렘브란트가 죽은 지 200년 뒤, 그 네덜란드 거장을 연구했던 빈센트 반 고흐는 이렇게 말했다. "렘브란트는 실로 불가사의하기 짝이 없다. 어떤 언어로도 표현할 길이 없는 것들을 표현하니까 말이다. 사람들이 렘브란트를 '마법사'라고 부르는 것도 무리는 아니다. 그 작업은 결코 쉽지 않다."[4]

대가는 단순히 이야기만 만들어 내지 않는다. 다른 사람에게 어떻게 전할지도 고민한다. 그래서 때로 표현할 단어가 없을 때는 새로운 언어를 만들기까지 한다. 렘브란트가 우리에게 남긴 그림들은 단순히 성경 속 장면을 표현한 것 그 이상이다. 그 그림들은 페번시 집안의 아이들과 유스터스를 모험으로 이끈 새벽 출정호의 그림과도 같다. 그 모험의 목표는 오직 아슬란만 남을 때까지 모든 것의 끝에 도달하는 것이다.[5]

당신은 무엇을 터득해 가고 있는가? 아직 모르는 것을 알기 위해 무엇을 애쓰며 연습하고 있는가? 당신도 나와 같다면 언젠가 슬럼프에 빠져서 다 그만두고 싶어질 때도 올 것이다.

그럴지라도 제발, 그만두지 말라. 이 세상에는 대가가 부족하다. 그 결과, 기쁨도 부족하다.

조반니 파올로 판니니
〈고대 로마 Ancient Rome〉

1757년, 캔버스에 유채, 172.1 × 229.9 cm
메트로폴리탄 미술관, 뉴욕

부록

미술관을 즐기는 법

"미술관에 갑시다."

이 말을 들으면 어떤 기분이 드는가? 많은 사람이 벌써부터 걱정할 것이다. 왜 그럴까? 미술관은 공짜는 아니더라도 모금 행사가 아닌 이상 그리 비싸지도 않다. 따라서 돈이 문제는 아니다. 미술품 하나에 어느 정도 시간을 보내야 한다는 규정 따위도 없다. 그러니 시간도 문제가 아니다. 그리고 요즘은 어느 도시에나 역사와 문화, 탐구할 거리로 가득한 박물관 하나쯤은 있다. 이쯤 되면 장소는 더더욱 문제가 아니다.

그렇다면 우리는 왜 미술품이 가득한 건물에서 하루를 보내는 일을 부담스러워할까? 혹시 미술 자체 때문은 아닐까? 대부분의 걱정이 미술 감상이 어렵다는 데서 기인한다. 미술 작품은 벽에 걸려 있거나 받침대 위에 놓인 채 관람객을 부른다. "여기를 올려다봐라!" 그렇게 미술관에서 하루를 보내고 나면 파김치가 된다. 그저 보기만 하는 단순한 행위가 왜 이렇게 힘들까 고개를 갸웃한다. 미술품을 진정으로 보는 것은 단순한 문제가 아니다. 위대한 그림을 제대로 보는 것은 한자리에서 《전쟁과 평화*War and Peace*》를 읽는 것만큼이나 힘든 일이다.

이제부터 미술관이 내 집인 것마냥 즐길 수 있는 법을 알려 주겠다.

고등학교 시절, 감사하게도 나는 예술을 사랑하는 미술 선생님을 만났다. 선생님은 우리도 예술을 사랑하게 되기를 원했다. 그래서 우리에게 위대한 예술 작품들뿐 아니라, 더 중요하게는 그 작품들을 만든 사람들을 소개해 주었다. 선생님은 낡은 프로젝트와 슬라이드를 가져와 인디애나 주 팁턴에 있는 우리 교실에서 프랭크 로이드 라이트의 〈낙수장*Falling Water*〉을 관람시켜 주었다. 선생님은 M. C. 에서 이야기를 통해 수학과 치수 역할이 얼마나 중요한지를 알려 주었다. 선생님은 1960년대 커크 더글러스의 멋진 테크니컬러technicolor〔영화에서 천연색을 만드는 방식의 하나. 색 분리 필터를 이용하여 촬영 대상의 빛을 삼원색으로 나누어 촬영한 후, 각각의 필름에 삼색을 착색하여 그것을 다시 하나로 합쳐 천연색을 만들어 낸다-편집자〕 영화 〈열정의 랩소

디^{Lust for Life}〉를 통해 빈센트 반 고흐의 슬프면서도 아름다운 이야기를 보여 주었다. 어빙 스톤의 동명 소설을 바탕으로 한 이 영화는 우리의 가슴을 아프게 만들었다. 고흐와 친해지기 위한 출발점에 서고자 한다면 이 소설을 추천한다.

어느 해 선생님은 우리를 시카고 미술연구소에 데려갔다. 그곳에서 나는 미술 감상이 얼마나 힘든 일인지를 실감했다. 선생님은 오후에 우리를 자유 시간으로 풀어놓았다. 이 방 저 방 돌아다니다가 빈센트 반 고흐를 처음 봤던 그 순간을 평생 잊지 못할 것이다. 그의 그림이 얼마나 감동적이었던지 마냥 앉아서 바라보기만 했다. 사실, 그날 대부분의 시간을 그 방에서 고흐만 바라봤다. 연도를 확인하니 '이 그림'은 그가 1887년에 그린 것이었다. 1887년은 그가 화가 커리어 초기에 상업적 성공을 거두기 위해 애쓰던 해였다. '저 그림'은 1890년에 그렸다. 1890년은 그가 거의 하루에 한 편의 그림을 그렸던 해이자 자기 복부에 총을 쏘아 죽은 해다. 그가 죽기 직전에 그린 그림들은 색감이 두툼하고 강렬한 것이 보다 더 절박해 보인다.

그날 고흐와의 만남은 이후 미술관을 이용하는 나의 방식에 큰 영향을 미쳤다. 나는 나만의 간단한 그림 감상 전략을 개발했다. 먼저, 고흐를 찾으라. 오랫동안 보라. 그래도 시간이 남는다면 돌아다니면서 다른 것들을 보라.

이것이 내가 렘브란트를 발견한 방식이다. 어릴 적에 나는 르네상스 시대 미술을 얕잡아 보았다. 그 그림들의 의미를 도무지 이해할 수 없었다. 하지만 렘브란트 그림 앞에 섰을 때 그 그림 속 인물은 내가 그를 보는 것보다 더 강렬하게 나를 바라보고 있었다. 그 시선이 나를 사로잡아 렘브란트에게 이내 빠져들었다.

나는 렘브란트의 동료들이 그의 생전에도 그를 거장으로 여겼다는 사실을 발견했다. 또한 나는 그가 복음을 사랑한 사람이었음을 발견했다. 그 발견은 내게 네덜란드 르네상스라는 새로운 장르로 가는 문을 열어 주었다. 이제 나는 반 고흐와 렘브란트의 작품들을 찾기 시작했다. 오래지 않아 렘브란트는 내게 카라바조와 베르메르를 소개해 주었고, 반 고흐는 고갱, 쇠라, 세잔을 소개해 주었다.

최근에는 시각 예술가들을 내 뮤직 라이브러리에 있는 즐겨 찾는 뮤지션들처럼 생각하게 되었다. 나 역시 좋아하는 뮤지션들이 있고, 그들의 음악 전체를 즐겨 듣는다. 가장 좋아하는 뮤지션은 새로 발표되는 노래마다 재빨리 구해서 듣는다.

내가 좋아하는 시각 예술가들도 이와 비슷하다. 나는 그들의 작품을 노래처럼 여긴다. 단지 유명 작품에만 관심을 갖는 것이 아니라 작품 전체에 관심을 가진다. 고흐의 〈별이 빛나는 밤〉은 훌륭한 작품이다. 하지만 나는 그 그림 때문에 고흐를 사랑하지 않는다. 내가 그 그림을 좋아하는 것은 고흐의 그림이기 때문이다. 나는 그 작품을 통해서 그가 전해 준 이야기를 좋아한다. 〈별이 빛나는 밤〉 속의 유일한 건물, 창문 안쪽이 어둡고 생명력 없던 그 건물, 곧 교회를 향한 환멸과 싸우며 영광에 대한 소망을 품었던 비극적인 이야기. 그 그림은 교회 위의 빛나는 영광스러운 하늘만큼이나 교회 자체에 관한 그림이다.

렘브란트가 에칭으로 새기거나 스케치를 하거나 물감으로 칠한 그림은 뭐든 보고 싶다. 그의 그림 하나하나는 삶의 퍼즐을 맞춰가는 조각이요, 그의 비전, 신학, 예술, 고통을 들여다볼 수 있는 창문이다. 고흐에 대한 마음도 마찬가지다. 그리고 오랜 세월이 지난 지금은 로댕, 카라바조, 샤갈, 호퍼, 노먼 록웰, 들라크루아, 피카소에 대한 마음도 마찬가지다.

요즘 나는 미술관에 갈 때 여전히 나만의 전략을 사용한다. 미술 감상은 꽤나 힘든 일이다. 그래서 친구가 필요하다. 그리고 너무 욕심을 부리지 말라. 미술 감상은 경주가 아니다. 나는 하나님이 시간을 주시는 대로 평생 미술을 즐길 생각이다. 천천히 관람하고, 최대한 자주 간다. 미술관에 갈 때 필요한 것은 지도와 시간, 이 두 가지만 있으면 된다.

무슨 말인지 알겠는가? 이제 나는 미술관을 내 집마냥 즐긴다.

미술 작품을 감상하는 법

자, 용기를 내서 미술관에 왔다. 그럼, 이제 무엇을 해야 할까? 미술에 대한 사랑을 키우는 것은 평생에 걸친 과정이며 인생에서 가장 좋고도 단순한 즐거움 중 하나다. 가장 중요한 열쇠는 하루아침에 모든 것을 다 터득하려고 하지 말고 천천히 시작하는 것이다. 일단 보면서 시작하라. 자, 미술 작품을 어떻게 보아야 할까? 내게 도움이 된 몇 가지 팁을 소개한다.

* 마음에 드는 작품 앞으로 가라

눈길을 끄는 작품에 가장 관심을 쏟으라. "이게 좋아"는 가장 순수하고도 적절한 미술 평론의 형태다. =미술관 한가운데 서서 작품들을 전체적으로 훑어보고 마음이 가는 쪽으로 가라. 미술책이나 온라인 콘텐츠에 대해서도 똑같이 하라.

* 보라

이제 마음에 드는 작품 앞에 섰으니 그것을 제대로 보라. 시간을 내서 그 작품을 관찰하라. 상상력과 직관을 이용해 그 작품에 대한 첫인상을 형성하라. 노트를 가져갔다면 작가의 이름 및 작품 명칭과 함께 떠오르는 대로 적어 보라.

* 작품 해설 명판을 읽으라

이것은 작품을 보기 전이 아니라 작품을 보고 난 '후에' 하라. 미술관 벽이나 팸플릿에 쓰인 것을 읽으라. 그렇게 하면 바로 눈앞의 작품을 이해하는 데 도움이 될 뿐 아니라 점차 미술 전반에 대한 이해도가 깊어질 것이다.

* 생각하라

정보를 받아들이면서 작품에서 보이는 것들과 그것들이 어떻게 연결되는지에 관해서 생각하라. 작가는 당신이 이 작품에서 무엇을 얻어 가기를 원할까? 이 작품이 어떤 질문을 던지는가? 그리고 그 질문에 어떻게 답하는가?

* 어휘력을 늘리라

작품 해설 명판을 읽다가 생소한 단어나 용어가 나오면 조사해 보라. 예를 들어, 인상주의가 무엇이고 인상주의자들이 누구인지 공부하라. 시각적인 언어도 익히라. 그림 속에 있는 모든 것은 화가가 일부러 넣은 것이다. 눈에 보이는 모든 것에 어떤 의미나 목적이 있다고 생각하라. 예를 들어, 르네상스 미술에서 정말 자주 나타나는 동물 '개'는 충성을 상징한다. '토끼'는 성적 욕구를 상징한다. '공작'은 불멸을 상징한다.

* 기법에 주목하라

작가의 목표는 작품을 보는 이들과 연결되는 것이다. 그 목표는 주로 미술 기법을 통해 이루어진다. 작품에 최대한 가까이 다가가서 붓질이나 끌질의 패턴을 조사하라. 어떤 식으로 작품을 만들었는지 파악하려고 노력하라. 그렇게 하면 작가의 마음속으로 들어가 그 작품을 만들기 위해 사용된 과정을 이해하는 데 도움이 된다.

* 시각적인 경로를 따라가라

뛰어난 그림들은 우리 눈이 특정한 순서로 구도를 보도록 유도한다. 어디에 가장 먼저 눈이 가는가? 그림을 볼 때 대개 우리 눈은 화가가 의도한 경로를 따라간다. 우리는 한 번에 한 부분씩 그림을 본다. 우리에게 주어진 정보 조각들을 순서대로 받아들인다. 우리 눈이 구도를 따라가다 보면 한 그림에서 작가가 전하려는 이야기를 들을 수 있다.

* 전시 공간을 읽으라

다른 사람들은 무엇을 보고 있는가? 어떤 작품에 많은 사람이 몰려 있는지만이 아니라 한 사람이라도 뚫어지게 바라보는 작품이 있는지 살펴보라. 누군가가 특정한 작품을 면밀히 관찰하고 있다면 도대체 무슨 그림이기에 그런지 가서 보라. 이왕이면 무엇이 그의 관심을 사로잡았는지 물어보라.

* 싫은 작품을 억지로 좋아하려고 하지 말라

'모든 사람'이 좋아하는 작품은 없다. 미술관에 가면 정말 마음에 드는 작품도 있고, 꽤 마음에 드는 작품도 있을 것이다. 아무 관심도 가지 않는 작품도 있을 것이다. 심지어 보기 싫은 작품도 있을 것이다. 마음 깊은 곳을 울리는 작품이 있다면 왜 그럴까 고민해 보라.

* 평생 미술을 즐기라

미술관에 가서 전문가가 되어 나오겠다는 생각은 버리라. 그냥 눈을 크게 뜨고 관심을 기울이라. 마음에 드는 작가에 관해 인터넷 검색을 해 보라. 웬만한 작가들에 관해서는 정보가 수없이 많다. 그렇게 해서 지식이 쌓이고 미술과 친해지면 미술 감상이 훨씬 더 즐거워질 것이다.

서양 미술사 개관 르네상스에서 현대까지

르네상스 Renaissance
1300년경-1602년

○ **발생**
　　이탈리아

○ **특징**
　　고전 문화의 재탄생. 철학, 문학, 음악, 과학, 기술의 발전을 미술에 적용했다. 선
　　원근법을 기초로 했다. 유럽이 중세에서 근세로 넘어가는 분수령이었다.

○ **하위 장르**
　　이탈리아 르네상스 — 13세기 말에서 15세기 말까지
　　베네치아 르네상스 — 1430-1550년

○ **주요 미술가 및 작품**
　　도나텔로 Donatello, **1386-1466**
　　〈복음 전도자 성 요한 St. John the Evangelist〉 / 1409-1411년作, 조각상

　　얀 반 에이크 Jan van Eyck, **약 1390-1441**
　　〈십자가 처형과 최후의 심판 딥디크 Crucifixion and Last Judgement diptych〉
　　/ 약 1430-1440년作

　　조반니 벨리니 Giovanni Bellini, **1430-1516**
　　〈그리스도의 축복 Christ Blessing〉 / 1500년作

　　레오나르도 다빈치 Leonardo da Vinci, **1452-1519**
　　〈모나리자 Mona Lisa〉 / 1503-1516년作

산드로 보티첼리 Sandro Botticelli, **1455-1510**

〈비너스의 탄생 The Birth of Venus〉/ 1484-1486년作

미켈란젤로 부오나로티 Michelangelo di Lodovico Buonarroti Simoni, **1475-1564**

〈다비드 David〉/ 1504년作, 조각상

라파엘로 산치오 Raffaello Sanzio, **1483-1520**

〈카네이션의 성모 Madonna of the Pinks〉/ 1506-1507년作

티치아노 베첼리오 Tiziano Vecellio, **1488-1576**

〈에우로페의 납치 The Rape of Europa〉/ 1560-1562년作

피터르 브뤼헐 Pieter Bruegel the Elder, **1525-1569**

〈바벨탑 The Tower of Babel〉/ 1563년作

매너리즘 Mannerism
1527-1580년

○ **발생**

이탈리아, 로마

○ **특징**

후기 르네상스라고도 알려졌다. 르네상스 거장들의 고전 르네상스 그림의 비율, 균형, 이상화된 미에 대한 반발로 고전 르네상스 그림의 많은 규칙을 파괴했다. 르네상스 거장들이 위와 같은 가치를 지나치게 강조한 탓에 움직임과 생명을 표현하기 위한 길어지고 왜곡된 형태들과 비대칭이 나타났다.

○ **주요 미술가 및 작품**

벤베누토 첼리니 Benvenuto Cellini, 1500-1571

〈메두사의 머리를 든 페르세우스 Perseus with the Head of Medusa〉
/ 약 1545-1554년作

틴토레토 Tintoretto, 1518-1594

〈낙원 Paradise〉 / 1588년作

엘 그레코 El Greco, 1541-1614

〈성모의 승천 The Assumption of the Virgin〉 / 1577-1579년作

바로크 Baroque
1600-1730년

- **발생**
  이탈리아, 로마

- **특징**
  신적 주제에 초점을 맞춘 위엄과 번영이 주를 이룬다. 종교개혁 당시 로마 교회의 입지를 강화하기 위해 사용했다. 경이감을 일으키기 위한 움직임, 상세함, 깊은 색감, 긴장감, 빛과 어두움의 강한 대조가 특징이다.

- **하위 장르**
  네덜란드 황금시대 Dutch Golden Age — 1585-1702년
  플라망 바로크 Flemish Baroque — 1585-1700년
  카라바지스티 Caravaggisti — 1590-1650년

- **주요 미술가 및 작품**
  미켈란젤로 메리시 다 카라바조 Michelangelo Merisi da Caravaggio, **1571-1610**
  〈성 마태를 부르심 The Calling of St. Matthew〉 / 1599-1600년作

  페테르 파울 루벤스 Peter Paul Rubens, **1577-1640**
  〈십자가를 세움 The Elevation of the Cross〉 / 1610년作

  렘브란트 하르먼손 반 레인 Rembrandt Harmenszoon van Rijn, **1606-1669**
  〈갈릴리 바다의 폭풍 The Storm on the Sea of Galilee〉 / 1633년作

  요하네스 베르메르 Johannes Vermeer, **1632-1675**
  〈음악 수업 The Music Lesson〉 / 약 1662-1665년作

신고전주의 Neoclassicism

1750-1830년

- **발생**

  이탈리아, 로마

- **특징**

  단순함과 대칭의 원칙을 토대로, 그리스-로마의 아름다움과 범위를 회복하는 데 중점을 두었다. 이전 대중적인 스타일의 과도함에 대한 반발로 일어났다. 큰 초상화도 특징이다.

- **주요 미술가 및 작품**

  자크 루이 다비드 Jacques-Louis David, 1748-1825
  〈호라티우스의 맹세 Oath of the Horatii〉/ 1786년作

  장 오귀스트 도미니크 앵그르 Jean-Auguste-Dominique Ingres, 1780-1867
  〈샘 The Source〉/ 1856년作

낭만주의 Romanticism
1780-1850년

○ **발생**
이탈리아, 피렌체

○ **특징**
감정과 개인주의를 강조했다. 작가의 상상력과 독창성을 중시했다. 산업혁명에
대한 반발로 과거와 자연을 중시했다. 많은 풍경화와 역사화가 있다.

○ **하위 장르**
나자레파 Nazarene Movement — 약 1820-1845년
순수주의 Purismo — 약 1820-1860년

○ **주요 미술가 및 작품**
프란시스코 고야 Francisco Goya, **1746-1828**
〈1808년 5월 3일 The Third of May, 1808〉/ 1814년作

J. M. W. 터너 Turner, **1775-1851**
〈전함 테메레르 The Fighting Temeraire〉/ 1838년作

외젠 들라크루아 Eugène Delacroix, **1798-1863**
〈민중을 이끄는 자유의 여신상 Liberty Leading the People〉/ 1830년作

사실주의 Realism
1830-1870년

○ **발생**

프랑스

○ **특징**

노동자 계층의 일상 상황을 묘사했다. 양식화나 해석 없이 장면을 정확하게 표현하는 것을 중시했다. 물감 튜브의 발명으로 밖에서 그림을 그리는 플레네르 운동을 통해 촉진되었다.

○ **주요 미술가 및 작품**

오노레 도미에 Honoré Daumier, 1808-1879

〈돈키호테와 산초 판자 Don Quixote and Sancho Panza〉/ 1868년作

장 프랑수아 밀레 Jean-François Millet, 1814-1875

〈이삭줍기 The Gleaners〉/ 1857년作

귀스타브 쿠르베 Gustave Courbet, 1819-1877

〈절망적인 남자 The Desperate Man〉/ 1844-1845년作

윈슬로 호머 Winslow Homer, 1836-1910, 미국인

〈멕시코 만류 The Gulf Stream〉/ 1899년作

토머스 에이킨스 Thomas Eakins, 1844-1916, 미국인

〈싱글 스컬을 타고 있는 막스 슈미트 Max Schmitt in a Single Scull〉/ 1871년作

인상주의 Impressionism

1860-1890년

○ **발생**

이탈리아, 피렌체

○ **특징**

가장 큰 특징은 얇고 짧은 붓질을 사용하는 그림 기법이다. 주로 야외에서 그렸다. 장면의 인상을 형성하기 위해 빛과 색의 효과를 강조했다. 처음 대중의 반응은 적대적이었지만 곧 그 독창성 덕에 인기를 얻게 되었다.

○ **하위 장르**

미국 인상주의 American Impressionism

○ **주요 미술가 및 작품**

클로드 모네 Claude Monet, 1840-1926

〈인상: 해돋이 Impression Sunrise〉 / 1872년作

에두아르 마네 Édouard Manet, 1832-1883

〈풀밭 위의 점심 식사 The Luncheon on the Grass〉 / 1863년作

피에르 오귀스트 르누아르 Pierre-Auguste Renoir, 1841-1919

〈물렝 드 라 갈레트의 무도회 Dance at Le Moulin de la Galette〉 / 1876년作

카밀 피사로 Camille Pissarro, 1830-1903

〈몽마르트 대로, 아침, 흐린 날씨 Boulevard Montmartre, morning, cloudy weather〉
/ 1897년作

메리 케세트 Mary Cassatt, 1844-1926

〈뱃놀이 The Boating Party〉/ 1893-1894년作

에드가 드가 Edgar Degas, 1834-1917

〈오케스트라의 연주자들 Musicians in the Orchestra〉/ 1872년作

후기인상주의 Postimpressionism
1886-1905년

◉ **발생**

이탈리아, 피렌체

◉ **특징**

인상주의의 빛과 색에 대한 자연주의적 묘사, 천박한 소재, 구도적 구조의 상실
에 반발해 일어났다. 물감을 굵고 두텁게 칠했고, 기하학을 활용했으며, 색을 부
자연스럽거나 임의적으로 선택했다.

◉ **하위 장르**

클로와조니즘 Cloisonnism — 약 1885년

종합주의 Synthetism — 1800년대 중반

◉ **주요 미술가 및 작품**

빈센트 반 고흐 Vincent van Gogh, 1853-1890

〈붉은 포도밭 The Red Vineyard〉/ 1888년作

폴 고갱 Paul Gauguin, 1848-1903

〈해바라기를 그리는 고흐 The Painter of Sunflowers〉/ 1888년作

폴 세잔 Paul Cèzanne, 1839-1906

〈카드 놀이를 하는 사람들 The Card Players〉/ 1892-1893년作

조르주 쇠라 Georges Seurat, 1859-1891

〈그랑 자트 섬의 일요일 오후 A Sunday Afternoon on the Island of La Grande Jatte〉
/ 1884-1886년作

야수파 Fauvism,
표현주의 Expressionism
1900-1935년

○ **발생**

프랑스

○ **특징**

감정에 초점을 맞춘 미술로, 제1차 세계대전 이전에 발달했다. 전위적이고 주권
적이며 정의하기 어려운 사조로 여겨졌다. 강한 색상, 자유로운 붓질, 단조로운
구도, 추상과 단순화를 선호했다.

○ **하위 장르**

다리파 Die Brücke — 1905-1913년, 독일

플라망 표현주의 Flemish Expressionism — 1911-1940년, 독일

○ **주요 미술가 및 작품**

에드바르트 뭉크 Edvard Munch, **1863-1944**

⟨절규 The Scream⟩ / 1893년作

바실리 칸딘스키 Wassily Kandinsky, **1866-1944**

⟨점들 Points⟩ / 1920년作

앙리 마티스 Henri Matisse, **1869-1954**

⟨춤 La Danse⟩ / 1909년作

미국 사실주의 American Realism

1900-1970년

○ **발생**

미국

○ **특징**

당시 보통 사람들의 사회적·개인적 삶을 묘사했다. 미국의 사회, 경제, 산업이 큰 변화를 겪으면서 미국 사실주의자들은 무엇이 사실인지를 정의하고자 했으며, 사실주의, 인상주의, 후기인상주의의 기법들을 사용했다.

○ **주요 미술가 및 작품**

헨리 오사와 타너 Henry Ossawa Tanner, 1859-1937

〈수태고지 The Annunciation〉/ 1898년作

로버트 헨리 Robert Henri, 1865-1929

〈뉴욕의 눈 Snow in New York〉/ 1902년作

에드워드 호퍼 Edward Hopper, 1882-1967

〈뉴욕 영화관 New York Movie〉/ 1939년作

입체파 Cubism
1907-1914년

○ **발생**

프랑스

○ **특징**

20세기에서 가장 영향력 있는 예술 운동으로 여겨졌다. 제1차 세계대전 전과 후의 미술로, 소재들을 해체하여 한 시점 이상에서 살핀 뒤 추상적인 형태로 재조합했다. 매우 실험적이었다. 새로운 시대의 삶을 표현하기 위해 형태들을 재배열했다.

○ **하위 장르**

다이아몬드 잭 Jack of Diamonds — 1909-1917년, 러시아

오르피즘 Orphism — 1912년, 프랑스

순수주의 Purism — 1918-1926년, 프랑스

○ **주요 미술가 및 작품**

파블로 피카소 Pablo Picasso, 1881-1973

〈기타 치는 노인 The Old Guitarist〉 / 1903년作

피에트 몬드리안 Piet Mondrian, 1872-1944

〈빨강, 파랑, 노랑의 구성 II Composition II in Red, Blue, and Yellow〉 / 1930년作

마르크 샤갈 Marc Chagall, 1887-1985

〈나와 마을 I and the Village〉 / 1911년作

초현실주의 Surrealism
1920-1970년

○ **발생**

프랑스

○ **특징**

미술을 통해 무의식을 탐구했다. 주로 관련 없는 대상들을 일관성 없게 배치했다. 환멸과 현실 도피에서 탄생했다.

○ **하위 장르**

문자주의 Lettrism — 1942년

오토마티스트 Les Automatistes — 1946-1951년, 캐나다 퀘벡

○ **주요 미술가 및 작품**

살바도르 달리 Salvador Dalí, 1904-1989

〈기억의 지속 The Persistence of Memory〉/ 1931년作

르네 마그리트 Renè Magritte, 1898-1967

〈사람의 아들 The Son of Man〉/ 1946년作

막스 에른스트 Max Ernst, 1891-1976

〈성 안토니우스의 유혹 The Temptation of St. Anthony〉/ 1945년作

프리다 칼로 Frida Kahlo, 1907-1954

〈벌새와 가시 목걸이가 있는 자화상
Self-Portrait with Thorn Necklace and Hummingbird〉/ 1940년作

추상표현주의 Abstract Expressionism
1940-1970년

○ **발생**

미국, 제2차 세계대전 이후

○ **특징**

개념들에 초점을 맞춘 미술로, 제2차 세계대전 이후에 생겨났다. 형체가 없는 표현이 특징이며, 주로 소비주의와 직접적으로 연관되어 있다. 구상적인 미에 반대하여 강렬한 감정을 표현했다. 뉴욕을 미술계의 중심으로 만들었다.

○ **하위 장르**

색면회화 Color Field Painting — 1940년대 중반

서정적 추상 Lyrical Abstraction — 1940년대 중반

추상 이미지스트 Abstract Imagists — 1940년대 중반

○ **주요 미술가 및 작품**

잭슨 폴록 Jackson Pollock, 1912-1956

〈가을 리듬 (넘버 30) Autumn Rhythm (Number 30) 〉/ 1950년作

마크 로스코 Mark Rothko, 1903-1970

〈넘버 3/넘버 13 (오렌지색 위의 밝은 자주색, 검은색, 초록색)
No. 3/No. 13(Magenta, Black, Green on Orange) 〉/ 1949년作

팝 아트 Pop Art

1945-1970년

○ **발생**

영국, 미국

○ **특징**

소비주의로부터 이탈에 초점을 맞춘 제2차 세계대전 이후 문화에 대한 비평이
주를 이룬다. 문화적 획일성의 압력에 저항하기 위해 기계적인 표현 기법들을 사
용하여 대중문화와 광고의 이미지들을 재생했다. 그럼으로써 전통적인 경계들을
뒤흔들었다.

○ **하위 장르**

색면회화 Color Field Painting ― 1960년대

서정적 추상 Lyrical Abstraction ― 1960년대

추상 이미지스트 Abstract Imagists ― 1960년대

○ **주요 미술가 및 작품**

에두아르도 파올로치 Eduardo Paolozzi, 1924-2005

〈나는 부자의 노리개였다 I Was a Rich Man's Plaything〉/ 1947년作

로이 릭턴스타인 Roy Lichtenstein, 1923-1997

〈익사하는 여자 Drowning Girl〉/ 1963년作

앤디 워홀 Andy Warhol, 1928-1987

〈샷 세이지 블루 마릴린 Shot Sage Blue Marilyn〉/ 1964년作

Bailey, Anthony. *Vermeer: A View of Delft.* New York: Holt, 2001.

Bailey, Martin. *The Sunflowers Are Mine: The Story of Van Gogh' Masterpiece.* London: White Lion, 2019. 마틴 베일리, 《반 고흐의 태양, 해바라기》(아트북스 역간).

_____. *Vermeer.* London: Phaidon, 1995.

Berkow, Ita. *Hopper: A Modern Master.* New York: New Line, 2006.

Berman, Avis. *Edward Hopper' New York.* San Francisco: Pomegranate, 2005.

Boser, Ulrich. *The Gardner Heist: The True Story of the World' Largest Unsolved Art Theft.* New York, HarperCollins, 2009.

Crenshaw, Paul. *Discovering the Great Masters: The Art Lover' Guide to Understanding Symbols in Paintings.* New York: Universe, 2009.

Etinde-Crompton, Charlotte, and Samuel Willard Crompton. *Henry Ossawa Tanner: Landscape Painter and Expatriate.* New York, Enslow, 2020.

Gayford, Martin. *The Yellow House: Van Gogh, Gauguin, and Nine Turbulent Weeks in Provence.* New York: Mariner, 2006.

Gowing, Lawrence. *Vermeer.* Berkeley: University of California Press, 1997.

Graham-Dixon, Andrew. *Caravaggio: A Life Sacred and Profane.* New York: Norton, 2011.

Hockney, David. *Secret Knowledge: Rediscovering the Lost Techniques of the Old Masters.* London: Thames and Hudson, 2009. 데이비드 호크니, 《명화의 비밀》(한길사 역간).

Lambert, Gilles. *Caravaggio.* Cologne: Taschen, 2019. 질 랑베르, 《카라바조》(마로니에북스 역간).

Levin, Gail. *Edward Hopper: An Intimate Biography.* New York: Knopf, 1995.

Marker, Sherry. *Edward Hopper*. East Bridgewater, MA: JG Press, 2005.

Marley, Anna O., ed. *Henry Ossawa Tanner: Modern Spirit*. Berkeley: University of California Press, 2012.

Mathews, Marcia M. *Henry Ossawa Tanner: American Artist*. Chicago: University of Chicago Press, 1969.

Morvan, Bérénice. *Impressionists*. Paris: Telleri, 2002.

Nash, J. M. *The Age of Rembrandt and Vermeer: Dutch Painting in the Seventeenth Century*. New York: Holt, Rinehart and Winston, 1972.

Néret, Gilles. *Michelangelo*. Cologne: Taschen, 2016. 질 네레, 《미켈란젤로》(마로니에 북스 역간.

Paolucci, Antonio, ed. *David: Five Hundred Years*. New York: Sterling, 2005.

Renner, Rolf Gunter. *Hopper, 1882-1962: Transformation of the Real*. Cologne: Taschen, 2002.

Rewald, John. *Post-Impressionism: From van Gogh to Gauguin*. New York: Museum of Modern Art, 1975.

Rockness, Miriam Huffman. *A Passion for the Impossible: The Life of Lilias Trotter*. Grand Rapids: Discovery House, 2003.

_____, ed. *A Blossom in the Desert: Reflections of Faith in the Art and Writings of Lilias Trotter*. Grand Rapids: Discovery House, 2007.

Scarry, Elaine. *On Beauty and Being Just*. Princeton, NJ: Princeton University Press, 2001. 일레인 스캐리, 《아름다움과 정의로움에 대하여》(도서출판b 역간).

Schneider, Norbert. *Vermeer: The Complete Paintings*. Cologne: Taschen, 2000.

Schutze, Sebastian. *Caravaggio: The Complete Works*. Cologne: Taschen, 2017.

Snyder, Laura J. *Eye of the Beholder: Johannes Vermeer, Antoni van Leeuwenhoek, and the Reinvention of Seeing*. New York: Norton, 2015.

St. John, Patricia Mary. *Until the Day Breaks: The Life and Work of Lilias Trotter, Pioneer Missionary to Muslim North Africa*. Bronley, Kent, UK: OM, 1990.

Steadman, Philip. *Vermeer'Camera: Uncovering the Truth Behind the Masterpieces*. Oxford: Oxford University Press, 2001.

Strand, Mark, *Hopper*, rev. ed. New York: Knopf, 2001. 마크 스트랜드, 《빈방의 빛: 시인이 말하는 호퍼》(한길사 역간).

Trotter, I. Lilias. *Parables of the Christ-Life*. New York: Start, 2013.

_____. *Parables of the Cross*. Gloucester, UK: Yesterday's World, 2020.

Updike, John. *Still Looking: Essays on American Art*. New York: Knopf, 2005.

Wagstaff, Sheena, ed. *Edward Hopper*. London: Tate, 2004.

Wallis, Jeremy. *Impressionists*. Chicago: Heinemann, 2002.

Wellington, Hubert, ed. *The Journal of Eugène Delacroix*. Ithaca, NY: Cornell University Press, 1980.

Wheelock, Jr., Arthur K. *Vermeer*. London: Thames and Hudson, 1988.

Woods, Jr., Naurice Frank. *Henry Ossawa Tanner: Art, Race, Faith, and Legacy*. New York: Routledge, 2018.

주

추천 서문

1. 마태복음 6:28.

2. "682: To Theo van Gogh. Arles, Tuesday, 18 September 1888," *Vincent van Gogh: The Letters*, www.vangoghletters.org/vg/letters/let682/letter.html.

3. 에베소서 2:10.

4. 에베소서 1:18.

Chapter 1

1. Henri J. M. Nouwen, *The Return of the Prodigal Son: A Story of Homecoming* (New York: Crown, 2013), 35. 헨리 나우웬, 《탕자의 귀향》(포이에마 역간).

2. 고흐가 스스로를 쐈다는 것이 가장 지배적인 견해이지만, 최근 학자들은 그가 자살했는지에 대해 의문을 품으며, 동네 10대 아이들이 총으로 그를 조롱하다가 사고로 그를 쐈을 가능성을 제기한다. 확실한 것은 아무도 모르지만, 대부분 그를 죽음에 이르게 한 상처가 스스로 가한 상처라고 믿는다.

3. "아를 민원(the Arles Petition)"이라고 알려진 이 민원의 전문은 "The Arles Petition: Petition, Report and Inquest, February-March 1889"에서 읽을 수 있다. www.vggallery.com/misc/archives/petition_e.htm.

4. Martin Bailey, *The Sunflowers Are Mine: The Story of Van Gogh' Masterpiece* (London: White Lion, 2019), 12에 인용. 마틴 베일리, 《반 고흐의 태양, 해바라기》(아트북스 역간).

5. 렝글은 자신의 책 *Walking on Water: Reflections on Faith and Art* (New York: Convergent, 2016), 54에서 이렇게 말한다. "매우 실질적인 의미에서 우리 중 그 누구도 자격이 없다. 하지만 하나님은 계속해서 가장 자격 없는 사람들을 선택하셔서 그분의 일을 하시고 그분의 영광을 드러내시는 듯하다."

6. 시편 27:4, 13; 90:17; 119:68; 전도서 3:11; 요한복음 4:24; 14:6; 17:17; 갈라디아서 5:22-23.

7. Peter Kreeft, "Lewis's Philosophy of Truth, Goodness and Beauty," *C. S. Lewis as Philosopher: Truth, Goodness and Beauty*, David Baggett, Gary R. Habermas, Jerry L. Walls 편집 (Downers Grove, IL: IVP Academic, 2008), 23.

8. 창세기 1:31.

9. 창세기 2:16-17.

10. 창세기 3장.

11. 창세기 1:27.

12. 창세기 2:19-20.

13. Maria Popova, "How Naming Confers Dignity Upon Life and Gives Meaning to Existence," BrainPickings, www.brainpickings.org/?s=how+naming.

14. 창세기 2:15.

15. 창세기 2:18.

16. J. R. R. Tolkien, *Tree and Leaf; Smith of Wootton Major; The Homecoming of Beorhtnoth, Beorhthelm's Son* (London: Unwin, 1975), 28.

17. C. S. Lewis, *Surprised by Joy: The Shape of My Early Life* (New York: Harcourt, 1955), 164. C. S. 루이스, 《예기치 못한 기쁨》(홍성사 역간).

18. 창세기 15:1-5.

19. 출애굽기 33:12-13.

20. 시편 27:4.

21. 시편 19:1.

22. 창세기 1:31.

23. 요한계시록 21:2.

24. 시편 149:4를 보라.

25. 마태복음 28:18-20.

26. Elaine Scarry, *On Beauty and Being Just* (Princeton, NJ: Princeton University Press, 2013), 15. 일레인 스캐리, 《아름다움과 정의로움에 대하여》(도서출판b 역간).

27. Scarry, *On Beauty and Being Just*, 18. 일레인 스캐리, 《아름다움과 정의로움에 대하여》(도서출판b 역간).

28. Scarry, *On Beauty and Being Just*, 3. 일레인 스캐리, 《아름다움과 정의로움에 대하여》(도서출판b 역간).

29. Blaise Pascal, "The Art of Persuasion," Pensées and Other Writings, Anthony Levi 편집 (1995; repr., Oxford: Oxford University Press, 2008), 193. 블레즈 파스칼, 《팡세》.

30. 시편 19:1.

31. 마태복음 26:8-9.

32. 마태복음 26:10. "(아름다운) NIV 성경.

33. Saint Augustine. *Confessions*, R. S. Pine-Coffin 번역 (London: Penguin, 1961), 231. 성 아우구스티누스, 《고백록》.

34. Annie Dillard, *Pilgrim at Tinker Creek* (New York: HarperCollins, 1974), 8. 애니 딜라드,

《자연의 지혜》(민음사 역간).

Chapter 2

1. Antonio Paolucci, 편집. *David: Five Hundred Years* (New York: Sterling, 2005), 71에 인용.

2. 여기서 소개한 이 돌의 채석과 운송에 관한 내용의 대부분은 다음 글에서 가져왔다. Sam Anderson, "David's Ankles: How Imperfections Could Bring Down the World's Most Perfect Statue," *New York Times Magazine*, 2016년 8월 17일, www.nytimes.com/2016/08/21/magazine/davids-ankles-how-imperfections-could-bring-down-the-worlds-most-perfect-statue.html.

3. Anderson, "David's Ankles."

4. Charles de Tolnay, *Michelangelo: The Youth of Michelangelo* (Princeton, NJ: Princeton University Press, 1969), 11에 인용.

5. Gilles Néret, *Michelangelo* (Cologne: Taschen, 2016), 23. 질 네레, 《미켈란젤로》(마로니에북스 역간).

6. Néret, *Michelangelo*, 23. 질 네레, 《미켈란젤로》(마로니에북스 역간).

7. Néret, *Michelangelo*, 23. 질 네레, 《미켈란젤로》(마로니에북스 역간).

8. Néret, *Michelangelo*, 23. 질 네레, 《미켈란젤로》(마로니에북스 역간).

9. Néret, *Michelangelo*, 23. 질 네레, 《미켈란젤로》(마로니에북스 역간).

10. Néret, *Michelangelo*, 23. 질 네레, 《미켈란젤로》(마로니에북스 역간).

11. Robert Coughlan, *The World of Michelangelo*, 1475-1564 (New York: Time-Life, 1971), 42에 인용.

12. Néret, *Michelangelo*, 7. 질 네레, 《미켈란젤로》(마로니에북스 역간).

13. Néret, *Michelangelo*, 7. 질 네레, 《미켈란젤로》(마로니에북스 역간).

14. Paolucci, *David: Five Hundred Years*, 33.

15. Néret, *Michelangelo*, 8. 질 네레, 《미켈란젤로》(마로니에북스 역간).

16. 사무엘상 16:12.

17. 사무엘상 16:18.

18. 사무엘상 17:42.

19. 창세기 12:11; 29:17; 39:6; 사무엘상 9:2; 에스더 2:7.

20. 사무엘상 13:14; 사도행전 13:22.

21. 다윗과 골리앗 이야기는 사무엘상 17장에 기록되어 있다. 이 부분은 대부분 이 성경 본문에서 가져온 내용이다.

22. 사무엘상 17:8-9, 내 의역.

23. 사무엘상 17:26, 내 의역.

24. 사무엘상 17:31-37, 내 의역.

25. 사무엘상 17:43-44, 내 의역.

26. 사무엘상 17:45-47, 내 의역

27. Néret, *Michelangelo*, 8. 질 네레, 《미켈란젤로》(마로니에북스 역간).

28. Malcolm Gladwell, *David and Goliath: Underdogs, Misfits, and the Art of Battling Giants* (New York: Little, Brown, 2015)를 보라. 말콤 글래드웰, 《다윗과 골리앗》(김영사 역간).

29. Paolucci, *David: Five Hundred Years*, 74.

30. Paolucci, *David: Five Hundred Years*, 74에 인용.

31. "Michelangelo's David"에 인용, www.accademia.org/explore-museum/artworks/ michelangelos-david.

32. Alan Cowell, "Michelangelo's David Is Damaged," *New York Times*, 1991년 9월 15일, www.nytimes.com/1991/09/15/world/michelangelo-s-david-is-damaged. html.

33. Anderson, "David's Ankles."

34. Paolucci, *David: Five Hundred Years*, 28-29, 78-79를 보라; Elizabeth Wicks, "The Spring Cleaning of Michelangelo's David"도 보라, Magenta Florence, March 1, 2016년 3월 1일, www.magentaflorence.com/10209-2.

35. 고린도후서 4:17.

36. Scarry, *On Beauty and Being Just*, 7. 일레인 스캐리, 《아름다움과 정의로움에 대하여》(도서출판b 역간).

Chapter 3

1. 마태복음 19:16-22.

2. 요한복음 4장.

3. 요한복음 8:3-11.

4. Gilles Lambert, *Caravaggio: 1571-1610: A Genius Beyond His Time* (Cologne: Taschen, 2015), 15. 질 랑베르, 《카라바조》(마로니에북스 역간).

5. "Caravaggio: A Life Sacred and Profane," Lindstrom의 프로그램 *The Bookman' Corner*에서 인터뷰, https://bookmanscorner.com/programs.html.

6. Peter Robb, *M: The Caravaggio Enigma* (2000; repr., New York: Bloomsbury, 2011), 35.

7. Peter L. Berger, *A Rumor of Angels: Modern Society and the Rediscovery of the Supernatural* (New York: Open Road Media, 2011), 15를 보라.

8. "Caravaggio-Artist Biography with Portfolio of Paintings, Prints, Posters and Drawings"에 인용, www.caravaggio.net.

9. Lambert, *Caravaggio*: 1571-1610, 7. 질 랑베르, 《카라바조》(마로니에북스 역간).

10. Sebastian Schütze, *Caravaggio: The Complete Works* (Cologne: Taschen, 2017), 127.

11. Schütze, *Caravaggio*, 127.

12. Lambert, *Caravaggio*: 1571-1610, 59를 보라. 질 랑베르, 《카라바조》(마로니에북스 역간).

13. Lambert, *Caravaggio*: 1571-1610, 30에 인용. 질 랑베르, 《카라바조》(마로니에북스 역간).

14. Keith Christiansen, "Caravaggio (Michelangelo Merisi) (1571-1616) and His Followers," The Met, 2003년 10월, www.metmuseum.org/toah/hd/crvg/hd_crvg.htm.

15. 창세기 22장.

16. Lambert, *Caravaggio*: 1571-1610, 11에 인용. 질 랑베르, 《카라바조》(마로니에북스 역간).

17. Nina Edwards, *Darkness: A Cultural History* (London: Reaktion, 2018), 91.

18. 고린도전서 13:12.

19. 마태복음 9:9-13; 앞으로 이어지는 이야기의 재현에 나오는 대사는 내 의역이다.

20. 호세아 6:6.

21. 사도행전 1:13-14.

22. 요한복음 20:27; 사도행전 9:4; 마태복음 26:69-75.

23. Andrew Graham-Dixon, *Caravaggio: A Life Sacred and Profane* (New York: Norton, 2011), 162.

24. 카라바조의 동시대 인물 Floris Claes van Dijk, 1601년 로마, John Gash, *Caravaggio* (London: Bloomsbury, 1988), 13에 인용.

25. Graham-Dixon, *Caravaggio: A Life Sacred and Profane*, 293-294에 인용.

26. Schütze, *Caravaggio: The Complete Works*, 239.

27. Lambert, *Caravaggio*: 1571-1610, 67. 질 랑베르, 《카라바조》(마로니에북스 역간).

28. 캔자스시티 넬슨-앳킨스 미술관에서 본 카라바조의 〈광야에서의 세례 요한〉(1604-1605)의 작품 해설 명판.

29. 요한복음 19:5.

30. Graham-Dixon, *Caravaggio: A Life Sacred and Profane*, 32를 보라.

31. Schütze, *Caravaggio: The Complete Works*, 239.

32. 파리 루브르 박물관에서 본 카라바조의 〈성모의 죽음〉(1605년경)의 작품 해설 명판.

33. 요한복음 19:26-27.

34. "Caravaggio, Death of the Virgin"에 인용, SmartHistory, www.youtube.com/watch?v=TkH-yjJ35vU.

35. 베드로전서 1:12.

36. E. Sammut, "Caravaggio in Malta," *Scientia* 15, no. 2 (1949): 78-89를 보라.

37. Lambert, *Caravaggio*: 1571-1610년대, 78을 보라. 질 랑베르, 《카라바조》(마로니에북스 역간).

38. Lambert, *Caravaggio*: 1571-1610년대 78을 보라. 질 랑베르, 《카라바조》(마로니에북스 역간).

39. Schütze, *Caravaggio: The Complete Works*, 275.

40. Graham-Dixon, *Caravaggio: A Life Sacred and Profane*, 418.

41. Tom LeGro, "Conversation: Andrew Graham-Dixon, Author of 'Caravaggio: A Life Sacred and Profane,'" *PBS NewsHour*, 2011년 12월 2일, www.pbs.org/newshour/arts/caravaggio.

42. Lambert, *Caravaggio: 1571-1610: A Genius Beyond His Time*, 86에 인용. 질 랑베르, 《카라바조》(마로니에북스 역간).

43. John Varriano, *Caravaggio: The Art of Realism* (University Park: Pennsylvania State University Press, 2010), 83을 보라.

44. Schütze, *Caravaggio: The Complete Works*, 303을 보라.

45. Lambert, *Caravaggio*: 1571-1610, 89. 질 랑베르, 《카라바조》(마로니에북스 역간).

46. Schütze, *Caravaggio: The Complete Works*, 303.

47. Art+Travel Europe, *Step Into the Lives of Five Famous Painters* (New York: Museyon, 2010), 135.

48. Giovanni Pietro Bellori, *Life of Caravaggio [Vite de'pittori, scultori ed architetti moderni]* (Rome 1672), http://arthistoryresources.net/baroque-art-theory-2013/bellori-caravaggio.html, Walter Friedlaender, *Caravaggio Studies* (Princeton, NJ: Princeton University Press, 1955), 245-254에 인용.

49. Lambert, *Caravaggio*: 1571-1610, 8에 인용. 질 랑베르, 《카라바조》(마로니에북스 역간).

50. Art+Travel Europe, *Step Into the Lives of Five Famous Painters*, 135.

51. Lambert, *Caravaggio: 1571-1610*, 6에 인용. 질 랑베르, 《카라바조》(마로니에북스 역간).

52. 요한복음 18:37.

53. 마태복음 19:16-22.

54. 에베소서 2:4.

55. 출애굽기 2:11-15.

56. 창세기 25:29-34.

57. 사무엘하 11장.

58. 열왕기상 11:1-13.

59. 요나 1-4장.

60. 마태복음 21:28-32.

61. 마태복음 9:9-13.

62. 마태복음 4:18-22.

63. 사도행전 9:1-22.

Chapter 4

1. Ulrich Boser, *The Gardner Heist: The True Story of the World' Largest Unsolved Art Theft* (New York: HarperCollins, 2009), 1-9를 보라.

2. 마가복음 4:35-41.

3. 오귀스트 로댕은 〈생각하는 사람〉의 마음속에 무엇이 있는지를 알려 주었다. 〈생각하는 사람〉은 〈지옥의 문들〉(The Gates of Hell)이라는 거대한 청동 조각의 갓돌로 제작되었다. 〈생각하는 사람〉은 단테다. 그는 자신의 서사시 《신곡: 지옥편》에 관해 생각하고 있다. 그는 두 거대한 문들(지옥의 문들) 위에 앉아 있고 영원한 형벌의 장소로 끌려가는 고문받는 영혼들에게 둘러싸여 있다. 그는 지옥의 고통에 관해 골똘히 생각하고 있다.

4. 누가복음 7:11-17; 앞으로 이어지는 이야기의 재현에 나오는 대사는 내 의역이다.

5. 누가복음 7:16-17.

6. 마가복음 4:38, 내 의역.

7. 마가복음 1:29-2:12.

8. Christopher Leslie Brown, Jan Kelch, Pieter van Thiel, *Rembrandt, The Master and His Workshop: Paintings* (New Haven, CT: Yale University Press, 1991), 13.

9. Boser, *Gardner Heist*, 48-52.

10. 1896년 9월 19일 이사벨라가 미술품 거래상이자 친구인 버나드 베렌슨(Bernard Berenson)에게 보낸 편지에서. Rollin van N. Hadley 편집, *The Letters of Bernard Berenson and Isabella Stewart Gardner: 1887-1924* (Boston: Northeastern University Press, 1987), 66을 보라.

11. 이사벨라 스튜어트 가드너의 유언장, 3에서 ("Will and Codicil of Isabella Stewart Gardner"를 보라, www.law.harvard.edu/faculty/martin/art_law/gardner_will.pdf).

12. John Shiffman and Robert K. Wittman, *Priceless: How I Went Undercover to Rescue the World' Stolen Treasures* (New York: Broadway, 2011), 247.

13. 이사벨라 스튜어트 가드너의 유언장, 8-9에서.

14. John Updike, *Endpoint and Other Poems* (New York: Knopf, 2009), 33.

15. 다큐멘터리 영화 *Stolen*에서 인용, Rebecca Dreyfus 감독, Flourish Films, 2007.

16. 이사벨라 스튜어트 가드너 미술관 관람객 안내서에서 발췌 ("Dutch Room Guide," www.gardnermuseum.org/sites/default/files/uploads/files/Dutch%20Room%20Guide.pdf를 보라).

17. Alan Chong, ed., *Eye of the Beholder: Masterpieces from the Isabella Stewart*

Gardner Museum (Boston: Isabella Stewart Gardner Museum, 2003), 145.

18. Matt Lebovic, "Is the Hunt for Rembrandt's Stolen 'Galilee' Almost Over?", *The Times of Israel*, 2013년 10월 3일, www.timesofisrael.com/is-the-hunt-for-rembrandts-stolen-galilee-almost-over.

19. *What Happens to Stolen Art?*를 보라. BBC News, 2004년 8월 23일, http://news.bbc.co.uk/2/hi/entertainment/3590190.stm.

20. Robert M. Poole, "Ripped from the Walls (and the Headlines)"에 인용, *Smithsonian Magazine*, 2005년 7월, www.smithsonianmag.com/arts-culture/ripped-from-the-walls-and-the-headlines-74998018.

21. Cornelius Poppe, "Seven Questions: A Reformed Stolen-Art Dealer Tells All," *Foreign Policy*, 2008년 2월 20일, https://foreignpolicy.com/2008/02/20/seven-questions-a-reformed-stolen-art-dealer-tells-all.

22. Charles River Editors, *History' Greatest Artists: The Life and Legacy of Rembrandt* (North Charleston, SC: CreateSpace, 2017), 64에 인용.

23. 다큐멘터리 영화 *Stolen*에서 인용.

24. Milton Esterow, "Inside the Gardner Case," *ARTnews*, 2009년 5월 1일, www.artnews.com/art-news/news/inside-the-gardner-case-229를 보라.

25. 로마서 8:26.

26. 마태복음 6:19.

27. 요한계시록 21:3-4.

28. 고린도후서 4:8-10, 16-17.

29. 베드로전서 1:3-4.

30. 마가복음 4:39.

31. 요한계시록 21:1-5.

32. 데살로니가전서 4:13.

Chapter 5

1. 이사야 45:18.

2. 창세기 1:26.

3. 요하네스와 카타리나는 총 열네 자녀를 두었다. 그중 셋은 일찍이 세상을 떠났다.

4. "Vermeer's Life and Art (part four): Last Five Years," Essential Vermeer.com, www.essentialvermeer.com/vermeer's_life_04.html.

5. Laura J. Snyder, *Eye of the Beholder: Johannes Vermeer, Antoni van Leeuwenhoek, and the Reinvention of Seeing* (New York: Norton, 2015), 273.

6. Snyder, *Eye of the Beholder*, 273.

7. Norbert Schneider, *Vermeer, 1632-1675: Veiled Emotions* (Cologne: Taschen, 2000), 87을 보라.

8. Theophile Thore-Burger, "Van der Meer [Vermeer] de Delft," *Gazette des beaux-arts* 21 (1866년 10월).

9. Malcolm Gladwell, *Blink: The Power of Thinking Without Thinking* (New York: Little, Brown, 2007)를 보라. 말콤 글래드웰, 《블링크》(김영사 역간).

10. Gladwell, *Blink*, 8을 보라.

11. Gladwell, *Blink*, 6을 보라.

12. Martin Bailey, *Vermeer: Colour Library* (Berlin: Phaidon, 1995), 17.

13. Arthur K. Wheelock Jr., *Vermeer* (London: Thames and Hudson, 1988), 37을 보라.

14. Lawrence Gowing, *Vermeer* (Berkeley: University of California Press, 1997), 137-138을 보라.

15. Snyder, *Eye of the Beholder*, 285.

16. Bailey, *Vermeer*, 17.

17. Snyder, *Eye of the Beholder*, 295에 인용.

18. Anthony Bailey, *Vermeer: A View of Delft* (New York: Holt, 2001), 159.

19. Bailey, *Vermeer: A View of Delft*, 165.

20. Bailey, *Vermeer: A View of Delft*, 157.

21. Wheelock, *Vermeer*, 11-12.

22. Bailey, *Vermeer: A View of Delft*, 153.

23. David Hockney, *Secret Knowledge: Rediscovering the Lost Techniques of the Old Masters* (London: Thames and Hudson, 2009); Philip Steadman, *Vermeer' Camera: Uncovering the Truth Behind the Masterpieces* (Oxford: Oxford University Press, 2001); Snyder, *Eye of the Beholder*. 데이비드 호크니, 《명화의 비밀》(한길사 역간).

24. "Tim' Vermeer," Wikipedia, https://en.wikipedia.org/wiki/Tim%27s_Vermeer.

25. Wheelock, *Vermeer*, 34.

26. Steadman, *Vermeer' Camera*, 36.

27. Wheelock, *Vermeer*, 45.

28. Paul Richard, "No Ordinary Light"에 인용, *Washington Post*, 1995년 11월 12일, www.washingtonpost.com/archive/lifestyle/style/1995/11/12/no-ordinary-light/e7d22010-8fa7-477c-9a19-3e36f17f14f3.

29. "272: To Theo van Gogh. The Hague, Sunday, 15 October 1882," Vincent van Gogh: The Letters, www.vangoghletters.org/vg/letters/let272/letter.html.

30. Bülent Atalay and Keith Wamsley, *Leonardo' Universe: The Renaissance World of Leonardo da Vinci* (Washington, D.C.: National Geographic, 2008), 96.

31. Snyder, *Eye of the Beholder*, 7.

32. Snyder, Eye of the Beholder, 4, 12.

33. Steadman, *Vermeer'Camera*, 161.

34. Steadman, *Vermeer'Camera*, 164-165.

35. Gowing, *Vermeer*, 25.

36. Steadman, *Vermeer'Camera*, 165.

37. Steadman, *Vermeer'Camera*, 165.

38. 이 문장은 C. S. 루이스의 인용문을 토대로 했다. "나는 해를 보기 때문이 아니라 해로 인해 다른 모든 것을 보게 됨으로써 해가 뜬 줄 믿는 것처럼 기독교를 믿는다." (1949; repr., *The Weight of Glory* [San Francisco: Harper San Francisco: 2001], 140). C. S. 루이스,《영광의 무게》(홍성사 역간).

39. 옛 농부들은 '볼 수 있는 시간에서 볼 수 없는 시간'까지를 일하는 시간으로 정의했다.

Chapter 6

1."Frederic Bazille: A Tragic Story"에 인용, *WetCanvas*, 2011년 6월 20일.

2. Hubert Wellington, ed., *The Journal of Eugène Delacroix: A Selection* (Ithaca, NY: Cornell University Press, 1980), xiv에 인용.

3. Berenice Morvan, *Impressionists* (Paris: Telleri, 2002), 68.

4. Morvan, *Impressionists*, 10에 인용.

5. Morvan, *Impressionists*, 46에 인용.

6. "Frederic Bazille: A Tragic Story"를 보라.

7. Morvan, *Impressionists*, 65를 보라.

8. "Frederic Bazille: Summary of Frederic Bazille"에 인용, www.theartstory.org/artist-bazille-frederic.htm.

9. Malcolm Gladwell, *David and Goliath: Underdogs, Misfits, and the Art of Battling Giants* (New York: Little, Brown, 2013), 65.

10. Morvan, *Impressionists*, 10에 인용.

11. Morvan, *Impressionists*, 10.

12. Morvan, *Impressionists*, 13.

13. Morvan, *Impressionists*, 9에 인용.

14. John Rewald, *The History of Impressionism* (New York: Museum of Modern Art, 1955), 234에 인용.

15. Jeremy Wallis, *Impressionists* (Chicago: Heinemann, 2002), 10에 인용.

16. 요한계시록 21:4-5.

17. 베드로전서 4:12.

18. 요한복음 15:13.

19. 빌립보서 4:8.

Chapter 7

1. "818: Octave Maus to Vincent van Gogh. Brussels, Friday, 15 November 1889," Vincent van Gogh: The Letters, www.vangoghletters.org/vg/letters/let818/letter.html.

2. Martin Bailey, *The Sunflowers Are Mine: The Story of Van Gogh' Masterpiece* (London: White Lion, 2019), 102-103.

3. "821: To Octave Maus. Saint-Remy-de-Provence, Wednesday, 20 November 1889," Vincent van Gogh: The Letters, www.vangoghletters.org/vg/letters/let821/letter.html.

4. "693: To Eugene Boch. Arles, 2 October 1888," Vincent van Gogh: The Letters, www.vangoghletters.org/vg/letters/let693/letter.html.

5. Martin Gayford, *The Yellow House: Van Gogh, Gauguin, and Nine Turbulent Weeks in Provence* (New York: Mariner, 2008), 99, 119를 보라.

6. Josephine Cutts and James Smith, *Essential Van Gogh* (Bath, UK: Parragon, 2001), 136.

7. Robert L. Herbert, *Neo-Impressionism* (New York: Solomon R. Guggenheim Museum, 1968)를 보라.

8. "693: To Eugene Boch. Arles, 2 October 1888."

9. "717: To Theo van Gogh. Arles, on or about Saturday, 3 November 1888," Vincent van Gogh: The Letters, www.vangoghletters.org/vg/letters/let717/letter.html.

10. "249: To Theo van Gogh. The Hague, on or about Friday, 21 July 1882," Vincent van Gogh: The Letters, www.vangoghletters.org/vg/letters/let249/letter.html.

11. "634: To Theo van Gogh. Arles, on or about Thursday, 28 June 1888," Vincent van Gogh: The Letters, www.vangoghletters.org/vg/letters/let634/letter.html.

12. 고흐는 후기인상주의 화가로 알려지게 되지만, 생전에는 인상주의 화가들의 스타일을 차용했다. 기술적인 면에서 두 파는 비슷하지만 철학적인 면에서 차이가 있다. 후기인상주의자들은 인상주의가 본질이 결여되어 천박하다고 생각했다. 하지만 엄연히 후기인상주의는 인상주의에서 파생했다.

13. "712: To Theo van Gogh. Arles, on or about Thursday, 25 October 1888," Vincent van Gogh: The Letters, www.vangoghletters.org/vg/letters/let712/letter.html#translation.

14. 고흐가 스스로를 쐈다는 것이 가장 지배적인 견해이지만, 최근 학자들은 그가 자살했는지에 대해 의문을 품으며, 동네 10대 아이들이 총으로 그를 조롱하다가 사고로 그를 쐈을 가능성을 제기한다. 확실한 것은 아무도 모르지만, 대부분 그를 죽음에 이르게 한 상처가 스스로 가한 상처라고 믿는다.

15. Khali Ibrahaim, "The Discovery of Van Gogh: From Shade to Light"를 보라, Van Gogh Gallery, www.vggallery.com/visitors/017.htm.

16. "815: To Theo van Gogh. Saint Remy-de-Provence, on or about Friday, 25 October 1889," Vincent van Gogh: The Letters, www.vangoghletters.org/vg/letters/let815/letter.html을 보라.

17. Albert Aurier, "The Isolated Ones: Vincent van Gogh," *Mercure de France*, January 1890, www.vggallery.com/misc/archives/aurier.htm.

18. Octave Mirbeau, "Artists," *Echo de Paris*, 1 March 1891, www.vggallery.com/misc/archives/mirbeau.htm.

19. 인상주의자들은 대상을 가장 자연적인 상태에서 묘사하려는 사실주의의 시도를 거부했다. 후기인상주의자들은 빛과 색을 가장 자연적인 상태에서 그리려는 인상주의의 시도를 거부했다.

20. Ian Dunlop, *Van Gogh* (Chicago: Follett, 1975), 199에 인용.

21. John Rewald, *Post-Impressionism: From Van Gogh to Gauguin* (New York: Museum of Modern Art, 1975), 374-375.

22. Rewald, *Post-Impressionism,* 375에 인용.

23. Bailey, *The Sunflowers Are Mine*, 105를 보라.

24. "855: To Anna van Gogh-Carbentus. Saint-Remy-de-Provence, Wednesday, 19 February 1890," Vincent van Gogh: The Letters, www.vangoghletters.org/vg/letters/let855/letter.html.

25. 고흐의 생산성에 관한 이어지는 분석은 그의 작품을 날짜에 따라 정리한 한 웹페이지의 목록을 토대로 했다. 이 목록은 David Brooks, "The Vincent van Gogh Gallery," www.vggallery.com/index.html에서 확인할 수 있다.

26. "117: To Theo van Gogh. Amsterdam, Wednesday, 30 May 1877," Vincent van Gogh: The Letters, www.vangoghletters.org/vg/letters/let117/letter.html.

27. "155: To Theo van Gogh. Cuesmes, between about Tuesday 22 and Thursday, 24 June 1880," Vincent van Gogh: The Letters,www.vangoghletters.org/vg/letters/let155/letter.html.

28. C. S. Lewis, *The Weight of Glory* (1949; repr., New York: HarperCollins, 2001), 40. C. S. 루이스, 《영광의 무게》(홍성사 역간).

29. 전도서 2:20-21.

30. 전도서 1:14-15.

31. 로마서 8:20.

32. 요한계시록 21:5.

33. C. S. Lewis, *The Weight of Glory, and Other Addresses* (New York: Macmillan, 1980), 15. C. S. 루이스, 《영광의 무게》(홍성사 역간).

34. Annie Dillard, *Pilgrim at Tinker Creek* (1974; repr., New York: HarperCollins, 1985), 8. 애니 딜라드, 《자연의 지혜》(민음사 역간).

35. 이 이미지는 애니 딜라드의 퓰리처 수상작 《자연의 지혜》 중 '봄'(Seeing)이란 제목의 챕터에서 가져왔다. 여기서 딜라드는 최근 백내장 수술을 하고서 처음으로 아침 해 아래서 이슬에 뒤덮인 상록수를 보고 그것을 "안에 빛을 품은 나무"로 부른 환자의 이야기를 전해 준다. (*Pilgrim at Tinker*, 33)

36. "717: To Theo van Gogh. Arles, on or about Saturday, 3 November 1888."

37. 전도서 1:8.

Chapter 8

1. 많은 면에서 아직도 그렇다.

2. Anna O. Marley, ed., *Henry Ossawa Tanner: Modern Spirit* (Berkeley: University of California Press, 2012), 35를 보라.

3. Marley, *Henry Ossawa Tanner*, 20.

4. Marley, *Henry Ossawa Tanner*, 19에 인용.

5. Marley, *Henry Ossawa Tanner*, 21.

6. Naurice Frank Woods Jr., *Henry Ossawa Tanner: Art, Faith, Race, and Legacy* (New York: Routledge, 2017), 56에 인용.

7. William R. Lester, "Henry O Tanner, Exile for Art's Sake," *Alexander' Magazine* 7, no. 2 (1908년 12월 15일): 69-73에 인용.

8. "Henry Ossawa Tanner, American, 1859-1937: Biography," National Gallery of Art, www.nga.gov/collection/artist-info.1919.html.

9. Naurice Frank Woods Jr., "Henry Ossawa Tanner's Negotiation of Race and Art: Challenging 'The Unknown Tanner'"에 인용, *Journal of Black Studies* 42, no. 6 (2011년 9월): 891.

10. Woods, "Henry Ossawa Tanner's Negotiation of Race and Art," 895.

11. Marley, *Henry Ossawa Tanner*, 23을 보라.

12. Marley, *Henry Ossawa Tanner*, 23에 인용.

13. Marcus Bruce, "A New Testament: Henry Ossawa Tanner, Religious Discourse, and the 'Lessons' of Art," *Henry Ossawa Tanner*, ed. Marley, 110.

14. Bruce, "A New Testament," 111.

15. Dewey F. Mosby, *Across Continents and Cultures: The Art and Life of Henry Ossawa Tanner* (Kansas City, MO: Nelson-Atkins Museum of Art, 1995), 38.

16. Alan C. Braddock, "Christian Cosmopolitan: Henry Ossawa Tanner and the Beginning of the End of Race," Marley, *Henry Ossawa Tanner*, 136.

17. Henry Ossawa Tanner, "An Artist's Autobiography," *The Advance* (1913년 3월 20일), 14.

18. Marcus Bruce, " 'I Invited the Christ Spirit to Manifest in Me': Tanner and Symbolism," *Henry Ossawa Tanner*, ed. Marley, 119.

19. 요한복음 11장.

20. Marley, *Henry Ossawa Tanner*, 29에 인용.

21. Marc Simpson, "T*he Resurrection of Lazarus* from the *Quartier Latin* to the Musee du Luxembourg," Marley, *Henry Ossawa Tanner*, 72.

22. Marley, *Henry Ossawa Tanner*, 40.

23. 이 주제는 요나서 전체를 관통한다.

24. 스가랴 7:9-10.

25. Marcus Bruce, *Henry Ossawa Tanner: A Spiritual Biography* (New York: Crossroad, 2002), 33.

26. "Tanner Exhibits Paintings: Negro Artist Shows Pictures at Grand Central Art Galleries," *New York Times*, 1924년 1월 29일, 9.

27. Bruce, "A New Testament," 109에 인용.

28. Simpson, *"The Resurrection of Lazarus,"* 72를 보라.

29. Simpson, *"The Resurrection of Lazarus,"* 72에 인용.

30. Simpson, *"The Resurrection of Lazarus,"* 72.

31. "The Paris Salons of 1897," *Art Journal* 59 (London, 1897년 7월): 196.

32. Simpson, *"The Resurrection of Lazarus,"* 73에 인용.

33. Simpson, *"The Resurrection of Lazarus,"* 73에 인용.

34. Bruce, "A New Testament," 113.

35. 누가복음 1:28.

36. 다니엘 8-9장.

37. Leland Ryken, James C. Wilhoit, Temper Longman III, eds., *Dictionary of Biblical Imagery* (Downers Grove, IL: InterVarsity, 2010), 32.

38. 누가복음 2:19.

39. 창세기 21:1-7.

40. 사사기 13장.

41. 누가복음 1:5-25.

42. 마태복음 2:13-21.

43. 누가복음 2:35.

44. 사무엘하 7:1-17.

45. 누가복음 1:34, 내 의역.

46. 누가복음 1:36-37, 내 의역.

47. 누가복음 1:38.

48. 이사야 9:2.

49. 누가복음 2:8-20.

50. 마태복음 2:1-11.

51. 요한복음 1:5.

52. "Henry Ossawa Tanner, The Annunciation, 1898, Philadelphia Museum of Art," Seeing Art History with James Romaine, www.youtube.com/watch?v=zs44P8zgfm0.

53. 누가복음 1:48-52.

54. Marcia M. Mathews, *Henry Ossawa Tanner: American Artist* (Chicago: University of Chicago Press, 1969), 156-157에 인용.

55. Sharon Kay Skeel, "A Black American in the Paris Salon"에 인용, *American Heritage* 42, no. 1 (1991년 2/3월), www.americanheritage.com/black-american-paris-salon.

Chapter 9

1. Mark Strand, *Hopper*, rev. ed. (New York: Knopf, 2001), 48. 마크 스트랜드, 《빈방의 빛: 시인이 말하는 호퍼》(한길사 역간).

2. Gail Levin, *Edward Hopper: An Intimate Biography* (Berkeley: University of California Press, 1998), 159-160을 보라.

3. Levin, *Edward Hopper*, 88에 인용.

4. Margaret Iversen 등, *Edward Hopper* (London: Tate, 2004), 53에 인용.

5. Levin, *Edward Hopper*, 171에 인용.

6. Avis Berman, *Edward Hopper's New York* (Petaluma, CA: Pomegranate, 2005), 108.

7. Levin, *Edward Hopper*, 12를 보라.

8. Levin, *Edward Hopper*, 134, 222를 보라.

9. Sherry Marker, *Edward Hopper* (East Bridgewater, MA: JG Press, 2005), 8에 인용.

10. Marker, *Edward Hopper*, 17에 인용.

11. Rolf Günter Renner, *Hopper, 1882-1962: Transformation of the Real* (Cologne: Taschen, 2002), 10에 인용.

12. Strand, *Hopper*, 31. 마크 스트랜드, 《빈방의 빛: 시인이 말하는 호퍼》(한길사 역간).

13. John Updike, *Still Looking: Essays on American Art* (New York: Knopf, 2005), 199.

14. Adrian Searle, "The Irreducible Business of Being," The *Guardian*, 2004년 5월 25일, www.theguardian.com/culture/2004/may/25/1.

15. Updike, *Still Looking*, 199.

16. James Peacock, "Edward Hopper: The Artist Who Evoked Urban Loneliness and Disappointment with Beautiful Clarity," The *Conversation*, 2017년 5월 18일, https://theconversation.com/edward-hopper-the-artist-who-evoked-urban-loneliness-and-disappointment-with-beautiful-clarit-77636.

17. Strand, *Hopper*, 30. 마크 스트랜드, 《빈방의 빛: 시인이 말하는 호퍼》(한길사 역간).

18. Updike, *Still Looking*, 195.

19. C. S. Lewis, *The Weight of Glory* (1949; repr., New York: HarperCollins, 2001), 46. C. S. 루이스, 《영광의 무게》(홍성사 역간).

20. Robert Coles, "Art; On Edward Hopper, Loneliness and Children," *New York Times*, 1991년 3월 3일, www.nytimes.com/1991/03/03/arts/art-on-edward-hopper-loneliness-and-children.html.

21. Coles, "Art; On Edward Hopper."

22. Coles, "Art; On Edward Hopper."

23. Ita G. Berkow, *Edward Hopper: An American Master* (New York: New Line, 2006), 51을 보라.

24. Berman, *Edward Hopper' New York*, 86을 보라.

25. Renner, *Hopper, 1882-1962*, 11에 인용.

26. Levin, *Edward Hopper*, 467을 보라.

27. Avis Berman, "Hopper: The Supreme American Realist of the 20th-Century," *Smithsonian Magazine*, 2007년 7월, www.smithsonianmag.com/arts-culture/hopper-156346356.

28. Marker, *Edward Hopper*, 16.

29. Raquel Laneri, "The Woman Who Made Edward Hopper Famous Finally Seizes the Spotlight," *New York Post*, 2020년 4월 11일, https://nypost.com/2020/04/11/woman-who-made-edward-hopper-famous-finally-seizes-the-spotlight.

30. Laneri, "The Woman Who Made Edward Hopper Famous."

31. Gaby Wood, "Man and Muse," *The Guardian*, 2004년 4월 11일, www.theguardian. com/artanddesign/2004/apr/25/art1.

32. Gail Levin, "Writing about Forgotten Women Artists: The Rediscovery of Jo Nivison Hopper," *Singular Women: Writing the Artist*, ed. Kristen Frederickson 과 Sarah E. Webb, (Berkeley: University of California Press, 2003), 132, https://publishing. cdlib.org/ucpressebooks/view?docId=kt5b69q3pk&doc.view=content&chunk. id=ch10&toc.depth=100&brand=ucpress.

33. Levin, *Edward Hopper*, 354에 인용.

34. Levin, *Edward Hopper*, 463에 인용.

35. Berman, *Edward Hopper' New York*, 62.

36. Wood, "Man and Muse."

37. Strand, *Hopper*, 31. 마크 스트랜드, 《빈방의 빛: 시인이 말하는 호퍼》(한길사 역간).

38. Sarah McColl, "Jo Hopper, Woman in the Sun"에 인용, *Paris Review*, 2018년 2월 26일, www.theparisreview.org/blog/2018/02/26/jo-hopper-woman-sun-woman-shadow.

39. Frederick Buechner, *Telling the Truth: The Gospel as Tragedy, Comedy, and Fairy Tale* (New York: HarperCollins, 1977), 3.

40. 마태복음 23:37-38.

41. Wood, "Man and Muse."

42. Levin, *Edward Hopper*, 572-573.

43. Bernard Chambaz, *The Last Painting: Final Works of the Great Masters from Giotto to Twombly* (Woodbridge, UK: ACC Art Books, 2018), 12.

44. Levin, Edward Hopper, 577에 인용.

45. Levin, Edward Hopper, 578에 인용.

46. Levin, Edward Hopper, 579-580에 인용.

Chapter 10

1. Tom Mercer, "God's Grace in the Life of Lilias Trotter"에 인용, 2018년 8월 24일 노스캐롤라이나 주 랄레이 크라이스트커버넌트교회(Christ Covenant Church)에서 전한 설교.

2. Patricia Mary St. John, *Until the Day Breaks: The Life and Work of Lilias Trotter, Pioneer Missionary to Muslim North Africa* (Bronley, Kent, UK: OM, 1990), 7-8.

3. Miriam Huffman Rockness, *A Passion for the Impossible: The Life of Lilias Trotter* (Grand Rapids: Discovery House, 2003), 42.

4. Rockness, *A Passion for the Impossible*, 50.

5. Tom Mercer, "God's Grace in the Life of Lilias Trotter"에 인용.

6. Rockness, *A Passion for the Impossible*, 61에 인용.

7. Tom Mercer, "God's Grace in the Life of Lilias Trotter"에 인용.

8. 러스킨 미술 학교(The Ruskin School of Art)는 지금까지도 옥스퍼드대학교의 일부로 남아 있다.

9. *Many Beautiful Things: The Life and Vision of Lilias Trotter* documentary film에 인용, Laura Waters Hinson 감독, Oxvision Films and Image Bearer Pictures (2015년 10월 17일), https://amara.org/en/videos/np7it8gW9d1L/en/1071086.

10. Katherine Halberstadt Anderson과 Andie Roeder Moody, " 'I Cannot Give Myself to Painting,'" *Behemoth 32* (2015년 10월 1일), www.christianitytoday.com/behemoth/2015/issue-32/i-cannot-give-myself-to-painting.html; St. John, *Until the Day Breaks*, 14-15도 보라.

11. St. John, *Until the Day Breaks*, 14-15에 인용.

12. St. John, *Until the Day Breaks*, 15에 인용.

13. Rockness, *A Passion for the Impossible*, 17도 인용.

14. John D. Rosenberg, ed., *The Genius of John Ruskin: Selections from His Writings* (Charlottesville: University Press of Virginia, 1998), 91.

15. Rockness, *A Passion for the Impossible*, 74를 보라.

16. *Many Beautiful Things* documentary film, https://amara.org/en/videos/np7it8gW9d1L/en/1071086에 인용.

17. Rockness, *A Passion for the Impossible*, 92에 인용.

18. Rockness, *A Passion for the Impossible*, 83에 인용.

19. St. John, *Until the Day Breaks*, 17에 인용.

20. Iris Murdoch, *The Sovereignty of Good* (1970; repr., New York: Routledge, 2001), 36.

21. St. John, Until the Day Breaks, 17-18에 인용.

22. Isabella Lilias Trotter, *Parables of the Cross* (Gloucester, UK: Yesterday's World, 2020), 13.

23. St. John, *Until the Day Breaks*, 20을 보라.

24. Rockness, *A Passion for the Impossible*, 97에 인용.

25. Rockness, *A Passion for the Impossible*, 122-123에 인용.

26. Rockness, *A Passion for the Impossible*, 130에 인용.

27. 이 표현은 앤드루 피터슨(Andrew Peterson)의 멋진 곡 〈Is He Worthy?〉에서 가져왔다. 그에게 깊이 감사한다.

28. 에스겔 36:26.

29. 이사야 9:2; 마태복음 4:16.

30. Rockness, *A Passion for the Impossible*, 87에 인용.

31. Rockness, *A Passion for the Impossible*, 87.

32. "The Lesson of the Dandelions," Miriam Rockness: Reflections on the Art and Writings of Lilias Trotter, 2013년 3월 15일, https://ililiastrotter.wordpress.com/2013/03/15/the-lesson-of-the-dandelion에 인용.

33. Rockness, *A Passion for the Impossible*, 324에 인용.

34. St. John, *Until the Day Breaks*, 21을 보라.

35. Trotter, *Parables of the Cross*, 20.

36. Rockness, *A Passion for the Impossible*, 전문(front matter)에 인용.

37. Rockness, *A Passion for the Impossible*, 203에 인용.

에필로그

1. Hendrik Willem Van Loon, *R. V. R.: Being an Account of the Last Years and the Death of One Rembrandt Harmenszoon van Rijn* (New York: Literary Guild, 1930), 378에 인용.

2. Tryon Edwards, ed., *A Dictionary of Thoughts: Being a Cyclopedia of Laconic Quotations from the Best Authors of the World, Both Ancient and Modern* (Detroit: Dickerson, 1908), 131에 인용.

3. Annie Dillard, *The Writing Life* (1989; repr., New York: Harper Collins, 2013), 58. 애니 딜라드, 《창조적 글쓰기》(공존 역간).

4. "534: To Theo van Gogh. Nuenen, on or about Saturday, 10 October 1885," Vincent van Gogh: The Letters, www.vangoghletters.org/vg/letters/let534/letter.html.

5. C. S. Lewis, *The Voyage of the Dawn Treader* (1952; repr., New York: HarperCollins, 1994). C. S. 루이스, 《새벽 출정호의 항해》(시공주니어 역간).